日本仏教史研究叢書

日本中世の宗教的世界観

江上琢成

法藏館

日本中世の宗教的世界観＊目次

装幀　山崎　登

日本中世の宗教的世界観

序章　宗教的世界観研究の構想

一　浄土教研究の課題

本書は、日本中世における、前世、現世、後世の三世因果を基軸とした、浄土や六道についての世界観の特質を、中世という時代性に即しながら明らかにしようとするものである。

日本の中世は、宗教が人々の生活や思想に多大な影響をもたらした時代として特徴付けられる。特に日本中世の宗教観を特色付けている信仰に浄土教がある。浄土教では、生きとし生ける衆生への救済が実現する浄土や、迷いを有して生きる衆生が輪廻する地獄、餓鬼、畜生、修羅、人、天の六道が説かれる。そしてこの世界観の分析は、この世界観が、人々の「行動規範」になったことなどに注目されながら、学界の共通課題として取り組まれてきた(1)。

ところで、これら浄土や六道は、前世や後世は本当に存在するのか、という人々の心にしばしば湧き起こる疑問に関連して、第一には、前世や後世に存在する彼岸的世界と位置付けられ、第二には、全く無視され、第三には、此岸（現世）の歓喜や苦悩など、心理状態の比喩的表現と位置付けられる。これらの世界観の相克には、有神論、無神論、そしてこれらの中間形態であり仏神の遍在性を説く汎神論の相克が反映している。本書の書名に即して、この三つの観念を規定し直せば、有神論は、浄土や六道を人間界の外部の「宗教的世界」と見なすことになる。そのため本書は、有神論を、彼岸の「宗教的世界」に対する「観念」として検討することになる。また汎神論は、現世を「宗教的」な「世界」と見なす観念となり、本書は、汎神論を、現世に対する「宗教的」な「世界観」として検討することになる。また、無神論も上記二つの対抗観念として検討対象となる。本書は、このような相克があらわれる日本中世の世界観の性格を、①アジアの天動説であり中世的有神論の基軸となる須弥山説、②仏教の涅槃追究の伝統を受けて仏の遍在を説く汎神論、③人々の世俗生活、という三点を基軸にしながら論じるものである。本書が「浄土教的世界観」ではなく「宗教的世界観」を分析対象に掲げる理由も、顕密諸宗に重点を置いた現在の宗教史研究状況を継承するとともに、有神論的性格が色濃い浄土教について、現世を宗教的に考える、汎神論的性格を検討課題に含めている点にある。

本章では、これらの視点が、中世の世界観の検討にいかなる有効性を持ち得るかを論ずべく、まず浄土教についての教学研究と宗教史研究を回顧しておきたい。

1　真宗教学における浄土教研究

親鸞を宗祖と仰ぐ浄土真宗教団、およびその教学では、浄土が此岸世界と彼岸世界のいずれを意味するかという問題が、長きにわたって論じ続けられているが、この見解対立は、近年さらに再燃化している。その契機は、一九八九年に岩波書店から刊行された『岩波仏教辞典』の解説であった。この辞典の第一刷は、親鸞の往生観について「親鸞」項では、親鸞は「他力信心による現世での往生を説」いたと解説し、また、「教行信証」項でも、親鸞は「この世での往生成仏を説いた」と解説した。ところがこの解説について浄土真宗本願寺派当局は、「親鸞」項について、「現世においては往生が定まるのであって、決して現世において浄土に往生するのではない」ことを明確にすべきこと、また「教行信証」項については、「この世での往生」という記事を削除するよう岩波書店に要請した。かくして、この要請を受けて岩波書店は、第二刷以降の『岩波仏教辞典』の「親鸞」項において、

親鸞の往生・成仏思想について、浄土真宗本願寺派や高田派の教義では、命終って浄土に往生し、ただちに成仏すると説く。また真宗大谷派では、信心決定後の生活が往生であり、その帰着点が成仏であると説く。さらに、親鸞の難思議往生＝成仏には①死と同時に成仏、②臨終一念の夕に成仏、③この世で心が成仏、④この世で成仏の四つの時期が見られるとした上で、④を重視する近年の学説がある。(2)

と補足して出版することになる。この論争は、きわめて激しい経過を経てきているが、(3)この改訂要請に見られるように、本願寺派には往生を彼岸のこととして把握する傾向がある。近代の本願寺派におけるこの傾向の画期は、大正十二年（一九二三）に、龍谷大学で宗教学を講じていた野々村直太郎が、その著『浄土教批判』(4)で、三世因果、六道輪廻、弥陀成仏、衆生往生を客観的真理として見ることを批判したのに対し、多くの反論が起きたことに見られ、近年でも、「此土往生」説をめぐって、本願寺派内で、数多くの反論が起きている。(5)

これに対し、近・現代における親鸞思想の意義を標榜する際には、現世の救済を重視する傾向にある。その色彩が色濃いのが、真宗の近代化を目指した真宗大谷派教学である。真宗大谷派は、清沢満

之の活動により、真宗の近代化を目指し、教学の再構築をはかった教団であり、清沢門下の金子大榮と曾我量深は、その近代化が浄土理解に及ぶことを顕著に告げている。金子はその著『浄土の観念』で、浄土について「今日の吾々は何と云ひましても実在に関する疑ひを有して居ることは確かである。……魂がお浄土へ往くのだといふけれども其の魂が往くといふことが解らないのです[6]」と、その不可知性を根拠に、命終後の浄土の実在に疑義を有していることを明言し、浄土の意味を、人間の宗教的信念の自覚的世界として位置付けようとするのである。しかし、金子がこの発言をなした大正末期は、「死後の霊界として彼岸が感覚され、死者の霊魂が往く世界としての『お浄土』との絆で、念仏往生も広く説教されて[7]」いたため、金子は、当時の大谷派教団保守層から異安心として非難される。かくして金子は昭和四年には大谷派の僧籍を離れ、僧籍の復帰は、昭和十六年まで待つことになるのである。また曾我量深にも、親鸞の往生観について、「多少未完成の所があり……親鸞聖人のみ法というものは、今日我々が完成しなければならぬ」と述べて、当時の真宗学の「往生決定というのは約束しただけであって、まだ往生はしない」という解釈を「誤解」と位置付ける発言[8]や、「往生は信の一念に往生できない。ただ往生が定まるだけである」ということが、「お聖教を拡大しないで……句面のごとく扱」うこととされているが、「今の時代には、……信心生活というものを〝往生〟と言う」べきだとする提言がある[9]。このように曾我は、真宗の現代的意義を追究する場合においては、現世の信心生活こそを往生と位置付けねばならないと規定するのである。しかし本書では、曾我が、親鸞の往生観が現代的意義を有するよう、その意味を現世の信心生活という一辺倒に整理したことよりも、むしろ親鸞の往生観の多面性に困惑を隠しきれなかったことにこそ肯首したい。

親鸞の往生観については、現在でも真宗諸派の争点となっているが[10]、この見解の相違は所属宗派の対立に留まらず、親鸞の浄土観を、現代的思潮に即して評価するか、中世的思潮に即して評価するかという問題を含有している。梅原猛氏は、近代科学の信者たる近・現代人の多くは、人間は死後、無になると考えているため、浄土宗や浄土真宗の僧侶たちも、昔のように人間が死んでからゆく極楽浄土を語ることにためらいを持つようになったと述べ[11]、長谷正當氏も、現代では浄土の観念が実在性を失いつつあり、浄土教では、往生や浄土という観念を捨てたところで親鸞の思想を捉え直すべきだとする状況が生じていることを指摘しているが[12]、これらは、近・現代的親鸞認識を相対化するためには、傾聴すべき発言である。もちろん此土往生を重視する説は、同朋思想による平等世界の実現を目標とし、またその不断なる問いを最大の課題としているのであり、現代人の有意義な生活を目指すその作業には敬意を表したい。しかし本書では、中世人としての親鸞の世界観の把握を一つの課題とし、いったん現代的意義を見出すという視点を保留することにする。そもそも現代において、現世の生活を往生と呼ぶことの健全性は、いかなる歴史的背景に裏打ちされているのか。また中世における浄土や六道は、単に現世の歓喜や苦悩の比喩表現でしかなかったのか。あるいは中世においては、何故に前世や後世についての言説が数多くなされ得たのかが、本書の検討課題となる。

2　宗教史研究における浄土教研究

次に宗教史研究の課題を考えるべく、平雅行氏の『日本中世の社会と仏教』（塙書房、一九九二年。本項の頁表示は、この著書の頁数を指す。）を取り上げたい。黒田俊雄氏の顕密体制論を継承したこの著書は、鎌倉新仏教論を中心とした宗派主義的な宗教史研究や、井上光貞氏に代表される浄土教中心史観を、顕密体制論の立場から克服しようとしており、近年の宗教史研究の到達点を示している。

平氏は、「全体史としての宗教史」の必要性を述べ、生産水準が低く自然への従属度が高い古代や中世は、技術と呪術、経済と宗教が未分離であり、また参籠起請による裁判の決着を命じた鎌倉幕府追加法第九三条を根拠に、政治や裁判も宗教と未分離であったと述べ、宗教の多大なる影響力を指摘する（二一～二四頁）。また「近代宗教観からの脱却」を課題に掲げ、中世の宗教観は、祈禱や呪詛が、社会中枢たる国家機構や領主権力機構において、「実体的な力」を有すると見なされていた点で、近代的宗教観と異なることを指摘し、従来の中世宗教史研究がかかる相違点に無頓着であったことを批判する（二四～三二頁）。

ただし平氏は、中世の通俗仏教観の解明の必要性を提言する際に、それは「中世人の世界観そのものの解明なのではなく、あくまで日本の中世社会に規定的影響を与えた支配イデオロギーの解明作業の一環である」と規定する（三七頁）。平氏の浄土教の把握は、かかる支配イデオロギーの重視を基軸にしてなされる。古代から中世移行期の宗教状況は、正統仏教たる顕密仏教が封建領主化する過程であり、顕密仏教の伸長は、「仏教的理念をまとった新たな支配イデオロギーによって、民衆意識が呪縛されてゆく」過程と位置付けられる（八六頁）。そして顕密僧が、宗教的善行の価値の階層化により人々の宗教能力を差別化したことや、寺領荘民に狩猟・漁撈・農耕などの殺生を伴う労働や年貢の対捍を堕地獄の罪業として教示したこと、あるいは年貢の納入を後世善処の因として説いたことは、宗教領主が人々を支配し年貢納入を促進する機能を有したとされる（二四六～二五四、四六四～四六五頁）。さらに顕密仏教のかかる性格について、「民衆の救済を口にすればするほど、宗教領主が肥え太ってゆけるという」、「大乗的精神のもっとも腐敗した姿」として厳しく位置付けるのである（四六五頁）。

平氏の浄土教研究のもう一つの特徴は、顕密主義的浄土教と、法然や親鸞に代表される専修念仏の浄土教を厳密に区別した点にある。専修念仏によって、往生行を一元化し、宗教的階層を打破した法然や、一切衆生は不可避的に殺生などの罪業を犯さざるを得ない点で、「屠沽下類のわれら」として同質性を有すると説いた親鸞の意義は、顕密仏教と対立し「此岸の平等」を追求した点に求められる（二三四〜二四六、四八二〜四九〇頁）。平氏自身は、経済反映論を基軸とした専修念仏論について、自身の研究における後退的側面を指摘しているが（五一〇〜五一一頁）、経済反映論や顕密仏教との対立性を基軸に導き出された平氏の専修念仏論は、法然と親鸞の魅力について最も示唆に富んだものである。

とはいえ、平氏の偉大なる達成が、一つの研究方向に停滞をもたらしたのも事実である。それは平氏が、浄土教によって収取活動に従事する顕密僧の対立者として、法然や親鸞を高く評価したために、三世観の影響力の重視という他方の優れた視点が、かえって法然や親鸞の三世観の理解に適用されなくなることである。そのことは、例えば平氏が法然や親鸞を評価しようとする際に、「来世救済」を「架空的利益」と位置付けているところにうかがえる（二四一、二五三頁）。すなわち平氏は、永田広志氏が、親鸞の浄土教を、「彼岸の平等」を説いて「現世における不平等」や「社会的不合理」を「不感たらしめ」た思想と位置付けているように[13]、親鸞思想を宗教阿片論として否定的に位置付けていることを問題にする。そして「一度、親鸞に心ひかれた者なら誰しも、宗教阿片論の論理の強固さに嘆息しながらも、そこから親鸞を救抜する方途に思いをめぐらせ」ると、氏自身の親鸞に対する好感を表明する（二四一頁）。そのうえで平氏は、法然や親鸞が往生行の一元化によって此岸の平等を実現したことを明示し（二四四～二四六頁）、さらに「来世救済」を「架空的利益」と位置付けて、法然や親鸞が彼岸の平等を説いたとする説の克服を目指している[14]（二四一、二五三頁）。もちろん平氏も、法然が現世のいのりのためには諸神諸仏への信仰を容認しながらも、後世の極楽往生のためには念仏を勧めたことを明らかにし（一八二～一八三頁）、また親鸞の方便化土観の懲罰機能を強調したように（二三二～二三四頁）、専修念仏者の後世観についても言及している。また、平氏の浄土教と社会経済史との連関的把握は、下部構造の反映論という視点を欠如させてきた従来の宗教史研究に反省を促している点で、宗教史研究の新たなる一歩を示している（三八頁）。しかし平氏は、祈禱や浄土教の影響力と機能性を明らかにしながらも、その本質を、特に顕密仏教の収取手段という負の性格との関連において強調した。そしてそれによって、顕密仏教の対立者として積極的意義が与えられた法然や親鸞の三世観は、その積極的な対象化が避けられるのであり、実際に他方で平氏は、親鸞の方便化土観が、自身の親鸞思想晩年瓦解論の根拠であることを明言している[15]。

確かに現代においては、現世的意義を持たない思想家が、その存在意義を有しないことは明らかである[16]。また平氏が指摘したように、顕密仏教が、「白癩黒癩」の発病を前世の宿業として差別視したことや（二六一、四七七、四八六頁）、自分たちへの敵対行為を無間地獄の因と説いて民衆を呪縛したことは（四六五頁）、仏教徒が二度と繰り返してはならない重い経験である。しかしながら、中世の三世観が一定の影響力を有するなかでも、むしろ中世の民衆は封建領主の搾取を防ぎ、あるいは僧侶と世俗者はともに自身を律する論理を構築できたのではないだろうか。平雅行氏は、鎌倉時代の民衆を、支配機構に対する「打ちひしがれた存在」と見なすことを批判しながらも、民衆の主体的な宗教行為が体制仏教の支配に埋没していくと述べているが（二五三頁）、本書では、僧侶や民衆の主体的な三世理解が、むしろ僧侶の搾取を制御したり、僧・俗両方を規制したりしている事実、あるいは親鸞の方便化土観と平等観との有機的関連などを見出し、顕密主義的浄土教の再評価を含め、中世の三世観の積極的意義を抽出していきたい。

平氏と同じく顕密体制論を宗教史論の前提にしつつも、佐藤弘夫氏は、法然や親鸞の他界観の対象化を提言している。佐藤氏は、すでに中世には、①現世の救済や苦悩の比喩表現としての他界観と、②現世から隔絶した他界観の二つの他界観があったことを明らかにしていたが[17]、さらに近年では、現世利益祈願のための起請文に、西方浄土に住する阿弥陀仏が言及されないことなどを根拠に、民俗学に色濃い「中世の人々は浄土も地獄もこの世にあると考えていた」とする説を批判し、

日本人の世界観の特徴をひとしなみに「他界表象の希薄さ」（地獄も極楽もこの世界にある）としてかたづけることが、いかに実態からかけ離れたものであるかは明らかにできたと思う。日本中世においては此土の中に聖地を見出す思弁に加えて、この世界から隔絶したきわめて彼岸的性格の色濃い浄土の観念がみられた。それは、たんに学者の説く教理の中にあったのではなく、生活者をも含めた中世人に広く共有されたものだったのである。

と述べる。さらに佐藤氏は中世一般の他界観と「中世思想の代表とされる鎌倉仏教の祖師の思想との

関係」の分析が今後の課題であるとし、その代表的な人物として、法然・親鸞を掲げ、彼らの浄土の観念については、特に親鸞における本覚論との関係や正定聚の観念の位置づけをめぐってさまざまな見解が示されており、単純に論ずることができないのは承知している。だが彼らの思想の内には、まぎれもなくこの世界から隔絶し、しかも此土を相対化する彼岸浄土の観念を看取しうる。……そうした浄土の観念の起源と歴史的位置については、いまだに確定的な見方が打ち立てられていない。この問題をめぐっては、彼らの浄土の観念そのものにいかに精緻な分析を加えても、その答えを見つけ出すことは不可能であろう。それは何よりも、同時代の人々によって共有されていたコスモロジーと対比しつつ考察される必要がある。(18)

と提言する。

本書の課題は、まさにこの提言の継承にある。それに際して、本願寺教団研究の方法として、「生の貫徹こそ人生最大唯一の目的であるという近代人の常識からは如何に異様にみえようと、中世人にとっては現世の幸福と同程度に、死後の浄土往生が人生の重大な目的であった」という視点の必要性を述べた神田千里氏の提言や、近代における往生や信心の合理的再編を問題視し、前近代において往生や成仏の願望が自明であったことの「想像」の必要性を提言した池見澄隆氏の研究にも留意したい。(19)さらにこれに関連して、井上光貞氏の浄土教研究の意義も今一度顧みる必要がある。周知のごとく、井上氏の研究は、浄土教の性格を、①他者への追善と、②自己の往生願望とに区別し、後者を本来の浄土教と規定して法然に至る浄土教成立過程を検討した、戦後の宗教史の一大金字塔であったが、この中で井上氏は、古代人や現代人が「死後の極楽浄土を痛切に考えるのは、近親の人々が死にのぞんだ時」と述べている。[20] 井上氏のこの発言は、他者に対する追善が、その故人への敬慕表現という普遍的麗しさを有することを述べているといえる。にもかかわらず、それとは別個に、井上氏が中世浄土教の特徴を自己の往生願望と規定したのは、中世の人々が後世の実在を信じ、切実に往生を願っていたという、時代的特徴を見出そうとしていたためだと理解したい。また現在の研究状況では、佐藤弘夫氏がいう「対比」の内容が重要なのであるが、本書では、顕密体制論が、頂点思想家と通俗的仏教観との隔絶を重視し、これに多大なる成果をあげてきたことを踏まえ、今一度、通俗的側面との共通性を重視しながら、法然・親鸞の三世観の性格について見ていくことにしたい。

二　有神論・汎神論・無神論

1　中世における世界観の宗教性——科学革命前史としての中世

前節では、浄土教が、不可知性や支配者層による収奪機能を有しているため、研究意義を喪失しているという問題点を指摘してきたが、本節では、中世宗教史研究の近代的視点や経済反映論とは異なる視点を模索すべく、宗教観の変遷が比較的明瞭な西洋の宗教観の変遷について一瞥しておきたい。

古代↓中世↓近代[21]という歴史の発展に伴う宗教観の展開は、一般に有神論から無神論への展開と位置付けられる傾向にある。逆に、古代と中世は有神論的傾向が強く、その宗教観は、古代はヘレニズム、中世はヘブライズムに規定される。[22] ヘレニズムでは、ギリシアの神像が、調和を重んじる人間の姿によって表現されたように、神と人間との連続性が考えられていたが、キリスト教に多大なる影響をもたらしたヘブライズムは、人格神を説きながらも偶像崇拝を否定し、神と人間との価値、そして神の住処たる天界と人間界との隔絶を説いた点に特質を有している。しかしルネサンスに代表される中世から近代への移行期には、中世の宗教的世界観の否定が、一つの特徴をなすことになる。

一般に、ヨーロッパ近代前期の世界像は、三方面に展開したと説明される[23]。第一は、大航海時代のコロンブスやヴァスコ＝ダ＝ガマなどの活躍に見られる地理的世界像であり、第二は、コペルニクス、ブルーノ、ガリレイの天文学の成果に見られる自然的宇宙像であり、第三には、ルネサンス期の「魂の不死」についての議論などに見られるような道徳的宗教的世界観である。このように宗教的世界観の否定は、科学的世界観の擡頭に伴って進行し、西洋史研究では、この過程を、中世と近代の時代区分の一基準と見なしてきた。

逆にいえば、中世の世界観は、これら三つの世界観が一体性を有していた点に特徴がある。例えば大西洋航路を「発見」したコロンブスは、赤道下の暑さを理由に、赤道は天に間近いと考え、さらにこれを根拠にして、地球は完全な球体ではなく、球の半分は女性の乳房のような形であり、最も高いところには「地上の天国」があると考えていた[24]。またコロンブスの船の乗組員たちは、航海中、船ごと地獄への穴に転落することを恐れ続けていたとされるし、中世の科学の教科書は、夕方の太陽が赤い理由について、「太陽が地獄を上からのぞき見るからである」と説明していた[25]。

第二の自然的宇宙も宗教的世界と一体性を有していた。科学史の成果に説明されるごとく[26]、ヨーロッパの「科学革命」は、中世の宗教的秩序としての宇宙観を自然学的秩序のもとで捉えようとする試みから始まった。中世西洋の宇宙像であるアリストテレス＝プトレマイオス的宇宙像は、自然界の真理とキリスト教的真理を同時に象徴しており、この宇宙は、月を境に「天上界」と「地上界」に分離される。ダンテの『神曲』に見られるように、「天上界」は神の国という宗教的世界であり、「地上界」もその中心に地獄を含有する宗教的世界である。そしてこの宇宙像を容易に克服できなかったことは、一六三三年のガリレイに対する宗教裁判に典型的にあらわれる。かかる宗教的世界は、近年の西洋史研究では、「中世人にとっての巨大な「現実」となっていた」、「驚異の世界」や「想像界」という名称で対象化されている。そしてこの想像界は、本来は「正統的な、きまじめな実証史学から、取るに足りぬ、物好きの手すさびであり、片隅に追いやって構わないテーマ」だとされてきたが、一九七〇年代から、フランスのアナール学界の関心を集めはじめ、現在この研究は、歴史的現実と関連付けるなどの、明確な方法的自覚を持って行うべきだと提言されている(27)。

以上のように、中世ヨーロッパにおける宗教的世界は、天文認識や地理認識と一体性を有しており、これが近代以降の世界観との異質性を示していた。しかしこの視点は、日本の宗教史の分析にはあまり生かされてこなかった。大隅和雄氏が、日本思想史研究における中世世界観の研究を回顧した際に、現代の世界地図や地球儀を所与の前提としたのみの分析は、十全な世界観分析にならないと述べ、仏神が飛び回るという寺社縁起に記される伝承を、中世の人々が本当に信じたという視点を持つべきだと提言した理由も、そのような状況に留意したためであると考える(28)。

しかし近年では、中世の世界観の宗教性を指摘する研究が、非常に活性化した状況にある。社会史により積み重ねられた空間論や境界史研究は、そのような傾向を示している(29)。例えば黒田日出男氏が注目した、田遊びの「鳥追い」における、鳥を浄土や天竺に追うという詞章は(30)、中世の地理認識において、浄土が実在すると考える状況があったことを示している。また村井章介氏に代表される東アジア史研究も、日本最初の外交史の書物である瑞渓周鳳の『善隣国宝記』ですら外交体験を神仏の論理で解釈していたこと、蒙古襲来の危機に際し、当時の公家・吉田経長が、「蒙古」についての記述が「経史」に見えないからその場所を明記できないと、その日記『吉続記』に記録していること、対外的脅威の予言者とされた日蓮も、内典外典に依拠せねば地理や歴史を説明できないと述べていることなどを根拠に、中世の人々が宗教性を帯びた地理認識を有していたことを明らかにしている。そしてこの研究状況は、『アジアのなかの日本史』シリーズの刊行などにより、さらに進展しつつある。(31)

2　須弥山説の性格——アジアの天動説

世界観が宗教に規定されていた日本の前近代において、巨視的に世界構造を説明し得た須弥山説という世界観がある。須弥山説は、五世紀インドの天親が著した『倶舎論』をはじめ、数多くの経典や論書で言及される仏教的世界観である。この世界観については、すでに定方晟氏などにより優れた概説がなされているが(32)、この世界観の概略は、次のように説明される。

世界の中心には須弥山という高山があり、世界は虚空に浮かぶ風輪、水輪、金輪という三つの円盤状の層の上に存在する。この世界の尺度は「一由旬」という単位で表現される。一由旬は、現在の約七キロメートルとも一四・四キロメートルともいわれ、須弥山の高さは水面からは八万四千由旬で、水底からは十六万八千由旬である。須弥山の上空には、無色界や色界の諸天、欲界の他化自在天、楽変化天、兜率天、夜摩天などが位置し、また須弥山の頂上の広さは縦横八万由旬であり、そこには帝釈天などの三十三天が住んでいる。さらに須弥山の中腹には四天王が住み、日月星辰はその中腹の周囲を巡っている。須弥山の周囲は、内側から持双山と持双海、持軸山、持軸海など、七つの山脈（金山）と海（功徳海）が取り囲み、最も外輪の金山と功徳海は、持地山と持地海という。そして持池山の外側には外海が巡り、その東西南北には、東勝神洲、西牛貨洲、南瞻部洲（南閻浮提とも呼ぶ）、北倶盧洲と呼ばれる大地があり、これらは四大洲と総称される。さらにその外輪は鉄囲山という山脈が取り囲んでおり、そこが一個の須弥山世界の水平軸上における最果てとなるが、鉄囲山に囲まれた幾多の須弥山世界の果てには浄土が存在するとされる。

人間や畜生は南瞻部洲に住んでおり、南瞻部洲の中央には、阿耨達山という山がある。また阿耨達山の北には胡国、南には天竺、東北には震旦、西北には波斯国があるとされる。これら天竺、震旦、波斯国は、それぞれ現在のインド、中国、ペルシャに相当する。そして日本は、南瞻部洲の東方の海中にある粟散国であると説明される。また須弥山説では、天が須弥山上にあり、地獄が南閻浮提の地下に存在するとされるように、六道が須弥山世界の垂直軸を基軸にして説明される。以上が一個の須弥山世界の構造であるが、須弥山説では、宇宙にはこのような世界が無数にあると説かれ、千の須弥山世界は小千世界、千の小千世界は中千世界、千の中千世界は三千大千世界と呼ばれる。

須弥山説はまた、四劫観や増減劫観という時間的性格を有している。この四劫観では、人間の寿命は本来八万歳あったと説明される。しかしこの寿命は百年ごとに一歳ずつ減じていき、ついには十歳になる。この寿命が減じていく期間は小劫と呼ばれる。逆に、人寿が十歳になると、寿命は百年ごとに一歳ずつ増えていき、再び八万歳になる。この寿命が増えていく期間も小劫である。寿命が減じていく小劫は減劫、寿命が増えていく小劫は増劫とも呼ばれ、この二つの小劫を合わせた期間を中劫という。須弥山世界の生成、存在、消滅、非存在は、成劫、住劫、壊劫、空劫という四つの劫（四劫）により説明される。成劫とは、虚空の状態から地獄や天などの六道を含む須弥山世界が生成する期間であり、住劫は世界が存続し衆生がそこに居住する期間である。また壊劫は世界が壊れていく期間であり、空劫は世界が虚空な状態にある期間である。それぞれの劫は二十の中劫からなっており、四劫、すなわち八十中劫は一大劫と呼ばれる。世界はかかる生成を果てしなく繰り返しており、このような生成、消滅などの変化は、衆生の業から生じると説明される。

以上のように須弥山説は、空間的性格と時間的性格により織り成されており、さらに空間的性格は、①地理的・水平型認識と、②天文的・垂直型認識[33]により特徴付けられている。人々が、自身が居住する空間と連続する世界があることを知りながらも、当時の地理認識、天文認識、交通技術の水準に規定されて、移動不可能な領域を認識する場合、未知な領域は宗教性を帯びることになる。前近代の多くのことがらが宗教性を帯びる最大の理由は、この点に存在する。

日本史上における須弥山説の影響については、すでに数多くの指摘がなされている。例えば古代史研究は、すでに推古期に須弥山を模した石像が存在したことや、敏達期に須弥山像の前で蝦夷の外交使を迎えた服属儀礼が執行されていたことを根拠に、すでに飛鳥時代には須弥山説が世界観の主軸であったことを明らかにしている[34]。また空海の『十住心論』や、源信の『往生要集』の研究は、須弥山説を基軸とした六道の説明が、日本中世の三世観に強い影響を与えたことを指摘してきたし、末法思想や天地開闢論の研究は、これらと四劫観との関連を視野に入れてきた[35]。また人文地理学に代表される日本中世の日本粟散辺土観や三国観についての研究は、平安時代に入唐した最澄や護命が日本の地理的性格を南瞻部洲と東勝神洲の中間域に存在する場所として説明していることや、貞治三年（一三六四）に重懐が作成した法隆寺北室院蔵の『五天竺図』などを根拠に、須弥山説を基軸とした中世の地理的認識が日本中世の人々に広く認識されていたことを明らかにしている(36)。

黒田俊雄氏の『蒙古襲来』(37)も、鎌倉時代後期を、比較史の視点から須弥山説を重視しつつ概説している点で注目し直したい。黒田氏は、中世ヨーロッパ人が、世界の果てに富裕な島々があると説くギリシア・ローマの地理書に信頼を寄せた反面、叙述が正確なマルコ＝ポーロの『東方見聞録』については、内容の雄大さや、東洋と西洋との隔絶を理由に信用しなかったこと、イスラム教国と対峙していた際に、イスラム教国をおびやかすモンゴル王をキリスト教の伝説で異教徒とたたかう存在として伝えられたプレスター・ジョンと信じていたが、モンゴルの真相が明らかになるとモンゴル人をタタール人（地獄の人）として恐れたことなどをあげ、ヨーロッパ人の世界観が宗教性を帯びていたことを述べる。そして、かかる空想世界と実在世界との交錯を重視する視点から、当時の日本人の蒙古に対する「ムクリ」「異敵」という呼称には、国家意識ではなく、世界観の狭小性から生じる宗教的魔物視が込められていると述べ、かかる蒙古観の前提たる須弥山説について詳説している。

このようにアジアの天動説・須弥山説は、中世の宗教性に規定的影響をもたらしていたのであり、本書は、須弥山説との関連で、中世の有神論的世界観の特質を明らかにすることを一つの課題とする。

中世の有神論やこれを裏付ける天動説は、中世から近代への時代展開で否定されるが、有神論的世界観と無神論的世界観の対立には中間形態があり得る。汎神論がそれである。この概念は、「神の現実化と人間化」を「近世の課題」として掲げたフォイエルバッハにより、神を現実化させる概念として、また有神論的世界観と無神論的世界観の中間形態として注目された(38)。そしてフォイエルバッハのこの見解に依拠し、東洋思想の分析に汎神論の概念をいち早く採用したのが、永田広志氏と鳥井博郎氏であった。黒田俊雄氏が科学的歴史学の思想史研究の先駆者として評価したように、近代的思潮としての汎神論と、これとの相克により中世の有神論を浮き彫りにした両氏の研究は、いまだに傾聴に値する(39)。

3　汎神論

中世西洋の有神論は、人格神や来世が人の世界の外部に存在すると考える点に特徴を有しており、たとえ人の世界に神の作用がはたらいたとしても、それは神そのものではなく、あくまで神の世界から人の世界に影響した「神性」にすぎなかった(40)。これに対して汎神論は神を唯一にして無限とする考えであり、神と世界とを一体視するから「万有神観」とも呼ばれ、あるいは神が世界の外部ではなく世界の内部に存在するとも説明するから、「内在神観」とも呼ばれる(41)。またヘーゲルが、汎神論の典型たるスピノザ主義について評したように、汎神論は、「神こそ唯一の実体であり、自然や世界は……実体ではなく実体の情動ないし様相にすぎない」と考えるから、「無宇宙論」とも規定される(42)。そして、かかる神と世界とが同一であるという汎神論では、世界は実在性を失って、幻想に堕してしまうのであり、また神の救済と地獄の懲罰とが同居するという矛盾を説明できないため、地獄の存在も否定されることになる。そのため汎神論は、カントから批判的に評されたように、有神論＝超越神観を否定する点で、無神論とも同一視される場合が生じるのである[43]。

また西洋において汎神論は、有神論やこれを裏付ける天動説を否定する思想として立ちあらわれた。その熾烈なる衝突を最大限に体現したのが、ルネサンス期に活躍したジョルダーノ・ブルーノである。ブルーノは、コペルニクスに依拠して太陽中心説＝地動説を主張したが、さらに宇宙（＝神）の無限性を主張したことは、神や神の住処が天に存するという考えの否定につながり、このことはコペルニクス以上の急進性を示すものであった。かくしてブルーノは、火炙りという天動説批判者の中でも最も過酷な刑を受けることになる[44]。このように、汎神論が有神論否定の契機になったことに即すると、西洋の宗教観の時代的展開は、古代＝ヘレニズム、中世＝ヘブライズム、近世＝汎神論、近代＝無神論に特徴付けられているといえる。

4　涅槃——仏教的汎神論

すでに家永三郎氏が、近世日本における、有神論を基軸とするキリスト教と汎神論を基軸とする仏教との「仏基論争」に焦点を当てて論じたように[45]、西洋に対し、東洋、特に仏教が発祥したインドでは普遍的な真理である「真如」の遍在が説かれていたから、汎神論（汎仏論）は自明の理であった。

さらに「真如」は、普遍的な真理と同時に、衆生が心を静めた状態をも意味する。仏教では、①意識のはたらきや世界の対象化により生じる「妄念」「執心」を否定し、②意識を作用させながら行う

「有相」の修行を経て、③意識の作用を止め、思慮や言葉では表現できない無相（涅槃・真如・空）という境地に到達することを理想としている。そしてこの「散心→有相→無相」の価値を前提とする唯心論においては、浄土や六道は心理状態の修辞的表現と位置付けられることになるのである。また涅槃の追究には、難行と易行のいずれを必要とするかによって大きな相違点が発生するが、特に日本中世の涅槃追究の風潮は、本覚思想により特徴付けられる。本覚思想は、すべての衆生は、ありのままで、すでに覚っているという考えであり、このことにより、本来、厳しい修行によって得るべきだと説かれていた涅槃が、直観により得られると説かれることになるのである[46]。

これら汎神論や唯心論による涅槃の実現は、一面においては、人の世界の外部にある浄土や地獄、あるいは前世や後世の実在視を否定し得るのであるが、ただし他方において、日本中世では、涅槃追究を説く汎神論や唯心論が三世観と併存し得る点に、一つの特性を有している。特にこのような涅槃と三世観との関係についての二面性は、すべての事象は縁起によって生起すると考える「空」を重視して、事物（三世を含む）の「実体」視を徹底的に否定する中観学派と、世界が意識によって作り出されることを重視しながらも、世界の存在および三世の実在を前提とする唯識学派の差異に典型的にあらわれる[47]。つまり西洋における汎神論が有神論や天動説と対立するのに対し、中世日本の汎神論や唯心論は、三世観と併存し得た点において、時代的、地域的特徴性を有しているのである。汎神論と有神論との併存が矛盾点を含有することについては、すでに末木文美士氏や佐藤弘夫氏の指摘があるが[48]、これら涅槃観と三世観との併存状況を具体的に明らかにすることが、本書の課題の一つになる。

三　本書の構成

本書は、日本中世における三世観の性格を、以上のような須弥山説や汎神論に加え、中世の人々の生活意識との関連で論じていく。第一章と第二章は、特に須弥山説を重視する。第一章では、日本の浄土教的世界観に多大な影響を与えた源信の『往生要集』が、観想念仏を基軸に汎神論を説明する特徴と、須弥山説を根拠に浄土と六道を説明する特徴によって、いかなる浄土教的世界観を説明しているかを明らかにする。第二章では、『水鏡』『愚管抄』『元亨釈書』『神皇正統記』を取り上げ、これらが、それぞれの歴史叙述との関連で、須弥山説のいかなる要素を重視しているかを明らかにし、それによって須弥山説の受容変遷を明らかにする。第三章と第四章は、中世の人々の生活意識と三世観との関わりに焦点を当てる。第三章では、鎌倉時代の宗教状況を最も鮮明に描いている作品として評価される無住の『沙石集』から、鎌倉時代の一般的な三世観の性格を抽出する。第四章では、鎌倉幕府の六波羅探題や連署を歴任した北条重時の家訓の中で、浄土教の影響が強い『極楽寺殿御消息』を取り上げ、鎌倉武士の世俗生活と浄土教的世界観との関連について明らかにする。第五章と第六章では、時代性との関連で法然と親鸞の浄土観や輪廻観について分析する。またこれらの章では、法然と親鸞の本覚思想の有無や、衆生観の相違などに留意し、それらとの関連で法然と親鸞の世界観の特徴を明らかにしていくことにしたい。

註

（1）例えば、大隅和雄編　大系仏教と日本人4『因果と輪廻――行動規範と他界観の原理――』（春秋社、一九八六年）の書名が、世界観分析を重視する学界動向を示している。

（2）『岩波仏教辞典』第二刷（岩波書店、一九九一年）四七四頁。なお第一刷は一九八九年に刊行。

（3）中村元「極楽浄土にいつ生れるのか？――『岩波仏教辞典』に対する西本願寺派からの訂正申し入れをめぐっての論争――」（『東方』第六号、東方学院、一九九〇年）。

（4）野々村直太郎『浄土教批判』（中外出版株式会社、一九二三年）。

（5）「此土往生」説を重視する上田義文氏の集大成については、同『親鸞の思想構造』（春秋社、一九九三年）九七頁以下参照。また本願寺派の彼土往生を重視した見解については、普賢大円『最近の往生思想をめぐりて』（永田文昌堂、一九七二年）、稲城選恵『真宗教学の諸問題』（探究社、一九八五年）一二一頁以下参照。

（6）金子大榮『浄土の観念』（文栄堂、一九二五年）一〇二～一〇六頁。

（7）本多弘之『近代親鸞教学論』（草光舎、一九九五年）二九五頁。また近代真宗教学の浄土理解の動向については、木越康「ポストモダンと真宗――「あの世」を再び超えて――」（『大谷学報』七九―一、二〇〇〇年）、同「真宗教学の近代化と現在」（『親鸞教学』八二・八三合併号、二〇〇四年）に負うところが大きい。

（8）曾我量深『往生と成仏』（法藏館、一九八四年）二六～二七頁。講演は一九六六年。

（9）曾我量深『歎異抄講座』第一巻（弥生書房、一九七〇年）一八六頁。

（10）近年では、大谷派の寺川俊昭氏が、『岩波仏教辞典』の記述を問題視して、親鸞の難思議往生観を、現生の往生と規定したのに対し（「難思議往生を遂げんと欲う」〈『真宗研究』第四十四輯、二〇〇〇年〉）、本願寺派の内藤知康氏が反論している（「親鸞聖人における往生」〈『真宗研究』第四十五輯、二〇〇一年〉）。

（11）梅原猛『誤解された歎異抄』（光文社、一九九〇年）一六〇頁。

（12）長谷正當『欲望の哲学――浄土教世界の思索――』（法藏館、二〇〇三年）四三頁。

（13）永田広志『日本封建制イデオロギー』（法政大学出版会、一九六八年、初版は一九三八年）九一頁。

（14）また平雅行氏は、中世では三世思想が救済になると述べる池見澄隆氏を批判し（『日本中世の社会と仏教』塙書房、一九九二年、二六一頁）、末木文美士氏に対しても、中世人が極楽を望んでいたことは自明のことだとして、これを特に対象化することを批判している（「仏教思想史研究と顕密体制論――末木文美士氏の批判に応える――」〈『日本史研究』四二一号、一九九七年、五〇頁〉）。
（15）平雅行『親鸞とその時代』（法藏館、二〇〇一年）一六六頁。本書第六章一一一～一一三頁参照。
（16）細川涼一『死と境界の中世史』（洋泉社、一九九七年）は、「中世史研究者の立場から現代を照射した」（同書「あとがき」）この書において、現代のオカルトブームについて言及し、他者の死後の行方を明言する霊能者が、他者の死に傲岸に介入したり、これを手段に法外な金銭を要求したりする非良心性を批判している（同八～九頁）。この指摘には、不可知性を有する後世観が、収取活動に直結することへの嫌悪感が端的に示されており、この視座が現在の浄土教研究の方向性を規定しているといえよう。
（17）佐藤弘夫『日本中世の国家と仏教』（吉川弘文館、一九八七年）四六～六三、二六一～二六三頁。
（18）佐藤弘夫「地獄と極楽のコスモロジー」（同『神・仏・王権の中世』法藏館、一九九八年、四〇一～四〇二頁）。同「神仏習合と神祇不拝」（『日本史研究』五一一、二〇〇五年）。
（19）神田千里『一向一揆と真宗信仰』（吉川弘文館、一九九一年）五頁。池見澄隆『増補改訂版　中世の精神世界――死と救済――』（人文書院、一九八五年）二九八頁。また、三浦圭一氏は、現代の医療に対する中世の技術の未発達を根拠に、「現世と来世（他界）」という宗教的な世界観の重要性を指摘する（「中世人の現世・他界観」〈日本の社会史第七巻『社会観と世界像』岩波書店、一九八七年〉）。また中世民衆の主体的な宗教理解については、誉田慶信『中世奥羽の民衆と宗教』（吉川弘文館、二〇〇〇年）参照。
（20）井上光貞『新訂日本浄土教成立史の研究』（山川出版社、一九七五年）二〇、二七頁。追善的浄土信仰の研究史については、速水侑『浄土信仰論』（雄山閣、一九七八年）六〇～六八頁参照。
（21）なお西洋の古代、中世、近代の三時代区分に対する、日本の古代、中世、近世、近代の四区分については、朝尾直弘「「近世」とはなにか」（日本の近世１『世界史のなかの近世』中央公論社、一九九一年）参照。
（22）家永三郎『日本思想史に於ける否定の論理の発達』（新泉社、一九六九年、初版は一九四〇年）二〇頁。
（23）井上庄七「世界像の変遷」（旧版岩波講座『世界歴史16　近代３』岩波書店、一九七〇年）。

(24) 大航海時代叢書第一巻『航海の記録』（岩波書店、一九九一年）一六二～一六七頁。

(25) ホワイト／森島恒雄訳『科学と宗教との闘争』（岩波書店、一九三九年）九～一一頁。

(26) 渡辺正雄「宗教時代の科学」（岩波講座宗教と科学2『歴史のなかの宗教と科学』岩波書店、一九九三年、一八二～一八四頁）。科学史については、トーマス・クーン／常石敬一訳『コペルニクス革命――科学思想史序説――』（講談社、一九八九年）、H・バターフィールド／渡辺正雄訳『近代科学の誕生　上』（講談社、一九七八年）、岡崎勝世『キリスト教的世界史から科学的世界史へ』（勁草書房、二〇〇〇年）などを参照した。

(27) 池上俊一「宗教運動と想像界」（『西洋中世史研究入門』名古屋大学出版会、二〇〇〇年、一一七～一二二頁）。

(28) 大隅和雄「日本思想史上の世界と日本・中世」（『日本思想史学』第二五号、一九九三年、三二頁）。もっとも西洋との比較を基軸とした世界観分析が低調だった理由の一つには、学問的良心の反映があったといえよう。なぜなら大航海時代や太陽中心説の重視は、ヨーロッパの先駆性を前提としたヨーロッパ中心史観と密接に関連していたからである。しかし、近年の世界史研究ではヨーロッパ中心史観を反省しつつ、あらためて世界観研究の重要性が指摘されている。新版岩波講座『世界歴史12　遭遇と発見――異文化への視点――』（岩波書店、一九九九年）の、樺山紘一執筆「はしがき」を参照されたい。

(29) 境界に関する研究史については、黒田日出男『境界の中世　象徴の中世』（東京大学出版会、一九八六年）「序」参照。また細川涼一註(16)前掲書は、人の死を境界史の対象としている。また社会史による世界観研究については、註(19)前掲書日本の社会史第七巻『社会観と世界像』参照。

(30) 黒田日出男『日本中世開発史の研究』（校倉書房、一九八四年）四五三頁。

(31) 村井章介『アジアのなかの中世日本』（校倉書房、一九八八年）五二、一六七、一七二頁。『アジアのなかの日本史　Ⅰ～Ⅵ』（東京大学出版会、一九九二～一九九三年）。また近年の成果としては平雅行「神仏と中世文化」（日本史講座第四巻『中世社会の構造』東京大学出版会、二〇〇四年）。

(32) 定方晟『須弥山と極楽』（講談社、一九七三年）、同『インド宇宙誌』（春秋社、一九八五年）。岩田慶治・杉浦康平編『アジアの宇宙観』（講談社、一九八九年）。

(33) 世界観や宇宙観を、垂直軸と水平軸を基軸に理解する視座については、上田正昭『日本神話』（岩波書店、一

九七〇年）一八八頁。荒川紘『日本人の宇宙観』（紀伊國屋書店、二〇〇一年）四四〜五二頁。

(34) 北條勝貴「日本的中華国家の創出と確定的宣誓儀礼の展開」（『佛教史学研究』四二―一、一九九九年）、荒川紘註(33)前掲書三〇頁。

(35) 村岡典嗣「末法思想の展開と愚管抄の史観」（同『日本思想史上の諸問題』創文社、一九五七年）。

(36) 佐々木令信「三国仏教史観と粟散辺土」（大系仏教と日本人2『国家と天皇』春秋社、一九八七年）。室賀信雄・海野一隆「日本に行われた仏教系世界図について」（『地理学史研究　一』臨川書店、一九七九年。初版は一九五七年）。応地利明「絵地図に現れた世界像」（註(19)前掲書日本の社会史第七巻『社会観と世界像』）、同「東アジアからの地理的世界認識」（註(28)前掲書新版岩波講座『世界歴史12　遭遇と発見』）。

(37) 黒田俊雄　日本の歴史8『蒙古襲来』（中央公論社、一九六五年）六〜一八、一三九〜一四五頁。

(38) フォイエルバッハ／松村一人・和田楽訳『将来の哲学の根本命題』（岩波書店、一九六七年）八、二七頁。また西洋における汎神論の説明については、エンゲルス／松村一人訳『フォイエルバッハ論』（岩波書店、一九六〇年）、ハイネ／伊東勉訳『ドイツ古典哲学の本質』（岩波書店、一九五一年）、K・レーヴィット／柴田治三郎訳『神と人間と世界』（岩波書店、一九七三年）、エンゲルス／大内力訳『ドイツ農民戦争』（岩波書店、一九五〇年）九六頁などに依拠した。

(39) 永田広志「汎神論と東洋哲学――日本封建哲学の理解のために――」（永田広志註(13)前掲書六頁）。鳥井博郎「東洋的汎神論に於ける自然と人間」（黒田俊雄編　歴史科学大系19『思想史〈前近代〉』校倉書房、一九七九年。初出は一九三七年）。黒田俊雄氏の評価は、同書「解説」（三六八頁）参照。また丸山眞男氏も、仏教哲学は根本的に「空」の直感を目指す汎神論ないし汎心論であると述べている（『丸山眞男講義録第四冊』東京大学出版会、一九九八年、二七九頁）。

(40) ハイネ／伊東勉訳註(38)前掲書一一三〜一一四頁。

(41) 永田広志註(13)前掲書六〜八頁。

(42) ヘーゲル／長谷川宏訳『哲学史講義　下』（河出書房新社、一九九三年）二四四頁。

(43) 岩波『哲学・思想事典』（岩波書店、一九九八年）高尾利数執筆「汎神論論争」項。カント／篠田英雄訳『判

断力批判　下』（岩波書店、一九六四年）一七二頁。

（44）清水純一『ジョルダーノ・ブルーノの研究』（創文社、一九七〇年）一五八頁以下。

（45）家永三郎「我が國に於ける佛基両教論争の哲学史的考察」（『中世佛教思想史研究　増補版』法藏館、一九五五年、一一三～一三六頁。初版は一九四七年）。

（46）天台本覚思想については、研究者により規定が多様だが、本書が踏襲すべき説明を掲げておく。田村芳朗氏は、「具体的な現実の事象そのまま絶対とみなし、また肯定すること」、「眼前の事々物々のすがたこそ、永遠な真理の活現のすがた」と見る思想、「煩悩と菩提、生死と涅槃、あるいは永遠（久遠）と現在（今日）、本質（理）と現象（事）などの二元分別的な考えを余すところなく突破・超越」する思想と規定する（「天台本覚思想概説」〈日本思想大系9『天台本覚論』岩波書店、一九七三年、四七八頁〉）。黒田俊雄氏は、本覚思想を、「〈平安期延暦寺の良源や源信に代表される〉観心主義的傾向」、「自己の存立と外界からの自由を主観においてのみ確認しようとする立場」、「新仏教の最も特徴的な論理を準備」する「自我意識の唯心論的追求」と規定する（「中世における顕密体制の展開」〈黒田俊雄著作集第二巻『顕密体制論』法藏館、一九九四年、七六～七七、一二二～一二三頁〉）。平雅行氏は「本覚論とは……「自己および一切群生・草木国土すべてが、本来的に真如であることを直観的に覚知すれば成仏できる」と説く密教思潮」と規定する（平雅行註（14）前掲書四七三～四七四頁）。末木文美士氏は、既存の仏性観が、すべての衆生は修行によって覚りを開く可能性があると説くものであったのに対し、本覚思想は、衆生のありのままの現実が悟りの状態であると考える思想であり、汎神論的世界観を形成すると説明する（『日本仏教史』新潮社、一九九六年、一五七～一五九頁）。

（47）この点については、荒川紘註（33）前掲書九五～一〇四頁参照。また龍樹を祖とし、三論宗に代表される中観学派と、天親を祖とし、法相宗に代表される唯識学派との対立が、中世でも広く認知されていたことは、『今昔物語集』「巻第四　護法・清弁二菩薩、空有諍語第二十七」（新日本古典文学大系33『今昔物語集　一』岩波書店、一九九九年、三五四～三五七頁）、『沙石集』「巻四―一」（日本古典文学大系85『沙石集』岩波書店、一九六六年、一七二頁）に見られる。

（48）佐藤弘夫註（17）前掲書六二～六三頁。末木文美士註（46）前掲書『日本仏教史』一五四～一六三頁。

第一章　『往生要集』における三世因果観の性格

はじめに

本章では、平安期を代表する天台僧・源信（九四二〜一〇一七）が、寛和元年（九八五）に完成させた『往生要集』を取り上げ、その三世因果観の性格について見ていきたい（『往生要集』の引用には、石田瑞麿校注　日本思想大系6『源信』〈岩波書店、一九七〇年〉の書き下し文を使用する。本章の『往生要集』に関する頁表記はこの書による）。

日本の浄土教に多大なる影響をもたらした『往生要集』は、直接的には、康保元年（九六四）に成立していた勧学会や、これが発展して寛和二年（九八六）に成立した二十五三昧会など、念仏結社に所属する人々を想定して執筆されたといわれる。しかし源信は『往生要集』の遺宋に見られるように、多くの読者の獲得を期していたし、実際にこの書は、藤原道長をはじめ多くの人々に精読されるようになるなど、社会に多大なる影響をもたらすことになる(1)。

『往生要集』の画期性は、次の二点にある。第一には、「大文第一　厭離穢土」の章で、『日本霊異記』（弘仁十三年〈八二二〉成立）などによりすでに流布していた浄土教的世界観を、仏教の天動説たる須弥山説[2]や人間の世界との関連で詳説し直したことである。[3] 例えば八大地獄の中の、第一の地獄たる等活地獄の場所を、「この閻浮提の下、一千由旬にあり」と明示し、寿命も「人間の五十年を以て四天王天の一日一夜となして、その寿五百歳なり。四天王天の寿を以てこの地獄の一日一夜となして、その寿五百歳なり」（一一頁）と明示する。[4] 阿修羅道の場所も「須弥山の北」や「四大洲の間」と明示する（三三頁）。現世の行業との因果についても、第七の大焦熱地獄の因を、「殺・盗・婬・飲酒・妄語・邪見、幷に浄戒の尼を汚せる者」（二一頁）と詳説し、第八の阿鼻地獄の因を「五逆罪を造り、因果を撥無し、大乗を誹謗し、四重を犯し、虚しく信施を食へる者」（二六頁）と詳説する。眼前の世界たる「人道」や「畜生道」も、六道の一端として宗教的に説明される。源信は、「人道」の説明に際し、[5]「人の身の中には三百六十の骨ありて、節と節と相拄《ささ》ふ」（三四頁）などと、当時の解剖学を根拠に、骨、関節、筋肉、血管、毛穴、内臓、寄生虫の存在、排泄物の発生、命終後の腐食など、不可視的要素を含めながらも、人体の実際の構造について詳説し、これを厭離すべきことを説く。また畜生道も、「その住処に二あり。根本は大海に住し、支末は人・天に雑《まじ》はる」（三二頁）と、未知な領域を有しながらも実在する海や天との関連で、宗教的性格付けがなされる。古代には、『日本霊異記』が、因果を否定する自然説や、霊魂や死後の世界を認めない滅尽説について認識していたように、[6] 三世因果を否定する傾向が存在したが、『往生要集』における六道輪廻の説明は、三世因果が事実たることの蓋然性を向上させたと考えられる。

　第二には、空也によって流布していた当時の口称中心の弥陀念仏が、呪術的で密教的性格を有するものとして理解されていたのに対し、源信は天台の止観重視の立場から、観想念仏の行法を体系化したことである。[7] 仏教では、①意識のはたらきにより生じる妄念を自省し、②意識をはたらかせながら行う「事」や「有相」という修行を経て、③心を静めた「理」「無相」「涅槃」「真如」という境地に到達することを究極の課題としている。そして観想念仏によって涅槃の境地を実現した場合、世界認識は心の作用だと考える唯心論や、世界全体には仏が遍在するという汎神論により、前世や後世の実在視は否定され得るのであり、[8] これは『往生要集』の救済論の主軸となるのである。

ところで、汎神論によって来世観を否定する傾向は、近代以降において顕著にあらわれるが、この傾向は、現在の『往生要集』研究にも反映している。すなわち『往生要集』研究は、一方では、頻繁に『往生要集』「大文第一」に依拠して中世日本の三世因果観や他界観を説明しながらも、他方では三世観を、観想念仏を勧めるための方便や比喩的世界と位置付けることにより、源信の健全性を説明する場合が多い。[9] しかし古代・中世日本の三世観の特徴を抽出するためには、汎神論や唯心論が、有神論を前提とした三世観を完全に否定しきれていない点に注目すべきであると考える。そこで本章では、まず第一に「大文第一」が説く三世因果の説明が、『往生要集』の全体にわたって貫徹していることの具体相を確認し、第二には、『往生要集』が、汎神論や唯心論と有神論的三世観という二つの異なった世界観を、いかに併存させているかについて見ていきたい。[10]

第三に検討すべきは、『往生要集』における社会観および衆生観と三世観との関係である。中世日本における三世観が魅力に欠ける理由は、不可知性を伴う三世観が寺領荘園からの収取手段として機能した点にあるが、[11] 例えば源信は、世俗者のみならず僧侶も輪廻の対象と考え、かかる考えを根拠に、僧侶と世俗者の両者に自省を求めていなかったのかを検討していくことにしたい。

一　『往生要集』全巻における三世因果の重視

源信が、三世因果を重視していることは、すでに「大文第一」で、「因果を撥無」する者を最も恐るべき地獄である阿鼻地獄の対象にしていることにうかがえるが（二六頁）、この節では、この三世因果の重視が「大文第二」以降の記述にいかに継承されているかについて見ていきたい。かかる「大文第二」以降の記述から三世観を抽出するという作業は、すでに伊藤唯真氏によって示されており、伊藤氏は、「大文第一」以外の章における地獄や悪道についての言及箇所が五十余箇所にのぼることを明らかにしているが(12)、本節では伊藤氏があげた事例を含めた三世観の描写を見ていきたい。

1　割注による三世因果の詳説

源信の三世因果重視の性格は、まず割注を施すことによって、三世を反復的に説明して念仏を勧めたり、三世を詳説し直したりしているところに見られる。三世の反復的説明は、念仏者が念仏に飽きることを誡める「大文第五」第三節「対治懈怠」に見られる。源信は、この節で、念仏者が念仏に飽きないように、「三途の苦果」と「浄土の功徳」を比較すべきことや、自身が悪道で「多劫」を経てきたことを念じよと説いている。そしてさらに、割注で「悪趣の苦と浄土の相とは、一々前の如し」と説いて、「前」に相当する「大文第一」の悪趣（地獄、餓鬼、畜生）の説明や「大文第二」の浄土の説明をあらためて参照するように促している（一五〇頁）。このように、源信は「大文第一」が説く三世因果の説明を繰り返して、これを後の巻の理解の前提にするよう促しているのである。

また因果の詳説は、念仏者に速やかに悪行を懺悔するよう促す「大文第五」第五節「懺悔衆罪」に見られる。ここで源信は、『十住毘婆沙論』の「十方の無量の仏は　知る所　尽さざるなし　我いま悉く前《みまえ》に於て　もろもろの黒悪を発露せん　三々合して九種あり　三の煩悩より起る　今身もしは前身の　この罪を尽く懺悔せん　三悪道の中に於て　もし受くべき業報あらば　願はくは今身に償ひて悪道に入りて受けざらんことを」という三世観の影響が色濃い偈文を引用して、念仏者の懺悔方法を説明している。そしてさらに源信は「『三々合して九種あり』とは、身・口・意、おのおのに現と生と後業とあり」と割注を付している（一八九～一九〇頁）。この「現と生と後業」とは、現世にあらわれる業報、次の生にあらわれる業報、二回以上転生した時にあらわれる業報、の三種の業報を意味しており、後者の二つでは、死を境とした因果が詳説し直されているのである。この三種の業報の認識は、現報を重視する『日本霊異記』（正式名称は『日本国現報善悪霊異記』）の古代的三世観と対立するものであり[13]、源信の三世観の中世的性格を示している。

2　数値の重視

「大文第一」の「一日」を単位とした六道の寿命の明示は、「永さの『科学的』な記述」と評されるように[14]、他界実在の蓋然性を高めている。そして源信は、「大文第十」第一節「極楽依正」で、一方では、阿弥陀仏の成仏時や寿命（二六二頁）、阿弥陀仏や浄土の大きさ（二六四頁）、極楽までの距離（二六九頁）などの数値が、経典により異なることを問題にし、「邪正、知り難し」（二六二頁）と述べながらも、他方では、この数値について詳細な議論を展開する。

まず源信は仮の浄土たる化土から極楽に転生するまでの時間について設問する。すなわち源信は、『観無量寿経』は、上品中生の者は一夜（半日）で化土から真実の浄土である報土に転生できると説いているが、『華厳経』の、極楽の「一日一夜」は娑婆の「一劫」に相当するという記述を踏まえると、上品中生の者は人間界での半劫を経ねば報土に往生できないではないか、というのである。この自問に対し源信は、一方では「胎生」（化土）は、全く苦しみがない極楽の一部だから時間など問題ではないと答えながらも、他方では「一日」を人間界の一日と説明する「ある師」の説を強く支持し(15)、報土往生までの「一日」は一劫に相当すると説明した懐感や智憬を厳しく批判する。そして源信は、さらに自ら四つの例を掲げてその説を補強しはじめる（二六四～二六七頁）。

第一例は、「由旬」の規定である。長さの単位である「由旬」には、現代の約七キロメートルに相当する人間界での性格と、仏の指の長さを意味する極楽での性格がある。そしてもしも「由旬」を、後者の、仏の指の長さと解釈して、須弥山のような大きな人を「若干由旬」と表現したとすれば、「若干」にはきわめて大きな数字が充てられる。しかしこの場合、この人の指の長さは身体の大きさを「若干」の数で割った数に相当し、その数が大きいほど身体における指の割合は小さくなる。そのため、指の長さはその人の「毛端」と同じ大きさになるという矛盾が起きると、源信はいうのである。そして源信はこれを根拠に、仏の「由旬」とは、仏の指という極楽での単位ではなく、人間界での単位だと説明する。

第二例は、『尊勝陀羅尼』における善住天子の延命譚である。これによると忉利天に住む善住天子は、空からの声により七日後に死ぬと予告されたが、釈迦に延命方法を教えられた帝釈天から七日間の延命祈願をさせられたため、釈迦の在世中に延命できたという。源信はこの話を根拠に、もしも「日夜」が天での時間を意味するならば、天上の七日間は人間界の七百年に相当するから、釈迦在世中の八十年間に延命利益があらわれるはずがない。それにもかかわらず、釈迦の在世中に利益があらわれたのは、「七日」が人間界の七日を意味するからだと説明するのである。

第三例は、化土の寿命を「五百歳」とする『無量寿経』諸本の記述を、智憬が人間界での五百歳と解釈していることである。源信はこれを踏まえて、智憬は九品の利益があらわれるまでの時間も、人間界の時間によって解釈すべきだと批判する。

第四例は、上品中生や上品下生のような上根の者が、化土にしか往生できない下根の者よりも苦しまなければならないという矛盾である。源信は、化土の五百歳とは人間界の五百歳に相当するという第三の例を踏まえて、もしも懐感や智憬の解釈のように、上品中生や上品下生の者が人間界の半劫や一劫の期間を経ないと報土に往生できないというならば、なぜ化土の者はわずか五百年で報土に往生できるのか、と述べ、その矛盾点を指摘するのである。

きわめて奇異な問題設定であるが、これらの設問の存在自体が、源信が他界についての数値表記を重視していたことを示している。

3　三世因果前提の利益

『往生要集』は、三世因果を前提にした利益を数多く説いている。第一には神通力である。神通力とは、知人が転生した場所や、自分の過去世の業を知ることができる能力である。源信は、その能力を得ることで、他の衆生を救済できると説明している。例えば源信は、浄土の十種の利益を説く「大文第二　欣求浄土」で、第三の利益である「身相神通」として、浄土に往生すれば「無量の宿命」や「六道の衆生の心」を知ることができると説いている（五六頁）。また第六の「引接結縁」では、『心地観経』などを根拠に、人々は本来、人の世での君臣、師弟、妻子、朋友などの「恩所」といったん死別すると、これらの人々がどこに輪廻したかを知り得ないが、極楽に生まれれば「恩所」の輪廻の場所を知ることができ、それらの人々を極楽に導いて救済できると説明する（六四頁）。

往生伝の例を根拠に人々に念仏を勧める「大文第七」第六節「引例勧信」でも、死別した母親を救済しようとしたある比丘が、道眼（優れた眼）で天上、人中、地獄までを見通してその母を助けたことを、『譬喩経』を根拠にして説明している（二四四頁）。念仏流布を意図するこの節で、源信が神通力の利益を説いていることは、前世や後世を見通す能力が、当時の人々から共感され得たことを示しており、実際に、神通力の思想は、当時の人々に多大な影響をもたらしていた。例えば源信の周辺では、二十五三昧会結衆が、『発願文』で、「もし適《ゆ》きて極楽に往生する者あらば、自らの願力により、仏の神力により、もしくは夢に、もしくは現《うつつ》に、結縁の人に示せ。もし悪道に堕つるとも、また以てこれを示せ」と誓い合っている。また『源信僧都伝』には、源信が高弟の覚超に、自身の往生の場所を告げた話がある(16)。またそれ以外でも、中世の宗教状況に詳しい『沙石集』は、顕密仏教の利益として神通力の思想を説いているし、三浦圭一氏は、『普通唱導集』が掲げる職能の中で、陰陽師、口寄巫女、念仏者は、他界の住民と対話できる芸能人として期待されていたことを指摘している(17)。源信が説く神通力は、このように、社会に広く認知され得るものだったのである。

第二に、輪廻観は浄土の優劣比較の根拠となる。すなわち源信は「大文第三」で、阿弥陀仏の極楽を、十方諸仏の浄土や弥勒浄土たる兜率天と比較した際に、「釈尊の入滅より慈尊の出世に至るまで、五十七倶胝六十百千歳を隔てたり。〈新婆沙の意〉その間の輪廻、劇苦いくばくぞや。なんぞ、……悠々たる生死に留りて竜花会に至ることを期せんや」と述べる（八五頁）。源信は、弥勒下生が「五十七倶胝六十百千歳」後であると解説し、兜率天往生を願う衆生は、輪廻の苦悩を受けながら弥勒下生を待たねばならないことを根拠に、阿弥陀仏の極楽は優れており、弥勒の兜率天は劣っていると説明するのである（なお「新婆沙」とは『大毘婆沙論』であるが、当時は、弥勒下生を五十六億七千万年後とする『菩薩処胎経』の説が一般的である）。

第三に源信は、「大文第七」第七節が主題とする「悪趣の利益」について説明する。「悪趣」とは「三悪趣」とも呼ばれる地獄、餓鬼、畜生のことであり、源信はこの節の冒頭で、「且《しばら》く人中の念仏の功徳は置く」（二四七頁）と、あえて人に対する念仏の利益の説明を差し置き、『大悲経』を根拠にして、畜生道での利益を説きはじめる。すなわち、ある時、一頭の鯨（原文「摩竭大魚」）が、渡海中の商人を食おうとしたが、商人が仏を念じると、鯨は愛敬の心を生じた。そしてこの鯨は、これ以降も衆生を食せぬようになり、その結果、人に転生し、ついには阿羅漢を得たというのである。さらに源信はこの経文を受けて、「余の趣も……浄土に生るること、これに准ぜよ。地獄の利益は、前の国王の因縁、幷に下の麁心の妙果の如し」（二四九頁）と、畜生以外の念仏利益を力説する。

ここで源信がいう「地獄の利益」とは、先述の「神通力」の説明で言及した、「引例勧信」における『譬喩経』の地獄譚のことである。すなわち、道眼で六道を見通して地獄に堕ちている母親を救い出そうとしたある比丘は、一人の悪王に念仏を勧める。そして王がこれに従って仏を念じると、王の声は地獄に向かう。このため地獄の者たちは仏の声を聞くことができ、比丘の母親も救われたというのである（二四四頁）。また「麁心の妙果」とは、「大文第十」第六節で説明されるような、集中できずに行う念仏にも優れた利益があるということであり（二九七頁）、源信はこの節でも、『大悲経』を根拠に、「地獄・餓鬼・畜生に堕在」した者が、念仏により救済されたことを説明する（二九八〜二九九頁）。来世における念仏利益を説く「大文第七」第四節「当来の勝利」でも、『華厳経』や『般舟経』などを根拠に、念仏者は悪道から逃れられることや、転生したところで宿命を知ることができることなどが説かれている（二二七頁）。このように源信は、後世や悪趣の苦悩を前提にして、繰り返し念仏の利益を説いていたのである。

第四に、源信は、最下層の往生行となる「聞仏」と「如来不善」を三世観や輪廻観を前提に説明している。「大文第九」に見られるごとく、『往生要集』の特質に、諸行の価値を階層化しながら諸行を説く性格が存在することは、すでに井上光貞氏以来、指摘されてきたことであるが、かかる諸行往生論における最底辺の往生行は、具体的には、過去世で仏法について聞くという行と、仏に不善を行うという二つの行に集約されることになる。ただし、これらの行の利益も輪廻を前提に説かれている。

まず過去世における聞仏の利益について見てみよう。輪廻観を前提に、人身が受けがたく仏教が聞きがたいと考えることは、仏教において自明な思潮であるが、この値遇観は『往生要集』でも重要視されており（四四頁）、『往生要集』は、仏の名を聞くこと自体を、独立した利益として説いている。

すなわち源信は「大文第二」第八節「見仏聞法」で、『大智度論』を根拠に、釈迦が舎衛国にいた二十五年間で、舎衛国の九億の家の中で、三億は釈迦を見たが、三億はわずかに聞いたのみで、三億は見聞しなかったと述べ、聞仏自体に行としての意味を込めている（七一頁）。また、「大文第十」第二節「往生の階位」において、「一たび名を聞くすらなほ成仏」と述べて、「聞仏」の利益を説き、悪業を作った者が臨終に念仏を称えたなら、その者は、前世で浄土を欣求した宿善を開発させたのだと説明する（二七七頁）。ただし源信は、宿善があれば下々品の者も十念を称えなくともよいのかと設問して、十念を称えねば無間地獄に堕ちると答えているように、聞仏だけで救済されるとは説かず、仏教を聞けた者も、それ以上の行を修さなければならないと説明している（二七八頁）。

また源信は、聞仏による菩提は、長い輪廻を前提にしていると説明する。その説明は、先述の「麁心の妙果」に見られ、ここで源信は、ある経文が「一たび仏を聞かば定んで菩提を成ず」と説いていることについて、聞仏とは、「永劫の因」（長い時間の経過後に結果をもたらす原因）として期待すべき利益だと説いている（三〇二頁）。このように源信は、輪廻を前提に聞仏の利益を述べるのである。

次に仏に対する不善である。次の記述は、すでに高木豊氏が、源信の輪廻重視の典型的記事として注目しているが[18]、源信は、「麁心の妙果」の節で、仏教では、如来を誹謗する者も救済されるかと設問する。これについて源信は、如来への不善の意義を、外道（仏教以外の宗教）供養と対比し、如来に対して不善を行う者は、後悔した後に涅槃を得る場合があるのに対し、外道供養の結果は、地獄、餓鬼、畜生に堕ちるだけだと述べて、いったん如来への不善を肯定的に説明する（三〇〇頁）。しかし源信は、如来への不善を容認することは、「因果の道理」を違えることや、「衆生の妄心」を増させることにつながるではないか、と問題視する。これに対し源信は、『大悲経』を根拠に、「悪心を以ての故に三悪道に堕ち、一たび如来を縁ずるを以ての故に必ず涅槃に至る。この故に、因果の道理に違《たが》はざるなり」と答えている（三〇一頁）。このように源信は、地獄、餓鬼、畜生という輪廻の苦悩を前提にしながら、如来への不善が、その後の涅槃につながると説いているのである。

二　観想念仏と三世因果観

1　汎神論・唯心論による三世因果の否定

前節では、『往生要集』全体が、前世や後世の実在性を前提にして叙述されている側面について見てきた。しかし反面、『往生要集』は、観想念仏の重視を最大の思想的特質としており、これによる「無相」の到達は、浄土や六道は人間界の外部に存在するという認識や、六道の苦悩を否定し得る点で、救済的機能を果たし得る。またこれは具体的には二つの方法によってなされる。一つには仏身は世界に遍在すると考える汎神論であり、これは浄土や六道は人間界の外部に存在するという有神論を否定する。二つには唯心論であり、これは浄土や六道を心理状態の修辞的表現だと認識させることになる。

源信は、頻繁に汎神論的な仏身の遍在について説いており、特にその典型的な仏身論が説かれているのが、観想念仏を主題とする「大文第四　正修念仏」である。この章で源信は、五世紀インドで唯識を体系化した世親の『往生論』（『浄土論』）が、念仏者の行法として、礼拝門、讃歎門、作願門、観察門、廻向門という五念門を説いていることに従い、「大文第四」を五節に分類している。そしてその第四節「観察門」第二項「惣相観」は、阿弥陀仏の姿全体の観想を説明する項であり、ここで源信は、「三世十方の諸仏の三身、普門塵数の無量の法門、仏衆の法海、円融の万徳、およそ無尽の法界は、備りて弥陀の一身にあり。縦ならず横ならず、また一・異にもあらず。実にあらず虚にあらず、また有・無にもあらず。本性清浄にして心言《しんごん》の路《みち》絶えたり」と、諸仏やあらゆる功徳を包摂する阿弥陀仏は無限な存在であり、意識や言葉では表現できない存在であると説明する（一三三頁）。

かかる仏身の無限性は、数値の問題の無化につながる。例えば源信は、「大文第五」第三節第四項「光明の威神」で、阿弥陀仏の光明の範囲について、『観無量寿経』の「百億大千界」という説明と、『平等覚経』の「千万の仏国」という説明の相違を問題にしながらも、「二経の意、同じきのみ」と割注を付けて、光明の範囲は同じなのだと説いており（一五三頁）、かかる数値問題の捨象は、同第六項「飛行自在」にも見られる（一五六頁）。

止観重視の伝統を継承した唯心論も、仏の実体視を否定する。「大文第七」第四節「当来の勝利」は、世界は意識の反映だとする説明がきわめて顕著である。この節で源信は、『観無量寿経』や『観仏経』が「諸仏如来はこれ法界身なり、一切衆生の心想の中に入りたまふ。この故に、汝等、心に仏を想ふ時は、この心即ちこれ三十二相・八十随形好なり。この心、作仏す。この心、これ仏なり」などというように、遍在性を有する仏が人の心に入ってくることや、人が仏を思う時の心は仏だと説いていることを紹介する（二三二頁）。そして源信は、「学者更に勘《かんが》へよ」と、この内容を詳しく議論すべきことを力説し、「諸仏は従《よ》りて来る所なく、去るも至る所なし。ただわが心の作《さ》なるのみ。三界の中に於て、この身は因縁にして、ただこれ心の作なり。……一切の諸仏は皆覚観の因縁より生ず。この故に、法性は即ちこれ虚空にして、虚空の性も亦またこれ空なり」と説く『大集経』日蔵分を引用し、三界における自身や諸仏を認識することは心の作用や因縁から生じたものであり、すべては「空」であると説いている（二三二頁）。また源信は、日常の念仏方法を説明する「大文第六」「尋常の念仏」で、『摩訶止観』を根拠に、常行三昧を行うと、その期間中に「初禅・二・三・四」の天を住処にできると説明しており（二〇一頁）、このような天による三昧の境地の説明は、転生対象としての「天」の否定につながる。また「大文第八」は、割注で「地蔵菩薩の法身及び諸仏の法身と、己が自身と平等不二」であることを観察せよと説いているが（二五一頁）、地獄の救済者たる地蔵が自身と一体であるというこの説明は、心の持ち方次第で、人間世界の外部に地獄が存在するという認識が否定され得ることを示していよう。

このように源信は、観想念仏と三世観を併存させて説いており、また前者は後者を否定する救済論として説かれる。そしてこの併存については、すでに佐藤弘夫氏や末木文美士氏により注意が払われている。例えば佐藤氏は、中世には、仏や浄土は人の世界の外部に存在すると考える浄土思想と、浄土と国土は一体であると考える本覚思想が併存したと述べ、「西方浄土に住する阿弥陀仏を人間を超絶する救済主として位置づけ、その力を頼んで浄土への次生往生を願求する浄土信仰は、一見すると、凡聖不二・此土即浄土を強調する平安教学の基調と全く相容れないもののようにみえる」と述べる。しかし佐藤氏は、源信が代表作たる『観心略要集』で「我身即弥陀。弥陀即我身。娑婆即極楽。極楽即娑婆」、「遥過二十万億国土一不レ可レ求二安養浄刹一」と説いていることを踏まえて、「（源信は）死後に客観的実在としての浄土に往生するという立場を、明確に斥けている。そして、阿弥陀仏はあくまで自己の心中に内在するものであり、浄土もまた此土の世界を離れて存在するものではないから、「己心に仏身を見。己心に浄土を見」る時、自身とそれをとりまく現実社会が、すなわち阿弥陀如来および浄土にほかならないと説くのである」と結んでいる。

ところで佐藤氏は、中世の人々がこの相反する世界観の調和を説明している史料はないと述べつつ、この二つの理念の併存を法身、報身、応身、化身など仏身の多身説に求めているが、(19)次項では、これらの併存が『往生要集』において説明されていないかどうかを検討してみたい。

2　『往生要集』における観想念仏と三世因果観の併存

以上で見てきたように、『往生要集』は、唯心論および汎神論と、有神論的三世観を併存させている。この二面性には、根本的には、空・仮・中の三諦を重視する天台の伝統が反映しているが、源信は、かかる二面性を、具体的には、「事」と「理」、「有相」と「無相」との関係を基軸にして説明している。「事」とは、事象を具体相において把握することであり、「理」とは事象を絶対的に把握することである。

「事」と「理」についての説明は、まず「大文第四」第三節「作願門」にあらわれる。ここで源信は「作願」を、「上は菩提を求め、下は衆生を化《すく》ふ心」と規定し（九一頁）、このような衆生を救うという菩提心との関連で、「事」とは、衆生の存在やその煩悩などを、具体的に直視することであると規定する。また「理」については、「一切の諸法は、本より来《このかた》寂静なり。有にあらず無にあらず、…

…一色・一香も中道にあらずといふことなし。生死即涅槃、煩悩即菩提なり」（九二頁）などと説いており、この発言は、源信が、絶対的一元論の本覚思想を有していたことを示すものとして、すでに注目されてきている[20]。

ところが源信は、この事理の二つの性格についての議論で、「事」の要素たる輪廻や因果の必要性を力説する。すなわち、事理に関連して、煩悩と菩提が「一体」ならば、自由に振る舞ってよいのかと設問する。これについて、かかる理解は「悪取空」（空に対する誤った理解）だと述べ、さらに輪廻観を前提にして、かかる理解は、「永劫の苦因」を「自ら恣《ほしいまま》に作」るものだと批判する（九六頁）。また源信は「理」を重視しても、「事」の要素たる因果を信じて修行せねばならないのかと設問し、「理、必ず然るべし」と、道理として必ず因果を信じて修行せねばならないと自答している（一〇〇～一〇一頁）。そして源信は、「理」を上位、「事」を下位に置きながらも、どちらにも利益があると述べ、これらの併存を説くのである（一〇八頁）。

「大文第六」第二節「臨終の行儀」は、「理」と「事」が併存するという認識を、実践活動に直結すべきこととして説明する。「臨終の行儀」を「臨終の十念」と規定する源信は、第一念を、「生死の由来を知る」ことであると規定し、「理」に相当する「生死即涅槃、煩悩即菩提、円融無碍」という理論や、「本覚の道」などを念ぜよと説いている（二〇九～二一〇頁）。しかし、これに続く第二念では「法性は平等なりといへども、また仮有を離れず」と述べるように、衆生は第一念の「理」を理想にしつつも、「事」に相当する「仮有」の意識を止められないことを念じよと説き、さらに「浄土に往生せんが為には、まづ応にこの界を厭離すべし。……もしこの時に於てこれを厭離せずは、当にいづれの生に於てか輪廻を離るべけん」（二一〇頁）と、厭離穢土や輪廻の恐怖を鑑みるよう説くのである。人生で、最も後世に近づくはずの臨終で、「理」と「事」の併存を認識するよう説いていることは、源信が三世観や輪廻観を払拭できなかったことを示している。

「事」は積極的な衆生観を維持するためにも重視される。源信は、先述の「作願門」で、『大智度論』を引用して、「もし諸法皆空ならば則ち衆生なし。誰か度すべき者あらん。この時は悲心、便《すなわ》ち弱し」と、教化者が救済すべき衆生を認識し、慈悲心を有するためにも「事」は必要だと述べ、「事」と「空」（「理」）の「二法」を、「偏党」せずに、バランスよく併存させるべきだと説いている（二〇一頁）。そして、このバランスの重視は繰り返し説かれるのである。(21)

源信が唯心論の意義を説く際に、「事」に相当する実在世界の具体相を、須弥山説によって説明している点にも注目したい。そのことは、念仏者が惣相観を実現する利益について、源信が「この時、都《すべ》て余の色相なく、須弥・鉄囲、大小の諸山も悉く現れず、大海・江河・土地・樹林、悉く現れず」（一三二頁）と説明していることにうかがえる。この惣相観による世界認識の否定的説明は、唯心論や汎神論に伴う無宇宙論という性格の具体的事例だといえるが、(22)しかしこの無宇宙論は、須弥山説を前提にして説かれているのである。また「大文第五」第三節第五項「無能害者」でも、念仏者は被害を受けないという利益が、須弥山説を前提に説かれている。それは「風劫の起る時……かの風、この三千世界の須弥・鉄囲、及び四大洲……遍浄天の所有の宮殿を壊滅し、また皆散滅す。即ちこの風を以て如来の衣を吹かんに、一の毛端の際をも、なほ動かすことあたはず」と説く『宝積経』の引用に見られる（一五五～一五六頁）。源信は、須弥山世界が壊滅する時期の風害にあっても、如来の衣は毛端ですら動かないと述べ、これを根拠に、仏と念仏者の強靱性を説明している。このように源信は、須弥山説を前提にして、繰り返し観想念仏の利益を力説していたのである。

三　社会観との関連であらわれる三世因果観の性格

この節では、社会観との関連で、『往生要集』の三世観の性格について見ていく。『往生要集』が、観想念仏や無相の重視を前提としたうえで、諸行往生を力説していたことは、すでに井上光貞氏の研究以来、指摘されてきているが、平雅行氏によると、顕密仏教の封建領主化過程において源信が諸行往生を説いたことは、人々の宗教的序列化を意味し、かかる衆生観は、「称名念仏でしか救われない」と説いた法然や親鸞と比較した場合、大きな限界があるとされる。また平安浄土教や堕地獄観念も、顕密仏教が寺領荘園を支配する手段として流布したとされており、かかる平安浄土教の消極的評価は、三世観の流布のイデオローグである源信にも付与されることになろう。本節では、かかる源信の歴史的評価を踏まえつつ、源信の三世観を社会観や衆生観との関連で再検討してみたい。

1　念仏者の経済的・社会的立場と三世因果観

『往生要集』には、念仏者の経済基盤や社会的位置を、三世観との関連で説明している箇所が存在する。「大文第十」第九節「助道の資縁」（三一〇～三一六頁）はその典型的な箇所である。ここで源信は、まず念仏者を出家者と在家者に大別し、在家は衣食を持ち念仏を修しやすいから念仏による救済対象になりやすいこと、また出家者の経済基盤が「上根の者は草座・鹿皮、一菜・一菓」、「中根の者は常に乞食・糞掃衣」、「下根の者は檀越の信施」の三種に区別されることを説明する。

続いて源信は、優れた修行を実践できない凡夫が経済基盤を不安視することを、「これ即ち懈怠にして道心なき者の致す所」と批判しながらも、破戒僧の特権を説きはじめる。すなわち出家者は、天、竜、釈迦、弥勒などの超越者により護念されるため、破戒僧も、世俗者から侮蔑されたり、暴力を受けたり、生活必需品を奪われたりせず、また衣食を得ることが保証されると説くのである。

さらに源信は、『梵網経』や『涅槃経』などが、国王や群臣や持戒の比丘に、破戒僧を呵責するよう説いていることを問題視する。この際に源信は、「因論生論」と長い議論の必要性を説き、「もしは過ぎ、もしは及ばざる、皆これ仏勅に違ふ」という複雑な結論を導き出しながらも、一方で、三世観を根拠に破戒僧の特権を説いている。すなわち、世俗権力者の破戒僧への身体刑を禁止し、破戒僧を困らせた者は「無間獄に堕ち」、破戒僧を供養した者は「無量阿僧祇の大福徳聚を得」ると述べるように、来世の堕地獄と利益を根拠にして、破戒僧の特権を説明するのである。

しかし他方で源信は、破戒僧に懲罰を加えないことも「仏法の大いなる怨」であることを説明する。そして源信は、『涅槃経』を根拠にして、「持法の比丘」や「王者・大臣」などの世俗権力者に破戒僧に対する呵責や追放刑を義務付けて、僧侶を規制するよう説いているのである。また源信は、先述のごとく、出家者の経済基盤を三つに区別した際に、「下根の者は檀越の信施」と述べた直後に、「ただし少しく所得あらば即便《すなわ》ち足るを知る」と述べている。このことは、檀越の信施を下根と位置付けつつ、在家から豊かな富を得ることを誡めているといえる。そして次項で見るように、源信はかかる財源などへの執着を三世観により制止することになる。

2　僧侶の因果

平安時代は、仏名会などにより、地獄についての知識が貴族社会に流布しはじめていたが、例えば菅原道真が、貴族と民衆とを区別し、民衆だけを六道の対象と考えていたように、九世紀末の平安貴族は自身の罪業観が希薄であった[23]。これに対して、よく知られているように、源信の『往生要集』執筆には強い内省が伴っている。源信は、『往生要集』の起筆に際し、「予が如き頑魯の者」と、自身の薄徳を告白し（一〇頁）、「上品の人は、階位たとひ深くとも、下品の三生、あに我等が分にあらざらんや」（二七四頁）と、自身が九品の中の下品に相当すると述べる。また源信は、阿弥陀仏の白毫の観想を説明する白毫観で、「我もまたかの摂取の中にあり。煩悩、眼を障へて、見ることあたはずといへども、大悲、倦きことなくして、常にわが身を照したまふ」（一三四頁）と、自身の煩悩を自覚したうえで、阿弥陀仏の大悲を説明しており、この思想は、鎌倉時代に衆生の平等を力説した親鸞から称讃されることになる[24]。

このように内省心を有する源信は、僧侶の因果を頻繁に説いている。すなわち、「大文第一」で餓鬼道を十五種に区別し、その第四の餓鬼たる「食法」には、「昔、名利を貪らんが為に不浄に説法せし者」（三〇頁）が相当すると述べる。また畜生道でも、「愚痴・無慚にして、徒《いたず》らに信施を受けて、他の物もて償はざりし者」（三三頁）が相当すると説いている。特に、源信は最も恐るべき阿鼻地獄の説明に際し、それ以外の地獄の説明で依拠してきた『正法念処経』に依拠するのを止め、あえて

『観仏三昧経』に依拠して「五逆罪を造り、因果を撥無し、大乗を誹謗し、四重を犯し、虚しく信施を食へる者、この中に堕つ」（二六頁）と述べている。すでに石田瑞磨氏が指摘しているように、『正法念処経』は阿鼻地獄に堕ちる因果について、五逆罪しか掲げていないのであり、「虚しく信施を食へる者」という記述は、『観仏三昧経』独自の文なのである。[25] かかる虚受布施堕地獄観念の重視には、僧侶の搾取を規制しようとする源信の強い意志がうかがえる。

源信は、多くの供養を受けた場合は、釈迦も因果による懲罰対象になることも説いている。すなわち「大文第九」には諸行往生を説く際に、往生のための行業の一つとして、「利養に染まざる」ことが挙げられる。そして源信はこれを誡めるために『仏蔵経』を引用し、釈迦は多くの供養を受けたために、その罰として、釈迦が説いた法は、すぐに滅びると説いている。その際源信は、「如来にしてなほしかり。いかにいはんや凡夫をや」（二五九～二六〇頁）と述べているが、これは、単なる凡夫蔑視というよりは、釈迦を含めた一切衆生が因果の範疇にあると説明しているといえる。

また源信は、「大文第十」第八節「信毀の因縁」で、なぜ衆生には、念仏を信じる者と念仏を謗る者が存在するかを考察する際に、釈迦は、様々な修行をしたにもかかわらず、八万年の間、仏法を聞けなかったという説を問題にしている。これについて源信は、「上人の中にもまた聞き難きものあり、凡愚の中にもまた聞く者あり。これまたいまだ決せず」と述べて、結論を避けてはいるものの、釈迦が八万年の間、輪廻していたという説を否定していない（三〇七～三〇九頁）。

源信は、寛弘四年（一〇〇七）に霊山院釈迦堂の毎日作法や『霊山院式』を定めているように、『往生要集』の執筆以後、次第に釈迦信仰を深めていくが、[26] その源信が釈迦の因果を説いていることは、宗教家の独善を糺している態度として評価できよう。

3　衆生救済と三世観

最後に、源信が、三世観を前提としながらも、数多くの衆生を救済しようとする志向を有していたことについて見ておきたい。

その第一は、源信が「大文第十」で、何の前提もなく、突如として、極楽の化土を説きはじめていることである。源信はこの化土について、迦才の『浄土論』を引用して、「ただ仏語を信じて、経に依りて専ら念ずれば、即ち往生することを得。またすべからく報と化とを図度《ずたく》すべからざるなり」と述べ、この論について、源信自身も「この釈、善し」と賛意を示している（二六三頁）。このように源信は、報・化の二つの浄土の関係を論理的に説明しないまま、ただ仏語だけを信じて念仏すべきだと説いている。源信が「化土」を設定したのは、善導の『群疑論』の「報の浄土に生るる者は極めて少く、化の浄土の中に生るる者は少からず」（二七六～二七七頁）という文を引用するように、多くの往生人を化土に迎えるためである。さらに源信は、化土の楽について「既に微苦なし。あに極楽にあらざらん」（二六五頁）と、論理的説明をしないまま、多くの人が楽を受けることができると述べる。そしてかかる化土は、輪廻の業因は減少させることになる。

第二には、源信が、業因の説明を放棄していることである。すなわち源信は、『双観経』（『無量寿経』）が、阿弥陀仏の第十八願の十念往生を説く際に、なぜ「ただ五逆と、正法を誹謗するとをば除く」と説いているのかを問題にする（二九三～二九五頁）。これについて源信は、いったん智憬の説などを根拠に、「不定業」の者（過去世の業によって、現世で五逆の悪事を犯すと決まっているわけではない者）は往生するが、「定業」の者（過去世の業によって、現世で五逆を犯すと決まっている者）は往生しないと述べる。この説について、源信は、「この義、いまだ決せず。別して思択《しちゃく》すべし」と、決定的結論は避けているものの、源信自身の見解として、『双観経』第十八願が五逆を救わないと説くのは、この願が「定生の人」（はじめから浄土往生が決まっている者）のみを対象にしているからだと述べる。

しかしかかる議論に続いて、源信は、「五逆はこれ順生業なり。報と時と倶に定まれり。いかんぞ滅することを得んや」と、現世で五逆を犯すことは「順生業」（前世の報いが次生にあらわれると決まっている業）だから、現世では、その業を滅することができないではないか、と設問する。これに対し源信は、懐感の説を根拠にして、仏教には「九部の不了経」（方便の経典）と「大乗了義経」（真実の経典）があり、不了経は業果を信じない者のために「定報の業あり」と説くのに対し、大乗了義経は「一切の業は悉く皆不定なり」と説いていると述べる。そして源信は、この議論を踏まえて、「もろもろの大乗の経・論」が「五逆罪等を皆不定と名づけ、悉く消滅することを得」と説いていると述べ、現世で五逆罪を犯すという業は過去世に決まるのではなく、克服できるのだと説くのである。

以上のような、化土観の流布や、業を克服しようとする記述には、源信が、『往生要集』の末尾に『華厳経』を引用して述べた、「もし菩薩の　種々の行を修行するを見て　善・不善の心を起すことありとも　菩薩は皆摂取す」（三一九頁）という理念が反映している。そして、かかる一切衆生の救済[27]を願う精神は『教行信証』の末尾にも見られるように、親鸞にも継承されることになるのである。

むすび

本章では、『往生要集』が「大文第一」で説明していた三世因果観が、『往生要集』全体において、どのように重視されているかについて見てきた。「大文第一」で六道の場所や寿命について詳説した源信は、他の章でも「大文第一」の内容を割注により詳説し直し、他界の寿命などの単位を、人間界での単位を基準に理解すべきことを力説する。また神通力や悪趣の利益という、三世観を前提にした利益も説いている。そして一方では、観想念仏によって、浄土や六道が人間世界の外部にあるという認識や六道の苦悩を否定しながらも、他方では、「事」と「理」の二つの境地の併存を重視し、また「事」の具体例として三世因果観を残存させており、その影響は臨終の十念の説明などに見られる。さらに源信は、世界の実在視の否定に直結する観想念仏の利益も、前近代の宗教性の指標となる須弥山説を前提にして説明するのである。

ところで源信は、顕密仏教の支配イデオロギーという性格を有した平安浄土教や堕地獄観念のイデオローグと位置付けられる傾向にある。そして確かに源信は、一方において僧侶への身体刑を堕地獄観で制御しているように、僧侶の特権を主張している。しかし他方においては、内省の重要性を自覚して、持戒僧や世俗権力者に破戒僧への追放刑を要請し、また収取活動のみに執着する僧侶を畜生・餓鬼・阿鼻地獄の対象として説明し、念仏者に自誡を促している。さらに源信は、三世因果観を前提にしながらも、化土を措定したり、五逆を犯すことは前世から決まっているのではないと説明したりして、多くの人々の救済を願っていたのである。

ところで、源信が「大文第一」で三世因果について詳細に述べ、またそれを『往生要集』全体において首尾一貫させていた背景には、須弥山説を自明視するような当時の世界認識があったためだと考えるが、次章では、その須弥山説の諸要素が中世の人々にどのように注目されていたのかを、中世の歴史観に即しながら確認していくことにする。

註

（1）『往生要集』の多大な影響力については、井上光貞『新訂日本浄土教成立史の研究』（山川出版社、一九七五年）一一二、一三三〜一三五、一六二、三〇一頁。速水侑『浄土信仰論』（雄山閣、一九七八年）一〇四頁以下。小原仁「勧学会と二十五三昧会」（日本名僧論集第四巻『源信』吉川弘文館、一九八三年）。速水侑『源信』（吉川弘文館、一九八八年）一四七、二六二〜二六三頁。

（2）須弥山説と浄土教との関連が平安時代の文化に影響していたことは、例えば『源氏物語』が、明石入道が「須弥の山」の夢を見て、「西の方、十万億の国隔てたる九品の上」への往生を確信したと語っているところにうかがえる（新日本古典文学大系21『源氏物語　三』岩波書店、一九九五年、二七六〜二七七頁）。

（3）ただし平安時代では、源信自身を含めた多くの人々が往生に不安を有していた。例えば井上光貞氏は、源信が、「大文第七」第六節「引例勧信」で多くの『往生伝』を引用した背景には、「往生伝の筆者たちと同じく、念仏往生を経典上から確認しつつ、じっさいにはなお確信し能はざる矛盾」があったと述べ、かかる源信の不安は、必得往生を確信した法然から批判されていることを指摘する（『日本古代の国家と仏教』岩波書店、一九七一年、一六〇、二三三、二七五頁）。また速水侑氏も、死去した源信が、夢告によって、自身が阿弥陀仏を囲む聖衆の外にしか往生できなかったと高弟の覚超に告げたことや、優れた学匠である覚超の往生も難しいと告げたことを伝える『楞厳院廿五三昧会結衆過去帳』や『延暦寺首楞厳院源信僧都伝』を根拠に、当時の人々が往生の不安を有していたという井上氏の説を補強している（速水侑註(1)前掲書『源信』二五二～二五九頁）。
(4) この記述の影響力は、例えば『宝物集』の「地獄・餓鬼・畜生のありさま、天台首楞厳院の沙門源信僧都の、……往生要集と申文に、こまかにしるされて侍るめり。……地獄といふは、此閻浮提の下一千由旬に有」の記述に見える（新日本古典文学大系40『宝物集　閑居友　比良山古人霊託』岩波書店、一九九三年、六六頁）。
(5) 福原蓮月「往生要集と医学」（『叡山学院研究紀要』第八号、一九八五年）。
(6) 井上光貞註(3)前掲書一九九頁。
(7) 井上光貞註(1)前掲書一一二～一二一、二三七頁。黒田俊雄　黒田俊雄著作集第二巻『顕密体制論』（法藏館、一九九四年）七一頁。速水侑註(1)前掲書『浄土信仰論』一一七～一二九頁。
(8) 本書序章二〇～二二頁。
(9) 例えば石田瑞麿「『往生要集』の思想的意義」（日本思想大系6『源信』四九三～四九五頁）。速水侑『地獄と極楽』（吉川弘文館、一九九八年）三～四頁。
(10) 源信の衆生観についての諸説を見ておきたい。井上光貞氏は、『往生要集』が、諸行往生を力説しながらも、源信の師・良源の『九品往生義』よりも、凡夫往生を実践的に説いていることを評価している（井上光貞註(1)前掲書一三七頁）。また藤本佳男氏も、後述の重松明久氏を批判し、源信の凡夫の自覚を根拠に、『往生要集』の平等性を指摘する（「浄土教思想史の問題点」〈『佛教史学研究』二一―一、一九七八年、一三三頁〉）。これに対して、重松明久氏は『日本浄土教成立過程の研究』（平楽寺書店、一九六四年）で、民衆的往生思想は、四種三昧の中の「非行非坐」という易行の有無を基軸にして評価すべきであると論じ（二三六～二三七頁）、源信が常行三昧に相当する難行を重視したことを否定的に位置付ける（二五〇～二五二頁）。石田瑞麿氏も、源信が観想念仏という難行を重視したことを根拠に、その凡夫の自覚を疑問視する（石田瑞麿註(9)前掲論文四四七頁）。平雅行氏も、空也の呪術重視と源信の観想念仏重視との隔絶面を重視することを批判したうえで、『往生要集』の「散心→有相→無相」という価値体系を、顕密仏教の階層的宗教構造として位置付け、かかる源信の難行重視を根拠に、民衆に対する差別性を指摘している（『日本中世の社会と仏教』塙書房、一九九二年、五二一～五四頁）。
(11) 本書序章八～一〇頁。

(12) 伊藤唯真「『往生要集』の一側面——悪趣抜済観念の展開のなかで——」(同『聖仏教史の研究　下』法藏館、一九九五年、三八一～三八四頁)。
(13) 井上光貞註(3)前掲書二〇〇頁。
(14) 速水侑註(9)前掲書五〇頁。
(15) 石田瑞麿氏は「ある師」を善導とする。(日本思想大系6『源信』二六五頁頭注、四二一頁補注)。
(16) 速水侑註(1)前掲書『源信』二五二～二五九頁。この点については註(3)参照。
(17) 本書第三章一〇二～一〇三頁参照。三浦圭一「中世人の現世・他界観」(日本の社会史第七巻『社会観と世界像』岩波書店、一九八七年、二〇八～二〇九頁)。
(18) 高木豊「因果応報の思想の受容と展開」(大系仏教と日本人4『因果と輪廻』春秋社、一九八六年、一五八～一五九頁)。
(19) 佐藤弘夫『日本中世の国家と仏教』(吉川弘文館、一九八七年)五〇、六二～六三頁。末木文美士『日本仏教史』(新潮社、一九九六年)一五四～一六三頁。ただし末木文美士『日本仏教思想史論考』(大蔵出版、一九九三年、二四四頁)は、『観心略要集』が源信撰ではないとする。
(20) 田村芳朗「天台本覚思想概説」(日本思想大系9『天台本覚論』岩波書店、一九七三年、五一七頁)。
(21) 例えば「有相」と「無相」について「有相の廻向には……勝劣ありといへども、なほ巨益あり」(一四二頁)と述べ、「有」や「空」を誉めたり、叱責したりすることは「機に逗《とど》ま」る(二八二頁)と述べる。
(22) 本書序章二〇～二一頁。
(23) 速水侑註(9)前掲書一七四～一八五頁。
(24) 本書第六章二一一～二一二頁、二一九頁註(100)参照。
(25) 石田瑞麿『極楽浄土への誘い——『往生要集』の場合——』(評論社、一九七六年)一五〇～一五一頁。速水侑註(9)前掲書四一～四二頁。また虚受布施堕地獄観念は無住にも見られる。本書第三章一一五頁参照。
(26) 堀大慈「二十五三昧会と霊山院釈迦講」(日本名僧論集第四巻『源信』二八一頁以下。初出は一九六四年)。
(27) 『顕浄土真実教行証文類』「化身土巻・後序」(日本思想大系11『親鸞』岩波書店、一九七一年、四二一四頁)。

第二章　中世歴史叙述における須弥山説の諸相

はじめに

すでに序章で触れたように、須弥山説は、日本の前近代において、世界の時空間構造やその宗教的性格を巨視的に説明できた世界観であり、この須弥山説については、すでに数多くの指摘がなされてきた。例えば黒田俊雄氏の『蒙古襲来』は、須弥山説について非常に留意した鎌倉時代後期の概説書であり、黒田氏は『水鏡』『愚管抄』『神皇正統記』を根拠に、これが、鎌倉時代の人々の世界観に多大な影響をもたらしていたことを指摘している(1)。しかし黒田氏の論にも見られるように、中世の須弥山説の性格は、個々の文献の須弥山説の諸性格が総合されて説明されることはあっても、個々の文献における須弥山説の性格の相違について検討されることは少ない。

そこで本章では、黒田氏が掲げた三つの文献に、興味深い内容を有する『元亨釈書』を加え、須弥山説の時・空間論の諸要素が、個々の歴史叙述においていかに重視され、あるいは捨象されたかを検証し、須弥山説の受容展開とその特質について見ていくことにしたい。

一　『水鏡』における須弥山説

1　『水鏡』における四劫観の重視

十二世紀末から十三世紀初頭に成立したとされる『水鏡』[2]は、著者について『山槐記』の著者・中山忠親説や、平安時代末期に権中納言にまで昇進した源雅頼説が存在するなど、未確定な部分が多く、また脚色も多いため、史実を抽出するための史料としては、低く評価される傾向にある[3]。しかし、流布本（専修寺本）や前田家本などの諸本の中で、現存の『扶桑略記』との共通性を根拠に古態本と定められた流布本『水鏡』は、散逸の多い『扶桑略記』の全体像を予測させる点に大きな史料価値が認められ[4]、また四劫観を基軸としたその歴史観は、『愚管抄』の歴史観の先駆的役割を示したものとして、早くから重視されている[5]（本節の『水鏡』引用には、前田家本と流布本の二本を共に収めた新訂増補国史大系二十一上『水鏡　大鏡』を用いる。本節の『水鏡』の引用では、前田家本・流布本の別を明示のうえ、頁数を表記する）。

『水鏡』は、七十三歳の尼僧を主人公として語られる。すなわちこの尼は、物忌みで龍蓋寺（岡寺）に参詣した人物として登場し、尼が、仮眠を取った泊瀬（長谷寺）で眼を覚ますと、そこには三十四、五歳の修行僧がいる。そして尼は、その修行僧が、一昨年の秋に、葛城で出会った仙人から聞かされたことを、又聞きする。『水鏡』は、その尼の聞き書きとして語られるのである。

『水鏡』は、仙人の言葉を借りて、世の変遷は「劫」という時間観念で理解すべきことから詳説しはじめる（流布本五〜七頁）。すなわち「人のいのちの八万歳ありしが、百年といふに一年のいのちのつゞまり〳〵して十歳になるを一の小劫とは申也」などと、本来八万歳あった人間の寿命が、百年に一歳ずつ縮まり、ついには十歳になると述べ、それまでの期間が「小劫」と呼ばれると説く。逆に、十歳になった寿命が、百年に一歳ずつ増え、再び八万歳になる期間も「小劫」であると述べ、この二つを合わせて「中劫」と呼ぶと説明する。次に説かれるのは「四劫」であり、その最初は、世間が成立する「成劫」という期間である。二十の中劫により構成される成劫では、虚空の状態から世間が成立し、第十九の中劫には「極光浄天」という天から「大梵王」という王が生まれ、人、餓鬼、畜生、地獄などが成立していく。次は「住劫」であり、『水鏡』は、最初の一中劫は人寿が無量歳という例外的期間であることや、第二から第十九の中劫までは寿命が八万歳と十歳との間を増減することを説く。そして、天から地獄までが成立し、有情がこれらに生存する期間であるから、この期間を「住劫」と呼ぶと説明する。その次は「壊劫」という期間であり、『水鏡』は、かかる世界が消滅していく期間について、世界は突如消滅するのではなく、十九劫まで有情が天に転生しながら消滅していくのだと説明する。ただし、「地獄の業なをつきぬ衆生をば、こと三千界の地獄へしばしうつしやるなり」というように、地獄の業が尽きない者の、他の須弥山的世界への転生を明記して、地獄の長寿を説明し直している。次いで「四劫」の最後の「空劫」が、「世中になにもなくて、おほそらのことくにてすぐる」時期として説明される。そして、四劫、すなわち八十中劫をもって「一大劫」と呼ぶと説明し、世界はこの循環を繰り返すという。

続けて『水鏡』は、『水鏡』の成立時自体を四劫の中に位置付ける。『水鏡』は、仏という存在は、寿命が減じ、もののあわれを理解できる滅劫のみにあらわれ、住劫の第九中劫の滅劫に、初めて毘婆尸仏、尸棄仏、毘舎浮仏、拘留孫仏、倶那含牟尼仏、迦葉仏、釈迦牟尼仏の七仏があらわれたと説く。そして、釈迦出興の時が人寿百歳であることを根拠に、当時が住劫第九劫の滅劫の中でも特に末代であると説明する。また五十六億七千万年後に下生するといわれる弥勒についても、第十劫の滅劫のはじめに下生すると述べるなど、当時流布していた弥勒信仰も四劫との関連で説明するのである。

以上のように、『水鏡』の須弥山説は、四劫観と六道を密接に関連付けており、特に四劫観は、『水鏡』の歴史観の基軸をなしている。そしてこの四劫観重視には、『水鏡』末尾が、「大鏡巻も凡夫のしわざ」（流布本九二〜九三頁）という文言で結ばれるように、『大鏡』の批判的継承が反映している。すでに『大鏡』は、この書の語り手たる大宅世継の百九十歳という高齢の合理性を、増減劫観や神武天皇以降二十代までの天皇の長寿を根拠にして説明しており、(6)かかる歴史物語としての伝統が『水鏡』に継承されているのである。また「鏡」が、「仏教的意味における「明鏡」であり、現世の実相を映し出して人を菩提の道へ誘う」(7)性格を持っていると説明されるごとく、「鏡」の重視は、仏道や菩提の理想視を前提としている。

四劫観は、記紀から『水鏡』に継承された、第一代神武天皇の百二十七歳という長寿などを、整合的に説明できる点で説得力を有することになる。また『水鏡』の、四劫観重視の最大の意義は、つとに村岡典嗣氏が指摘したように、(8)この広大な時間観念の重視により、『水鏡』の叙述対象たる仁明天皇以前と、『大鏡』の叙述対象たる文徳天皇以後に質的な差異がないことを主張し、そのうえで「末世」的状況が色濃いとされる『水鏡』成立時を、なるべく積極的に評価しようと試みていることである。すなわち『水鏡』は、叙述対象の始点たる神武天皇の即位時ですら、釈迦涅槃から二百九十年も経ている点で、すでに末世であると主張し（流布本八頁）、あるいは、人の寿命が七、八十歳であることを、減劫末の特質と位置付けて、仏滅後の小国日本の世相の悪さを自明視する（流布本九二頁）。そして『水鏡』は、「すべて三界」（すべての世界）を厭離すべきだと述べて、神武天皇以後のすべての時代を同質視するのである。しかしこれは、単に、すべての世界や時代を悲観視するものではない。『水鏡』は「いにしへをほめ、いまをそしるべきにあらず」（流布本四頁）と主張して、『大鏡』の叙述対象以前のことを知らぬまま、「当時」（『水鏡』成立時）を誇るのは罪なことであると批判するように（流布本七頁）、世界の絶対的悲観視を説きつつも、相対的には、「いま」を積極的に評価しようと努めているのである。

2 『水鏡』における浄土教的世界観の重視

『水鏡』の四劫観は、六道観との関連により語られており、これには、『水鏡』の浄土教重視の立場が反映している。そのことは、尼と修行僧との出会いを「後世」の救済を求める者同士の出会いとして説いていることや（流布本三頁）、孝徳天皇の時代の叙述の大半が、元興寺の僧侶である頼光と智光の観想念仏による極楽往生譚で占められているところにうかがえる（流布本五〇～五一頁）。特に後者は、頼光に先立たれた智光が、祈願により頼光の転生先が極楽であると知ったことや、頼光の導きにより智光が極楽往生を遂げたことを語っているように、神通力などの浄土教的要素が色濃いものである。(9)

十三世紀末に成立したとされる前田家本は、さらに浄土教的色彩を強めていく。前田家本は、欽明天皇十三年の排仏に際し、物部尾輿が「難波ノ江」に水没させたのは善光寺の阿弥陀三尊であること、聖徳太子の母親が、極楽の聖衆たる如意輪観音から、「あなたは西方極楽の弥陀である」と告げられて太子を懐胎したこと、称徳天皇が弥勒の兜率天往生を願ったことを伝えており（前田家本三六～三七、七五頁）、称徳の弥勒信仰譚は、先述の第十減劫の弥勒下生譚と対応する点で重要性を増すことになる。また聖徳太子との関連で、因果について力説する。前田家本は、仏法の伝来が人々に因果を弁えさせたこと（前田家本八頁）や、聖徳太子が、因果を根拠にして、仏教受容を拒否する物部守屋や崇峻天皇を殺害した蘇我馬子の子孫の滅亡を予測したことを述べる（前田家本四三、四五頁）。また、光仁天皇の即位に活躍した藤原百川を優秀な政治家として評価しながらも、称徳天皇の毒殺、道鏡の流罪、光仁の后たる井上内親王の殺害などの悪行を犯したために早世したと述べ、「聖徳太子因果ノ憲法ヲ弥可㆓奉信㆒者也」（前田家本八四、九〇頁）と説くのである。

このように因果を重視する前田家本では、六道についても詳しく説明される。前田家本は、日本を焼失させた第六天魔王を、伊弉諾《いざなぎ》が斬殺したという神代の記述で「忉利天ノタカマノ原」と述べて、神道的世界である高天原を仏教的世界である忉利天の中に位置付け、物部尾輿による弥陀三尊水没に際して諸天が悲泣したと述べ、聖徳太子の殺生禁断の説明でも、六斎日は梵天や帝釈天が天下ると述べるように、天の宗教的性格を事実として説明するのである(10)（前田家本一〇、三六、四〇頁）。また地獄についても、藤原永手が、称徳天皇の西大寺円塔造立を誡めたために無間地獄に堕ち、「多百千劫ヲ経共、上リ浮ミ給ベカラザル罪人」になったと説いており（前田家本七六頁）、この堕地獄譚は、壊劫の説明における地獄転生譚と関連性を有する点で、地獄の長寿の説明の具体例となる。

以上のように前田家本は、十三世紀末においても、さらに浄土教が須弥山説との関連を深める側面があったことを示しているのである。

3 『水鏡』における地理認識の希薄性

以上の四劫観や六道の重視に比べると、『水鏡』では、須弥山説による地理認識が希薄である。そしてこのことは、流布本や前田家本の成立史研究においてすでに指摘されている(11)。

かつて平田俊春氏は、前田家本における日本を辺土と見なす粟散辺土観や末法思想の希薄さと、神功皇后や応仁天皇誕生の叙述における高麗への敵愾心の濃厚さを根拠に、前田家本の成立期を、蒙古襲来を経験した鎌倉末期と推定した。また流布本の成立期については、元明天皇の時代における、藤原不比等の新羅使饗応譚の叙述において、「このころ」(流布本成立時)は「いちの人」が「異国」の人と面会することはないと評していることを根拠に(流布本六〇〜六一頁)、平清盛の日宋貿易が多くの公家から疎まれて間もない文治・建久年間と推定した。

遣唐使廃止から蒙古襲来までの公家の国際意識や地理認識が希薄であったことや、これらが宗教色に彩られていたことは、近年、注目を集めている側面であるが(12)、『水鏡』には、かかる状況が反映していたといえる。かくして流布本では須弥山説による地理認識が低調であり、また高麗への敵愾心を高め辺土粟散観を克服できた前田家本も、流布本の地理認識の影響を受け、須弥山説との関連で天竺を視野に入れるようなことはなかったのである。

二　『愚管抄』における須弥山説

1　『愚管抄』における増減劫観の重視

日本史上で最初の歴史哲学の書と評される『愚管抄』の歴史観には、摂関家の出身で四度にわたり天台座主に就任した著者・慈円（一一五五～一二二五）の立場が色濃く反映している。同時代を末世と見た慈円が、危機意識を懐きながら叙述したその歴史観は、周知のごとく、「道理」の変化によって説明される。

慈円は『愚管抄』の末尾で、摂家将軍が誕生した同時代について、「昔ヨリナリユク世ヲミルニ、スタレハテ、又ヲコルベキ時ニアイアタリタリ」（日本古典文学大系86『愚管抄』〈岩波書店、一九六七年〉三四二頁。本節の『愚管抄』に関する頁表記はこの書による）と述べるように、摂関家や延暦寺にとっての歴史的状況の改善が、同時代にあらわれることを力説する。慈円にとっての、同時代までの歴史の変遷とは、①天皇の嫡子が皇位を継承し続ける理想的時代から、②天皇の兄弟や孫が皇位を継承する時代、③王法仏法の相依関係で国を統治する時代、④摂関家をはじめとした良臣が天皇を補佐する時代への変遷であり、同時代は、かかる歴史観を根拠に言及される。特に同時代の特質の指標は鎌倉幕府であるが、慈円は、源平による壇ノ浦合戦で、三種の神器の中で武を象徴する宝剣が喪失されたことを、天皇が武力を司れなくなったことの証と解釈して、鎌倉幕府の存在を容認すべきだと説く。そして、天皇を補佐すべき摂関家を出自とする九条頼経が幕府の将軍に就任したことを、八幡大菩薩の利益であると述べ、このことを、最大の主張たる後鳥羽上皇の討幕の制止につなげるのである（三四四〜三四五頁）。

かかる歴史の変遷を重視する慈円が歴史観の基軸とするのが、須弥山説における増減劫観なのであり、これは歴史状況改善の道理として重視される。石田一良氏が明らかにしたように、慈円は、自身の歌集『拾玉集』で、幼少より須弥山説に詳しい『倶舎論』を熟読したことを回顧しているが、[13]『愚管抄』における須弥山説の最初の言及は、平安京遷都の記述にあらわれる（一四六頁以下）。ここで慈円は、この遷都以降、女性や先帝の孫による皇位の継承が途絶えたこと、藤原氏の女性が国母になり続けたこと、最澄や空海が天台や真言を伝来させ、円仁や円珍が熾盛光法や尊星王法という修法を伝来させたことを根拠に、平安遷都後の一定期間を、王法・仏法・臣下が互いに国政を支え合った時期として評価する。そしてその後の王法仏法の衰退も、仏法を根拠に理解すべきだと説き、百帖の紙を使用しては補充するということに譬え、百王で途絶えるとされる天皇の代も増加すると力説する。さらに、

詮ズル所ハ、唐土モ天竺モ、三国ノ風儀、南州ノ盛衰ノコトハリハ、オトロヘテハオコリ、オコリテハオトロヘ、カク次第ニシテ、ハテニハ人寿十歳ニ減ジハテ、、劫末ニナリテ又次第ニオコリイデ／＼シテ、人寿八万歳マデオコリアガリ侍也。ソノ中ノ百王ノアヒダノ盛衰モ、ソノ心ザシ道理ノユクトコロハ、コノ定ニテ侍也。（一四八頁）

と、南洲（南閻浮提）という須弥山説の地理的要素との関連で三国について言及し、人の寿命が八万歳から十歳までを増減するという増減劫を掲げて、百王の盛衰の自明性を説明する。

　かかる増減劫観は繰り返し述べられる。例えば慈円は「巻第七」で、神武天皇の時代から桓武の時代までを、①神武から成務までの十三代・八百四十六年間、②仲哀から欽明までの十七代・三百九十四年間、③敏達から桓武までの二十一代・二百三十六年間、の三つの時代により区別する。(14)個々の時代が、天皇の代数増加に反して短期化するという認識には、慈円の減劫観が反映しており、かかる変遷について慈円は、「世ノ道理ノウツリユク事ヲタテムニハ、一切ノ法ハタヾ道理ト云二文字ガモツナリ。其外ニハナニモナキ也。……コノ道理ノ道ヲ、劫初ヨリ劫末ヘアユミクダリ、劫末ヨリ劫初ヘアユミノボルナリ。コレヲ又大小ノ国々〳〵ノハジメヨリヲハリザマヘクダリユクナリ」（三二四頁）と、歴史の変遷には道理以外の理由はないと述べ、またこの盛衰の道理が、劫初劫末の人寿増減の論理と関連していると説明するのである。さらに「冥」という、歴史に対する目に見えない作用を基軸に、同時代までをあらためて、①神武から成務、②仲哀から欽明、③敏達から藤原道長、④藤原頼通から鳥羽、⑤前代から源頼朝、⑥後白河から後鳥羽退位、⑦後鳥羽退位以後の七期で区分し、

日本国ノ世ノハジメヨリ次第ニ王臣ノ器量果報ヲトロヘユクニシタガイテ、カヽル道理ヲツクリカヘ〳〵シテ世ノ中ハスグルナリ。劫初劫末ノ道理ニ、仏法王法、上古中古、王臣万民ノ器量ヲカクヒシトツクリアラハスル也。（三二六頁）

と述べる。このように慈円は、「王臣ノ器量果報」の衰えに従い、道理が作り変えられると述べ、この歴史の道理の変化には、須弥山説における劫初・劫末の盛衰の論理があらわれていると説明する。

　ただし、時代の変化を重視する『愚管抄』の増減劫観は、『水鏡』の増減劫観とは性格が異なる。それは、すでに触れた百帖の紙の補充の比喩に見られ、ここで慈円は、紙の補充の仕方には、①一、

二帖にまで減った際に八、九十帖を補充するような、減少が著しい時における大量の補充、②十、二十帖が残っている間に四、五十帖を補充するような、さほど減少せぬ時における適量の補充、の二種があると説く。つまり慈円は、増減劫の論理には、①究極的な衰退期における急激な復興と、②中程度の衰退期における適度な復興、という二つの論理が存すると説くのである（一四七頁）。『水鏡』の場合は、文徳天皇の前後の時代を同質視することにより、執筆時を楽観視しようとしたが、慈円の場合は、②の論理を重視しながら、歴史の時代的差異を重視し、そのうえで歴史の改善を説こうとした点に特徴がある。そして慈円は①と②の区別を、「劫初・劫末」と「中間」との区別に反映させている。すなわち慈円は、聖徳太子、藤原鎌足、菅原道真、良源が観音の化身であると力説する際に、「観音ノ利生方便」を「信ジテ……御案ダニモアラバ、劫初劫末ノ時運ハ不レ及《バ》レ力、中間ノ不運不慮ノ災難ハ侍ラジモノヲ」と、観音を信仰しその利益について理解すれば、劫初劫末の時には歴史状況を改善できないにしても、劫初と劫末の「中間」期ならば、災難の回避が可能だと主張するのである（一五八頁）。

ただし、慈円の自由な増減劫の解釈は、半面における増減劫の実感の希薄さを露呈している。そのことは菅原道真が観音の化身だという主張に見られる。周知のように慈円は、道真が藤原時平から讒言された理由について、観音の化身である道真が、小国である日本には一人しか内覧が必要ではないことを示し、さらにこの論理により摂関家を守護しようとして、わざと讒言されたのだと力説する（一五五〜一五六頁）。そして、「観音方便の利益がなく、劫初劫末の道理だけでは、南閻浮提における衆生の果報の勝劣も寿命の長短も理解できないが、神仏を深く信仰すれば、劫初劫末の道理を理解できる」と説明する（一五六頁）。つまり慈円は、劫初劫末の論理は、道真が観音の化身であることよりも実感が得がたいことを明言するのである。かかる劫初劫末観の実感の希薄さは、神代の叙述とも共通する。すなわち慈円は、皇祖神である伊勢太神宮と藤原氏の氏神である鹿島大明神との約諾を根拠に、天皇と摂関家の主従関係の必要性を頻繁に力説しているが（三四七頁）、反面、神武天皇以来の百王の継続について説明する際に、「神ノ御世ハシラズ」と、「神ノ御世」の不可知性を覆い隠していない（一二九頁）。慈円の増減劫観は、このような神代観と同じように確信を懐けていない点で同質性を有している。慈円の増減劫の論理よる歴史状況改善の主張は、一面においては増減劫観に対する懐疑により支えられていたといえる。

2　『愚管抄』における怨霊の重視と浄土教的世界観の希薄性

慈円は、「「冥衆ハヲハシマサヌニコソ」ナド申ハ、セメテアサマシキ時ウラミマイラセテ人ノイフコトグサ也。誠ニハ劫末マデモ冥衆ノヲハシマサヌ世ハカタ時モアルマジキ」（三四九頁）と述べるように、増減劫観との関連で、歴史に作用する「冥衆」という宗教的影響力について力説し[15]、中世の無宗教的傾向を批判している。しかし御持僧たる自身を頼りに自讃する慈円が重視するのは、六道のような浄土教的要素ではなく祈禱や怨霊であり、この点で『水鏡』との著しい相違点を示している。

もちろん慈円も、「建永ノ年、法然房ト云上人アリキ」（二九四頁）と述べて、専修念仏の動向を語っているように、浄土教を認識しているし、同時代の顕密僧の人材不足を悲歎しながら、臨終正念による「頓死」を期しているように、自身の浄土信仰を吐露している場合もある（三五四頁）。しかし慈円は、重源や法然の弟子たちが阿弥陀仏を名乗っていることを、「真言止観サカリ」時において「順魔ノ教」に従っている行為だと批判しており（二九五頁）、浄土教的要素はかかる立場を根拠に捨象される。

例えば慈円は、寛和二年（九八六）に花山天皇が藤原道兼と厳久に伴われて出家した時期について「恵心僧都ノ道心ゴロ（源信が道心を説いていた時期）」と述べており（一六六頁）、実際に花山法皇や厳久は、源信とともに念仏結社・二十五三昧会に結縁していたが[16]、慈円は、源信周辺の浄土教的性格については一言も言及しない。地獄の記述も捨象される。すなわち慈円は、「日蔵ガ夢記」を典拠にして、醍醐天皇の時代の道真の大宰府流罪について説明しており（一五七頁）、この「日蔵ガ夢記」は醍醐天皇堕地獄譚で有名な『道賢上人冥途記』に相当し、「夢記」の認識は慈円の地獄譚認識を予測させるが、慈円はそれについて全く言及しないのである[17]。

天についての記述も六道観との関連が希薄である。むろん慈円も、慈円にとって本来好ましくないはずの摂関家と後三条天皇との対立について言及した際、百王存続のためには「三宝諸天ノ利生」を頼むべきだと主張しており（二〇〇頁）、この「天」は、六道の一つとして考えることも可能である。しかし『愚管抄』は全体的に、天や星を祈禱対象として重視する傾向にある。慈円は、同時代について語る「巻第六」において、元久三年（一二〇六）三月に三星合（金星・木星・土星の接近）という重大な天変が起きたが、慈円が薬師修法を修したため、九条良経を身代わりとして死なせながらも、本来死ぬはずだった後鳥羽上皇を救い出したと主張し、自身の効験を自讃する（二八九～二九〇頁）。また承元四年（一二一〇）十一月に彗星が発生したため、後鳥羽上皇が土御門から順徳に譲位をさせたというように、彗星出現が天皇の譲位という政治問題に展開し得たことを述べている[18]（二九八頁）。

慈円はまた、「昔ヨリ怨霊ト云物ノ世ヲウシナイ人ヲホロボス道理ノ一ツ侍ヲ、先《まづ》仏神ニイノラルベキナリ」（三三七頁）と、歴史上における怨霊の悪影響を道理の一つとして掲げて、仏神信仰の必要性を説いたり、怨霊の歴史を体系的に述べたりしており[19]、また自身の出自たる同時代の摂関家についても、保元の乱で不遇な人生を辿った崇徳上皇や慈円の祖父・忠実の怨霊に苛まれたと説明するように、自身の家系も怨霊の被害者に陥り得ることを述べている[20]。また、建永元年（一二〇六）に、後白河院を称して源仲国の妻に取り付いた霊が、後白河を祀るよう託宣したことを受け、公卿詮議が行われたように、怨霊も、重大な政治問題に発展することを伝えている（二九一～二九二頁）。

もっともこの事件解決における慈円の活躍に見られるように、慈円は、怨霊といわれる存在が本当に怨霊であるかを判定できる立場にあった[21]。また「神社・仏事、祀官・僧侶ニヨケラカナラン庄薗サラニメヅラシクヨセ」て、「コノ世ヲ猶ウシナハン邪魔ヲバ、神力・仏力ニテヲサヘ」るべきだと述べるように、荘園という経済基盤を確保するために宗教的脅威について力説している（三四二頁）。彗星や怨霊の脅威の沈静化に存在意義を有する慈円にとって、天は祈禱対象でなければならず、また人間の来世も、浄土教的世界ではなく、現世に留まったまま脅威をもたらす怨霊でなければならなかった。そのため慈円は、一方では怨霊の脅威を真摯に語りながらも、他方では、恣意性を有しながら、須弥山説から容易に浄土教的要素を捨象できたのである。戦後直後の宗教史研究では、貴族の浄土教信仰が密教を否定したと説明されていたのに対し、その後は密教の影響力が重視され、浄土教の影響力を過剰に評価することの問題点が指摘されてきたが[22]、『愚管抄』における須弥山説の性格は、密教の重視が、容易に浄土教の捨象につながることを示している。

3 『愚管抄』の地理認識の希薄性

最後に『愚管抄』の地理認識について触れておく。先述のごとく、慈円は、南閻浮提の三国や大小の国々には劫初劫末の論理が作用していると述べるように、須弥山説を基軸にして三国を認識している。慈円はまた、「巻第一」冒頭に「漢家年代」という表を付して、盤古から宋に至るまでの中国歴代王朝の展開を明示している。特に「盤古」についての「天地人定後之《ル》首君也」（四一頁）という説明は、後述の『神皇正統記』が軽視するような中国独自の歴史や天地開闢論を、慈円が認識していたことを示している。しかし十四世紀の歴史叙述では、天竺の重視により中国が相対化されるのに対し、慈円の対外認識は、中国を普遍的世界と位置付けながら日本の特殊性を説明している点に特徴を有している。(23)また慈円が「宋」を「南宋」と明記していないことは、金の進出による宋の「南渡」を半世紀にわたり知らなかった実兄・九条兼実と共通するような、国際意識の「閉鎖」性を示していると考えられる。(24)

以上のように慈円は、須弥山説の要素として、増減劫観を最重視している。そして『愚管抄』執筆時期を劫初と劫末の「中間」と位置付けつつ、この時期には劫初劫末の盛衰が小規模にあらわれるという独自の増減劫観を説いて、このことを歴史状況改善の根拠にしている。しかし密教を重視する慈円は、天を祈禱の対象としてのみ重視し、また死後の世界については怨霊を重視して、須弥山説の一要素である六道観を捨象している。また南洲や三国には劫初劫末の論理があると述べるように、増減劫観との関連で須弥山的地理構造について言及しているが、慈円の天竺についての認識の希薄性は、地理的認識自体の希薄性を示していると考えられる。

三 『元亨釈書』における須弥山説

1 『元亨釈書』「伊勢皇太神宮伝」における四劫観と地理認識

『水鏡』や『愚管抄』が、末法観の重視を根拠に、須弥山説の時間認識である四劫観や増減劫観を重視していたのに対し、蒙古襲来など未曾有の対外的脅威を経験した鎌倉時代後期から南北朝時代には、中世神道論の天地開闢論や神国思想との関連で、須弥山説の地理的性格が重視されるようになる。[25]これら中世神道論と仏教的世界観との関連については、対立する面と併存する面とが指摘されている[26]が、東福寺の虎関師錬（一二七八～一三四六）が著した僧伝『元亨釈書』の「伊勢皇太神宮伝」には、そのような須弥山説と中世神道論との対立と併存とが如実にあらわれている（なお本節の『元亨釈書』の引用は新訂増補国史大系三十一『日本高僧伝要文抄　元亨釈書』による。本節の『元亨釈書』に関する頁表記はこの書による）。

「伊勢皇太神宮伝」の本文に相当する「伝」部は、まず「伊勢皇太神宮者天照大神之廟也」と明記したうえで、伊勢神宮の故事を、聖武天皇の毘盧遮那仏建立との関連に焦点を当てながら説明しはじめる（二六七～二六九頁）。すなわち聖武は、東大寺の建立を発願しながらも、歴代において神を奉じてきたこの「国家」における仏寺の建立は、神意に背くのではないかと恐れを懐く。そのため聖武は、皇太神宮の真意をうかがうべく、天平十三年（七四一）、行基を伊勢神宮に派遣する。そして行基が、伊勢内宮の南門付近で仏舎利献納の願を祈念し続けると、七日目には神殿の扉が開き、皇太神宮から「実相真如之日輪照《ハ》二却生死之長夜一、本有常住之月輪爍《ハシャク》二破《ス》煩悩之迷雲一、我今逢二難レ遭大願一如二渡《ニ》得レ船一」と告げられる。つまり天照は、仏教の真理たる「真如」を、「日輪」や「月輪」に譬えて、生死や煩悩の迷いを破る仏教との値遇を喜んだのである。この報告を受けて喜んだ聖武がさらに橘諸兄を伊勢に派遣すると、聖武は、天照から「日輪」とは「毘盧遮那仏」であることを理解して寺を建立せよとの夢告を受ける。そして師錬は、以上の事情が聖武が東大寺に毘盧遮那仏を安置した理由であると説明し、天照の人間界降臨譚は六国史に詳しいが、この伝では、皇太神宮と仏教との関連に焦点を絞って記述したと説明して伝を結んでいる。

次に続くのが、師錬が「伝」部について自身の意見を述べる「賛」部である。師錬は、この「賛」の冒頭で「賛曰異矣哉　神之為レ言也」と、天照が発言したことはきわめて不思議であると述べて、「日輪」が「毘盧遮那仏」を意味するという天照の発言について検討しはじめる。師錬は、まず『毘盧遮那経疏』という書物が、「毘盧遮那」が「日」に相当すると説いていることを紹介する。続いて天地に存在する日光と毘盧遮那仏の光明が、ともに「無二所不レ至一」遍在することを根拠にして、「摩訶毘盧遮那仏」が、「大日如来」と翻訳されることを説明する。そして最後に師錬は、聖武への夢告に見られるような、毘盧遮那仏が「日」や「大日」と名付けられるということを、天照はどのようにして知ったのだろう、と驚嘆しながら「賛」を結ぶのである。

レトリックに満ちた叙述であるが、師錬の根本的主張は、遍在性を有する毘盧遮那仏が天照に影響をもたらすことを力説する点にある。師錬は、毘盧遮那仏と大日如来とが同一であることを天照がどこで知ったのか、と疑問的に述べて「賛」を結んでいるが、師錬は、衆生が明確に知り得ずとも、毘盧遮那仏は天照に影響を及ぼすのだと述べ、「仏本神従」を主張したいのである。

次の「論」部では、「伝」部が問答形式によって論じられる。ここで師錬は、まず伊勢神宮に関わる自身の経験を語りはじめる。すなわち師錬は、かつて伊勢神宮に参詣しようとした際に、ある神官から、「この神は沙門を愛さないから、神宮に近づいてはならない！」と叱責された経験があるという。これに対して師錬は内心、釈迦が全鬼神に仏教守護を命じた大集会で、天照大神も釈迦の勅命を受けたはずであることや、伊勢神宮が大乗醇化したこの国の宗廟であることを根拠に、天照は僧侶を嫌うはずがないと考える。そして住居に帰った師錬は、聖武の東大寺建立時に行基が伊勢神宮を参詣したと記す『神宮雑事』という書物を探し出したことを述べ、天照は沙門を嫌うはずがないことを強調する。ここまでの「論」の記述は、「伝」が『神宮雑事』という書物に依拠して書かれたことを示している。かかる『神宮雑事』に依拠した、東大寺建立時に行基が伊勢神宮に参詣したという記述は、弘安九年（一二八六）以降に成立した通海の『太神宮参詣記』にも見られ[27]、この話は、伊勢神宮と仏教との関わりを重視する人々の間ではよく知られていたようである。

次に師錬は「或人」の第六天魔王説話[28]に対して須弥山説を根拠に反論する。すなわち師錬は、ある人から、次のような主張を受けたという。日域がまだ成立しておらず、海が広々と存在していた時に、天上にいた天照が海中の大日の印文を鉾で探ると、その鉾の滴は国土となった。それを見た「魔王波旬」（第六天魔王）はこの地の仏法興隆を恐れてこの地を破壊しようとした。その魔王波旬に対して天照は、自分は仏教を忌み崇敬しないから魔王波旬に心配せぬように、と告げた。魔王波旬はその天照の言葉を信じて日本国土を破壊せずに帰って行った、というのである。ある人はこの説話を根拠に、天照大神は内面では仏教に帰依しているから、外面においては仏教徒を拒否するのだと主張したという。これに対し、師錬は『大蔵経』『起世経』『阿含経』などを根拠に、須弥山説を掲げて反論する。すなわち成劫の始まりには大雨が降り、その高さは三禅天にまで至る。次に風が吹き、風は泡を作り、泡は諸天の宮殿や「須弥大地」を作る。そして残りの水は集まって海を作る。以上のことから、四洲の土地は同時に成立したのであり、別個に成立したのではない。また増劫の時は海面が低くなり四洲の道が通じているが、減劫の時は海面が溢れ、それぞれの島は海によって区別されることになる。現在、日本国土が海中にあるのは、現在が減劫の時期だからであり、下地は「印度支那諸国」と連続しているのだと述べる。そして師錬は「豈彼鉾滴之露始為レ地乎」[29]と述べて、天照大神の鉾の滴によって日本国土が成立したのではないと主張するのである。かくして師錬は、第六天説話に依拠して、伊勢神宮における僧侶の拒否を正当化することなどを「以二凡意一料二天事一」、「闇二仏書一」と厳しく批判する。そして最後に、「我欲二一一弁析一文繁而不レ敢焉」と、一つ一つ検討すべきであるが、文証の材料が多すぎるからここでは検討しないというように、国土生成論の煩瑣さに言及しながら、「論」を終えるのである。

この伝における須弥山説の第一の特徴は、師錬自身が実際に伊勢神宮参詣を拒否されたという日常経験を基軸にして叙述されていることである。このことは、この時期の須弥山説の虚実が、人々の立場性や主張の正当性を規定し得たことを示している。第二の特徴は、四大洲や三国など、須弥山説の地理的性格が重視されていることである。師錬が属する禅宗は入宋の伝統を有しており、日本人全体の地理認識が希薄であった蒙古襲来以前でも比較的広い地理認識を獲得していたが、師錬の須弥山的世界観は、蒙古襲来により日本人全体の地理認識が深まった後に、須弥山説がさらに説得力を有するようになったことを示している。そして須弥山説のかかる性格は、中世神道論を完全に否定するものにはならないものの、[30]日本一国史観しか説けない第六天説話に対する有効な反論の根拠になるのである。第三の特徴は、須弥山的世界の実在視が、大日如来の遍在性の説明と同居していることである。毘盧遮那仏の遍在性、須弥山説、東大寺の三者の関連は、東大寺毘盧遮那仏の蓮弁における須弥山画にも見られるように、聖武天皇の大仏建立時以来の伝統を有するものであるが、[31]本来、汎神論は無宇宙論ともいわれるように、須弥山説のような天動説と矛盾したり、世界の実在視を否定したりする場合があり、実際に第六天魔王説話を説いた『沙石集』「巻一―一」にはその傾向が見られた。[32]これに対し「伊勢皇太神宮伝」の須弥山説は、汎神論的大日観と併存し、仏教的世界観の広大性と事実性を説くものとして共存していたのである。

2　『元亨釈書』における須弥山説と浄土教的世界観

『元亨釈書』では、浄土教的世界観も須弥山説を基軸にして説明されている。すなわち師錬は、六道について、頻繁に須弥山説との関連で説明している。例えば、東大寺の法蔵（九〇五〜九六九）について、法蔵が東大寺で出会った天帝の使者の肩に手を置くことによって、七金山を越えて須弥山頂上の忉利天の天帝と面会したこと、天帝の許可によって「閻浮」を去り、焦熱地獄に堕していた母親と対面したこと、後に人間界に戻って『法華経』を写経した功徳により、母親が忉利天に昇天したという夢告を得たことを伝えている（七七～七八頁）。また平安時代初期に活躍したとされる金剛山寺の満米（満慶）については、満慶が、頓死した小野篁から「閻浮利日本」の優れた戒師として閻魔王に推薦されて、閻魔王が住する「地府」に招かれたこと、閻魔王に授戒した功により、阿鼻地獄で衆生を救う地蔵菩薩と対面したこと、これを機縁として人間界に帰った後に地蔵像を寺に安置したことなどを伝える。さらに満米伝に続く東寺の日蔵伝でも、日蔵（九〇五?～九八五?）が、天慶四年（九四一）、金峰山での絶食行で頓死して金峰山浄土に往生し、蔵王菩薩から地獄を見せられたこと、地獄に堕ちていた醍醐天皇から自身を追善する卒塔婆を造るよう頼まれ、十三日後に蘇生したことを伝えている。そして「日蔵伝」の「賛」には、師錬の六道観が如実にあらわれている。すなわち師錬は、「冥」という不可視的世界の影響力を借りて人々に虚偽を話すことは多くの人を惑わせる行為であるが、満慶が「地府」に入ったことや法蔵が「天界」に上ったことは人々を惑わす行為ではないから、自分は日蔵の「神遊」譚を隠さないのだ、と主張している（一四一～一四三頁）。このように師錬は、天界や地底などの六道譚が、同時代の人々を惑わす行為として受け取られる傾向にあることを認識しつつも、六道譚が単に人を騙す行為でない側面について説明するのである。

以上のように師錬は、須弥山説が同時代の日常問題になり得ることや、汎神論と併存することを示している。また天地開闢論に関連して、四大洲や三国観などの地理構造を説明できる須弥山説が事実であることを主張し、日本が島国である理由を増減劫観により説明して、日本一国生成論を否定している。かかる師錬の地理認識は、十四世紀日本人の地理認識の深まりを示すとともに、須弥山説が、可視的要素である地理的構造を広く説明し得る点で、さらに説得力を有するようになったことを示している。師錬はまた、成劫の諸天宮殿生成譚や、満慶や日蔵の「神遊」譚などに見られるように、須弥山説を前提にして天や地獄を実在の世界として説明していたのである。

四　『神皇正統記』における須弥山説

1　『神皇正統記』における地理認識と四劫観

『神皇正統記』（以下『正統記』と表記）は、周知のとおり、南北朝の動乱期において、北畠親房（一二九三～一三五四）が南朝の正統性を主張するために著した歴史書である。かつて『正統記』は後村上天皇のために執筆されたという説が有力であったが、松本新八郎氏が、『正統記』奥書の「為レ示二或童蒙一、所レ馳二老筆一也」の「童蒙」が結城親朝を指すと指摘し、この書が、親朝を中心とした関東武士の南朝方への参戦を促すための著作であったと論じて以来、この説は『正統記』執筆理由の有力な一説になっている(33)。親房が武士の駆使を自明視していたことは、在地武士の意識と乖離していくことになり、親房は多く武士の参戦を得ることに失敗したが(34)、松本氏に従うと、親房自身は、以下のごとく語られた須弥山説が、関東武士を参戦させるのに、説得力を持つと信じていたことになる。

親房は自身の歴史観を綴る冒頭において、

大日本者神国也。天祖ハジメテ基ヲヒラキ、日神ナガク統ヲ伝給フ。我国ノミ此事アリ。異朝ニハ其タグヒナシ。此故ニ神国ト云也。（日本古典文学大系87『神皇正統記　増鏡』〈岩波書店、一九六五年〉四一頁。本節の『神皇正統記』に関する頁表記はこの書による。）

と述べ、日本のみが国常立尊や天照大神の系統を伝えた「神国」であることを、「異朝ニハ其タグヒナ」きことによって主張しようとしている。このように日本の特殊性を「異朝」との対比で説明しようとする親房は、須弥山説を、広大な地理的構造の説明を可能にする世界観として説きはじめる。

まず親房は、「凡内典ノ説ニ須弥ト云山アリ。此山ヲメグリテ七ノ金山アリ」（四四頁）と、須弥山とその周囲をめぐる金山の説明からはじめ、金山の四方の四大海に四大洲があることや、南瞻部洲を南閻浮提とも呼ぶことを説明する。続いて親房は、南瞻部洲の中央に阿耨達山という山が聳えることや、この山頂には、「高百由旬」の巨大な樹木が存在することを述べる。そして割注により、「一由旬トハ四十里也。六尺ヲ一歩トス。三百六十歩ヲ一里トス。コノ里ヲモチテ由旬ヲハカルベシ」と明記するように、須弥山説の尺度たる「由旬」を、尺、歩、里などの具体的な尺度によって測るべきことを説明する。次に親房は、阿耨達山の北には胡国、南に五天竺、東北に震旦国、西北に波斯国（ペルシア）などの国々が存在することや、南瞻部洲の外縁が七千由旬（二十八万里）であることを説明している。この説明は、親房が三国観以上の地理認識を有していたことや、須弥山説が地理的構造の説明に有効性を有していたことを示している。親房はまた、天竺が南瞻部洲の中央に位置することや、広大な面積を有していることを根拠に、震旦を小国と位置付けており、この発言は、震旦に対抗した中世日本の華夷意識を示すものとしてよく知られている(35)。

次に親房は須弥山説上における日本の性格に言及する。親房は、最澄や法相宗の護命が日本を中州と呼んでいることを根拠に(36)、日本が、南閻浮提と東勝神洲の中間域にある遮摩羅という州に相当すると述べ、また『華厳経』が説く金剛山とは日本の金剛山であると述べるように、仏典を根拠にして、日本を須弥山世界上に位置付けようと努めている。そのうえで親房は、須弥山説を前提としながらも、日本が天竺や震旦とは海を隔てた別州であることを根拠に、日本が「皇統ヲ伝」えるという特殊性を有すると主張するのである。

次に親房は、天地開闢論の一つとして、四劫観について述べはじめる。まず、「同世界ノ中ナレバ、天地開闢ノ初ハイヅクモカハルベキナラネド、三国ノ説各コトナリ」と、世界は同じように成立したはずであるが、天竺、震旦、日本の、それぞれの天地開闢説には相違があることを述べる。かかる認識は、日本一国史観しか説けない日本の天地開闢論よりも、三国の生成を説明できる須弥山説に説得力を付与することにつながり、実際に親房は、震旦、日本の天地開闢論を差し置き、まず天竺の須弥山説に依拠して、世界の発生を説明しはじめる。ただし親房は、早くも四劫観の説明で、特異なことを語りはじめる。すなわち、「一増一減ヲ一小劫ト云。二十ノ増減ヲ一中劫ト云。四十劫ヲ合テ一大劫ト云」と述べており、先述の『水鏡』とは異なるこの「劫」の説明は、四劫観の認識が一様でなかったことを示している。続いて成劫における国土生成が説明される。まず光音という天衆が雨を降らせ、風輪の上に水輪を成立させ、その高さは天にまで至る。その後、水に風が吹くと泡が立ち、泡は大梵天の宮殿を造り、水が引くと須弥山や四大洲が成立する。そして「万億ノ世界同時ニナル」と、須弥山説がすべての世界の成立を説明できることが述べられ、成劫の説明が終わる。

次に「住劫」が説明される。これによると、本来、住劫のはじめの光音という天衆は、光明を発しており、自由に飛行もできたという。しかしやがて天衆は、地面から湧き出る甘泉を舐めることによって、「味着」という煩悩を持つようになり、神通力や光明も失って世間を暗くする。かかる衆生の報いは、須弥山中腹をめぐる日輪と月輪を発生させ、これにより昼夜や春秋も発生させる。また稲米などを食するようになった天衆は、排泄器官、男女の性別、淫欲を有するようになり、これにより下生する光音の天衆は、女人の胎内から生まれる胎生の衆生へと変化する。さらにその後、稲米がなくなると、栽培者とその強奪者の区別が生じ、争いが起きる。しかし人々が統治者たる平等王を擁立すると、南閻浮提は豊かになり、人々は病気などに苦しまず、無量歳の寿命を長きにわたり保つようになる。ところが正法が衰えると、寿命が短命化して八万四千歳になり、身丈も短小化して八丈になる。その後も、寿命は百年に一年ずつ、身丈は百年に一尺ずつ減じていく。そして親房は割注を交えながら、「百二十歳ニアタレリシ時、釈迦仏出給〈或ハ百才時トモ云。是ヨリサキニ三仏出玉キ。〉」と、人寿百歳ないし百二十歳の時の釈迦出興と、釈迦以前の過去仏として三仏の出興を説明する。そしてここでも親房は、当時を第九中劫の減劫と考える『水鏡』とは異なる説明を施して、『正統記』執筆時が住劫の第一減劫であり、また弥勒仏出興が第二減劫の人寿八万歳の時であると説明する。

さらに親房は「壊劫」について、大火災、大水災、大風災が起こり、初禅梵天までの三千大千世界が同時に消滅し、いずれは三禅天までが消滅するが、壊劫に入っても四禅天以上はしばらく残ると説明する。この際に親房は、四禅天の中には五つの天があること、この中の四つは凡夫の住処であること、あと一つの浄居天は聖者の住処であること、この上にはさらに大自在天がいることなど、天について詳説している（四四〜四八頁）。天祖からの系統を根拠に南朝の正統性を主張する親房の天の重視が、この壊劫の説明にも見受けられるのである。

ところで以上の須弥山説の典拠は、親房自身が、最澄による天台伝来の説明に際して典拠を明示した『仏祖統記』であるとされ（一一一頁）、実際に住劫における光音の天衆の下生譚は、『長阿含経』を引用した『仏祖統記』と多くが合致する。(37) しかし親房は、『正統記』の命名に際し「神代ヨリ正理ニテウケ伝ヘルイハレヲ述コトヲ志テ、常ニ聞ユル事ヲバノセズ。シカレバ神皇ノ正統記トヤ名ケ侍ベキ」（四九頁）と述べるように、神代からの「正理」のみに主眼を置いて、それ以外を捨象するという執筆態度を明記している。そして『仏祖統記』と『正統記』との合致と乖離は、『正統記』の須弥山説の特質を浮き彫りにしている。

例えば『仏祖統記』と合致する部分ながら、『正統記』の須弥山説の特質を特に示している箇所は、平等王という為政者による治安の説明であり、(38) ここには、南朝中心の秩序維持のために天皇の必要性を力説する親房自身の思想が色濃く反映している。逆に乖離が顕著なのは、まず地理認識としては朝鮮半島の捨象である。『仏祖統記』は、南閻浮提の地理的構造を説明する際に、朝鮮半島について明記しているが、(39) 親房は、天竺、震旦、日本に焦点を当てているのみである。ただし親房は、神功皇后が「新羅・百済・高麗」を従えたことについては繰り返し言及しているのであり（四三、七一頁）、かかる「三韓」征服観は、親房が、天竺、震旦、日本のみの重視と朝鮮半島の軽視を特質とする「三国観」を有していたことを示している。

もう一つの顕著な乖離は、『長阿含経』が天衆の下生対象として説く「餓鬼旁生地獄」を、親房が捨象していることである。もっとも、このことは親房の輪廻観の希薄性までは意味しない。例えば、すでに我妻建治氏が取り上げているように、(40) 親房は、賢王と位置付ける嵯峨天皇の時代の記述において、自身の仏教観を端的に物語っているが、ここで親房は、嵯峨の皇后・橘嘉智子が、その前世で美濃国神野にいた嵯峨天皇の前世の僧侶に給仕したため二人は同時代に再誕したと述べ、この嵯峨夫妻の輪廻譚を、自身の仏教史観のプロローグにしている[41]（一一〇頁）。また親房は、為政者が仏教諸宗を崇敬すべきことを、中世に頻繁に見られるような[42]「是皆今生一世ノ値遇ニアラズ」という輪廻思想によって強制している（一一五頁）。しかし親房は、「本朝流布ノ宗、今ハ七宗也」と述べて、南北朝期における宗派は天台、真言、華厳、三論、法相、律、禅であると規定している（一一二～一一五頁）。すでに凝然が『八宗綱要』で浄土宗を一宗派と見ていたにもかかわらず、親房は浄土宗を一宗派とは認めなかった。そして親房のかかる立場は、天を重視しながらも、浄土教と須弥山説とを容易に分離し、また須弥山説から六道の要素の多くを捨象することにつながったのである。

2　『神皇正統記』における仏教的世界観と神道的世界観の併存形態

親房が須弥山説に多大な信頼を寄せていることは、他方で重視する神道的世界観と矛盾し得る点で問題を孕むことになるが、親房はこれらをどのように併存させていたのだろうか。

須弥山説が矛盾を孕み得ることは時間観念の説明に見られる。すなわち親房は、地神三代・天津《あまつ》彦々火瓊々杵尊《ひこひこほににぎのみこと》の治世期間の三十万八千五百三十三年について、「神達ノ御事ハ年序ハカリガタキニヤ」と、神代の寿命に懐疑的であることを述べる。しかし親房はあらためて、先述の減劫の人寿短命化について触れ、瓊々杵尊の時代を、迦葉仏が出興した人寿二万歳の時代に位置付け、これにより、奇抜な瓊々杵尊の統治期間を少しでも整合的に説明しようと試みている（六二～六三頁）。しかし反面親房は、「磐長姫《いわながひめ》ノ詛」というものを根拠として減劫観を否定する（六六頁）。磐長姫とは、瓊々杵尊の治世下にいた大山祇《おおやまつみ》という山の神の長女であり、木花開耶姫《このはなのさくやひめ》という妹がいる。そしてこの姉妹は瓊々杵尊に近侍を命じられたが、妹は側に留められるも、「カタチミニク」い姉はその場を去らされる。そのため磐長姫は「我ヲモメサマシカバ、世ノ人ハイノチナガクテ磐石ノ如クアラマシ。タヾ妹ヲメシタレバ、ウメラン子ハ木ノ花ノ如クチリヲチナム」と呪ったというのである（六二頁）。このように親房は、一方では四劫観や過去七仏を根拠にして神代の長寿を説明しつつも、他方では、神道説の「磐長姫ノ詛」によって神武天皇以降の人間の短命化を説明するのである。

かかる二つの世界観の併存は、因果観にも反映している。例えば親房は、源頼朝や北条泰時が治世に携わり得たのは、天皇権威の失墜や武力行使者の優位性がその理由なのではなく、「万民」を安んじるためであったといい（一六三頁）、さらにこの考えの正当化のために、「我国ハ神明ノ誓イチジルクシテ、上下ノ分サダマレリ。シカモ善悪ノ報アキラカニ、因果ノコトハリムナシカラズ」（一六四頁）と力説する。このように親房は、鎌倉幕府が権勢を振るったという、自身にとって不本意な過去も、神明観と因果観の二元論によって説明するのである。そして親房の思想における仏教的世界観と他の世界観の併存には、親房の政治的確信が如実に反映している。それを示すのが親房の仏教観である。

先述のように、親房の仏教観は、嵯峨天皇の時代の記述において端的に語られている。ここで親房は、南北朝期の宗派数を「七宗」と規定し、値遇観を根拠にして、天皇や天皇を補佐する為政者に対し、菩薩、大士、神明が擁護する宗派を含む、すべての宗派への崇敬を強要している（一一一～一一五頁）。このように親房は、諸宗兼学の主張との関連で、仏教と神道との併存を自明視するのである。そしてこの記述は、単なる宗教観に留まらない。親房は、この記述の直後で、「且ハ仏教ニカギラズ、儒・道ノ二教乃至モロ〳〵ノ道、イヤシキ芸マデモオコシモチヰルヲ聖代ト云ベキ也」というように、貴賤の諸芸道の隆盛を理想として語り、さらに「我国ハ王種ノカハルコトハナケレドモ、政ミダレヌレバ、暦数ヒサシカラズ。……人臣トシテ其職ヲマボルベキ」と述べるように、天皇家の継続ために、人々は自分の職を守るべきだと主張している（一一六頁）。かつて黒田俊雄氏は『正統記』の宗教的歴史観について、「儒仏老壮などの経典の言葉を安直に縫合した伊勢神道を、しかも政治的必要によって、採用した」「あまりにも粗雑」なものと評したが[43]、むしろ親房は、様々な職が継承されるべきだという政治思想を重視し、これを力説するための具体的事例として、諸宗の兼学や諸宗教の併存を確信的に説いていたのである。

親房が、職の体系や種姓観念を重視していた背景には、官司請負制という当時の政治・社会状況があった。「官司請負制」は、佐藤進一氏によって「令制・令外の別なく、特定の氏族が特定官職に世襲的に就任し、さらには、特定の氏族が特定官庁を世襲的に運営する傾向」と規定されている[44]。また佐藤氏は、後醍醐天皇が、本来、大臣就任の権利を持たない吉田定房を内大臣に任じたことについて、親房が批判していることを例に、後醍醐の理想の実践者のように見える親房も、職の先例を重視する点では、むしろ後醍醐天皇と対立する立場にあったと指摘している[45]。親房は、既存の職・芸・宗派の存続を理想視するという自身の政治思想を優先視し、意図的に仏教的世界観と神道的世界観とを併存させていたのである。

以上のように、親房の宗教観には政治的意図が色濃く反映しており、親房が須弥山説の要素で重視するのは、地理的性格と四劫観である。特に親房は、日本の独自性を他の地域と比較するために、須弥山説の地理的性格を重視しており、これによって、波斯国を含めた広い地理的視野を獲得している。また親房が、世界観の可視的要素たる地理的要素を、須弥山説に依拠しながら説明していることは、当時の人々の須弥山説に対する信頼度の高さを示している。親房はまた、官司請負制を重視するという自身の政治的立場を反映させながら、四劫観と諸国の天地開闢論を併存させているが、すべての世界の成立を説明できる四劫観は、他の天地開闢論以上の説得力を有している。ただし親房は、神の降迹によって南朝の正統性を主張する立場から天を重視し、仏教の一大要素として輪廻を重視しているものの、須弥山説と浄土教的要素との関わりを把握しようとする意思は希薄であり、かかる親房の浄土教の捨象は、世俗性の重視が、浄土教の捨象に直結しやすかったことを示していよう。

むすび

以上本章では、須弥山説に本来備わっている性格が、それぞれの時代の歴史叙述において、どのように注目され、あるいは捨象されるかについて見てきた。

まず第一に、須弥山説の中でいささか体系性が乏しいのが、浄土教的要素である。『愚管抄』は密教重視の立場から浄土教を捨象し、また『神皇正統記』も輪廻は重視しながらも、浄土教的要素の言及は人と天に限っている。両書の浄土教の希薄さには、従来から指摘されているような、承久の乱や南北朝動乱という世俗的危機状況の克服を第一命題とした、両書の政治論的性格[46]が反映していよう。とはいえ『水鏡』や『元亨釈書』は、須弥山説と浄土教とが根強い関連性を有していたことを示している。第二に四劫観は、『水鏡』や『愚管抄』のような十三世紀以前の文献では、末法観の克服を目指して語られていたのに対し、十四世紀の『元亨釈書』や『神皇正統記』では、中世神道論の天地開闢論との相違性との関連で語られる。第三に地理的性格は、十三世紀以前には、あまり語られない。これに対し蒙古襲来を経験していた十四世紀には、三国を超える広大な地理的構造を説明できる世界観として重視される。世界観の要素の中で最も可視性を有する地理的構造が、須弥山説によって説明されていくことは、須弥山説に伴うあらゆる要素の信頼度が向上し得たことを物語っている。

現代では忘れ去られた世界観であるが、仏教の天動説である須弥山説は、中世日本ではきわめて合理的な世界観であった。そして、須弥山説の合理性は、須弥山説に伴う様々な要素がしばしば人々の生活に影響をもたらしたことや、中世の世界観が宗教性を帯びていたことを示している。

須弥山説の影響力は、歴史書以外にも見受けられる。例えば網野善彦氏や上川通夫氏が明らかにしてきたように、数多くの起請文は、「異界」に対する世界として日本を「南閻浮提日本」と表記しており、同じような事例は、古代や中世の仏像の銘文などに広く見られる[47]。また天福二年（一二三四）八月五日に、清浄という比丘尼などが、自分たちの「現当二世求願円満」と「偏継顕密二道之教法於第十減劫」ということのために肥前国河上社に土地を寄進したように[48]、須弥山説の影響力は、古文書からも広く抽出し得るのであるが、本書では、中世日本における須弥山説の直接的な分析をいったんここで留めることにする。

註

（1）本書序章一六～一九頁。黒田俊雄『日本の歴史8　蒙古襲来』（中央公論社、一九六五年）一三九～一四五頁。
（2）近年の『水鏡』研究の成果については、歴史物語講座第五巻『水鏡』（風間書房、一九九七年）。
（3）大山喬平「歴史叙述としての『峯相記』」（同『ゆるやかなカースト社会・中世日本』校倉書房、二〇〇三年、二七五頁）は、『峯相記』の合理的歴史思考が、『水鏡』と対立することを指摘している。
（4）平田俊春「水鏡の成立と扶桑略記」（同『日本古典成立の研究』日本書院、一九五九年、四一八～四四八頁）。
（5）村岡典嗣「末法思想の展開と愚管抄の史観」（同『日本思想史上の諸問題』創文社、一九五七年）。丸山眞男「歴史意識の「古層」」（同『忠誠と反逆』筑摩書房、一九九八年、三七三～三七五頁）。尾崎勇『愚管抄とその前後』（和泉書院、一九九三年）一二一～四五頁。
（6）日本古典文学大系21『大鏡』（岩波書店、一九六〇年）一七八頁。
（7）尾藤正英「日本における歴史意識の発展」（旧版岩波講座『日本歴史22　別巻1』岩波書店、一九六三年、二七頁）。
（8）村岡典嗣註（5）前掲論文一四四頁。
（9）神通力については、本書第一章三五～三七頁、第三章一〇二～一〇三頁。
（10）古代の天観念については、北條勝貴「鎮護国家の仏教」（大久保良峻他編『日本仏教34の鍵』春秋社、二〇〇三年）参照。
（11）平田俊春註（4）前掲論文四一八～四二八、四四二～四四八頁。
（12）例えば村井章介『アジアのなかの中世日本』（校倉書房、一九八八年）五二、一六七、一七二頁。また横内裕人「自己認識としての顕密体制と「東アジア」」（『日本史研究』五二二号、二〇〇六年、二九、三二頁）は、僧侶を介した大陸との交流が、一〇八二年から一一六七年までの八十五年間にわたり断絶していたことを明らかにしている。ただし近年の研究は、平安期以降の顕密仏教が、東アジアにおける日本の国家意識を構築していた側面にも焦点を当てつつある。上川通夫「中世仏教と「日本国」」（『日本史研究』四六三号、二〇〇一年）、平雅行「神仏と中世文化」（『日本史講座第四巻『中世社会の構造』東京大学出版会、二〇〇四年）参照。

(13) 石田一良『愚管抄の研究』(ぺりかん社、二〇〇〇年) 六〇頁。

(14) 第一期は、嫡子が天皇を継ぎ王法や俗諦が無難であった時期、第二期は、安康や武烈のような悪王や仁徳や仁賢のような賢帝が混在した時期、第三期は、聖徳太子が推古天皇の摂政に就任して以来、仏法が王法を守護していた時期として特徴付けられる。

(15) 例えば「巻第六」などで、「慈円僧正ト云人」が御持僧として「タグヒナ」い人物であるなどと述べる(『愚管抄』二八七、三五三頁)。

(16) 速水侑『源信』(吉川弘文館、一九八八年) 一三〇～一三一頁。

(17) 阿部泰郎氏は、慈円が晩年に六道を重視した際にも、『平家物語』「灌頂巻」における建礼門院徳子の発言と同様に、彼岸ではなく、人間界の様相を六道と考えていたことを明らかにしている(「慈円作『六道釈』をめぐりて」〈『文学』八—四、一九九七年〉)。ただし先行研究は、慈円が無間地獄について言及している可能性を指摘している。すなわち慈円は、武士たちが、源実朝の死で将軍に対する畏敬を失っていることや、後鳥羽上皇の近臣たちが、地頭に依存を深めて収益を得たり、地頭の武威に臆病になったりしていることを批判し、為政者は「無顕無道ノ事スコシナノメ」にすべきだと述べている(『愚管抄』三四一頁)。先学はこの「無顕」を「無間」の誤記として、「無間地獄に落ちるような無道の有様を少し普通に」すると解釈している(『愚管抄』三四一頁頭注四五。永原慶二編/大隅和雄訳 日本の名著9『慈円 北畠親房』中央公論社、一九八三年、三一九頁下段)。

(18) また「巻第三」では、円仁や円珍による、熾盛光法や尊星王法という修法の伝来が称讃され(『愚管抄』一四六頁)、「巻第四」では、永延三年(九八九)六月の彗星出現との関連で、同年の大台風襲来や正暦元年(九九〇)の慈覚門徒と智証門徒との抗争、正暦五年(九九四)の疫病大流行による関白道隆以下、納言以上八人の死去を伝える(同一八三～一八四頁)。

(19) 例えば「巻第七」は、藤原百川が、桓武天皇の立太子のために、光仁天皇の皇后・井上内親王を投獄したため、竜になった井上内親王に蹴り殺されたこと、藤原道長が、後一条天皇の東宮・敦明親王の即位を阻んだため、敦明の妃の父・藤原顕光の怨霊に憑依されたことなどを伝える(『愚管抄』三三七～三三八頁)。

(20) 慈円は、慈円の父・藤原忠通が、保元の乱後に、崇徳や忠通の父・忠実の霊を弔わなかったため、忠通本人は被害を受けなかったが、藤原基実は早世し、基房や兼実は政変で失脚し、無能な近衛基通は長寿を保って摂関家に危機を招き、後白河は生涯にわたり政変や動乱に巻き込まれたと説明する（『愚管抄』三二八～三二九頁）。

(21) この事件に際して、慈円は、前太政大臣藤原頼実に、後白河は怨霊になると認定される人物ではないと伝えているし、仲国夫婦を流罪に処そうとした後鳥羽上皇に対し、仲国の妻は自分の意思で発言したのではなく、狐・狸・天狗に取り付かれたのだと伝えて、その流罪を留めている（『愚管抄』一九二～一九三頁）。この事件については、西口順子「性と血筋」（大隅和雄・西口順子編　シリーズ女性と仏教4『巫と女神』平凡社、一九八九年、一三六～一三九頁）、細川涼一『逸脱の日本中世――狂気・倒錯・魔の世界――』（洋泉社、一九九六年）一五～一八頁に詳しい。

(22) 井上光貞『新訂日本浄土教成立史の研究』（山川出版社、一九七五年）一〇一頁。黒田俊雄「中世における顕密体制論の展開」（黒田俊雄著作集第二巻『顕密体制論』法藏館、一九九五年、初出は一九七五年）。速水侑『浄土信仰論』（雄山閣、一九七八年）。平雅行『日本中世の社会と仏教』（塙書房、一九九二年）六一頁。

(23) 大隅和雄『愚管抄を読む』（講談社、一九九九年）三二、一〇二頁。

(24) 石母田正「日本古代における国際意識について」（同『日本古代国家論』第一部、岩波書店、一九七三年、三一三頁）。村井章介註(12)前掲書一六七頁。

(25) 例えば大隅和雄氏は、仏教の僧侶たちは、『往生要集』が説くような地獄や極楽などの知識を流布させながらも、日本の国土や国家については説明していなかったため、中世神道家たちは、律令的秩序の解体に伴って、新しい天地開闢論を創出していったことを指摘する（「中世神道論の思想史的位置」〈日本思想大系19『中世神道論』岩波書店、一九七七年、三五〇～三五一頁〉）。この指摘は、『神皇正統記』に見られるような、四劫観および国家観と、浄土教的世界観との隔絶を説明し得る点で重要である。

(26) 黒田俊雄氏は、中世神道家が創出した天地開闢論が、須弥山説を前提にしていたため、須弥山説が根強く残存した側面について指摘している（「国家観」〈黒田俊雄著作集第四巻『神国思想と専修念仏』法藏館、一九九五年、一一〇～一一七頁〉、註(1)前掲書一三九～一四五頁）。また平雅行氏も、中世日本では、須弥山説を基軸とした圧倒的な仏教優位のもとで神仏同体論が論じられていたことを明らかにしている（平雅行註(12)前掲論文一七七

〜一七八頁)。
(27)『太神宮参詣記　下』(『大神宮叢書　神宮参拝記大成』臨川書店、一九三七年、五四頁)。
(28)第六天説話については、新田一郎「虚言ヲ仰ラル、神」(『列島の文化史』六、日本エディタースクール出版部、一九八九年)、伊藤聡「第六天魔王説の成立」(『日本文学』四四―七、一九九五年)、彌永信美「第六天魔王と中世日本の創造神話　上・中・下」(『弘前大学国史研究』第一〇四〜一〇六号、一九九八〜一九九九年)参照。
(29)さらに師錬は、二つの理由をあげて、第六天説話に反論する。第一は、すべてを見通せる能力を有する波旬は、天照の本心や、日本の仏法興隆も見通せたはずだという反論である。第二には、天照が波旬の信用を失わぬために、比丘を忌んだという説に対する反論であり、師錬は、大集会で仏勅を受けた神が、仏よりも魔を重視したとすれば、その神は邪神であるが、天照は「淫祀」の神ではないから仏を重んじるはずだと主張している。
(30)例えば師錬は『元亨釈書』「願雑十―二　王臣」の序で、『日本書紀』「神武紀」(日本古典文学大系67『日本書紀　上』岩波書店、一九六七年、一八九頁)と同様に、「神世一百七十九万二千四百七十余歳」と記し、「人皇」が神の子孫であることを根拠に、日本を「閻浮界」における「至治之域」と位置付けている(『元亨釈書』二四二頁)。また「願雑十―二　王臣」末尾の「平副元帥伝」(北条時頼伝)の「論」部でも、「支那」や「天竺」と異なり、日本は「三神器」を保有している点で、「閻浮界至治域」であると論じる(同二五一〜二五三頁)。このように師錬は、「閻浮界」という須弥山説の地理的要素を前提にしつつも、天皇家の継続と神道的国土創成論を称揚している。この日本観については市川浩史「虎関師錬と大乗純熟の国・日本」(同『日本中世の歴史意識―三国・末法・日本―』法藏館、二〇〇五年、一二〇〜一二五頁)参照。
(31)宮治昭「蓮のイコノロジー」(立川武蔵編『マンダラ宇宙論』法藏館、一九九六年、三八三頁)。
(32)この点については、本書序章二〇〜二一頁、第三章九六〜九七頁、一一八頁註(11)参照。
(33)松本新八郎「神皇正統記の「童蒙」」(日本古典文学大系87『神皇正統記　増鏡』月報、岩波書店、一九六五年、三頁)。また研究史については、加地宏江『中世歴史叙述の展開―『職源鈔』と後期軍記―』(吉川弘文館、一九九九年)五二〜五八頁に詳しい。
(34)永原慶二編／大隅和雄訳註(17)前掲書五二〜五三、五九頁。

（35）この地理認識は、重懐が貞治三年（一三六四）に作成した日本最古の世界地図である法隆寺蔵『五天竺図』と共通する。応地利明『絵地図の世界像』（岩波書店、一九九六年）一三一、一四七〜一四八頁参照。
（36）末木文美士「仏教的世界観とエスノセントリズム」（アジアのなかの日本史Ｖ『自意識と相互理解』東京大学出版会、一九九三年、七一、八五頁）は、護命の『法相研神章』（八三〇年撰）が、須弥山説上に日本を位置付けた最初の著作だと推定する。
（37）『仏祖統記』「第三十巻」（『大正新脩大蔵経』第四十九巻「史伝部一」二九八頁下段）。
（38）末木文美士註（36）前掲論文八三頁。
（39）『仏祖統記』「第三十二巻」（註（37）前掲書三一一頁以下）。
（40）我妻建治「『神皇正統記』における仏教」（同『神皇正統記論考』吉川弘文館、一九八一年、二九八〜三二九頁）。
（41）また親房は、悪王とされる陽成天皇や、賢君とされた光孝天皇など、天皇の資質の優劣を、「衆生ノ果報」や前世における「十善ノ戒力」によって説明し（『神皇正統記』二二四頁）、「コトナル才能」もないはずの北条義時が「兵馬ノ権」を握れた理由も「果報」によって説明している（同一六二頁）。
（42）本書第四章一四四〜一四五頁、第六章二〇四〜二〇七頁。
（43）黒田俊雄「中世の歴史観——愚管抄と神皇正統記——」（黒田俊雄著作集第七巻『変革期の思想と文化』法藏館、一九九五年、一三三頁）。
（44）佐藤進一『日本の中世国家』（岩波書店、一九八三年）二五頁。
（45）佐藤進一　日本の歴史９『南北朝の動乱』（中央公論社、一九六五年）七二頁。また後醍醐天皇の特異性については、網野善彦『異形の王権』（平凡社、一九九三年）一九八頁以下参照。
（46）高木豊「鎌倉仏教における歴史の構想」（同『鎌倉仏教史研究』岩波書店、一九八二年、一七七頁）。
（47）網野善彦「東国と西国、華北と華南」（アジアのなかの日本史Ⅳ『地域と民族』東京大学出版会、一九九二年、二三五頁）。同『「日本」とは何か』（講談社、二〇〇〇年）九八頁。上川通夫註（12）前掲論文三九〜四二頁。
（48）『肥前河上神社文書』「比丘尼清浄等寄進状」（『鎌倉遺文』四六八五号）。

第三章 『沙石集』における三世因果観の性格

はじめに

尾張国長母寺に住して、鎌倉時代後期の代表的説話集『沙石集』を著した無住道暁（一二二六〜一三一二）は、中世思想史研究において、「思想史の座標の原点」あるいは「旧仏教の理念をもっともよく体現していた人物」と位置付けられているように、近年あらためて、中世一般の宗教思想をあらわした人物として評価されている。(1) また説話集の特質は、①国家や体制の文書に見られないようなきわめて日常的な事柄に関する記事と、②非日常的な怪異譚や異境譚という二つの性格の記事を同居させている点に求められる。(2) 本章では、かかる無住を重視した研究状況や、日常生活で語られた怪異譚や異境譚を記載しているという説話集の性格を踏まえつつ、『沙石集』から、中世の人々が日常生活との関連において、前世や後世をどのように見ていたかについて探っていきたい（なお、『沙石集』の引用は、渡辺綱也校注 日本古典文学大系85『沙石集』〈岩波書店、一九六六年〉を使用する。本章の『沙石集』に関する頁数表記は、すべてこの書による）。

『沙石集』には、三世因果を前提とした浄土観や六道輪廻観が頻繁に語られており、このことは、個々の研究テーマに関連して、しばしば断片的には言及されている。しかしながら、三世因果観そのものを直接的に問題にした先行研究は意外に少なく、大隅和雄氏の『信心の世界、遁世者の心』が公刊されるまでは、山下正治氏と笹田教彰氏の研究があげられるのみであった。(3) 山下氏は、中世では、東南西北の天空にはそれぞれ、薬師の瑠璃光浄土、観音の補陀落浄土、阿弥陀の極楽浄土、釈迦の鷲峰山浄土が存在すると信じられていたという前提から、無住が、それぞれの浄土往生に必要と見なしていた行業を明らかにしている。また笹田氏は、『沙石集』における浄土願生者への高い評価を根拠に、無住自身が往生に深刻な不安を有していたことを指摘し、日常における「まことの心」や臨終正念の重要性を、切実な思いで説いていたことを明らかにしている。しかし『沙石集』の三世因果観の全体的性格を論じた研究は、大隅氏の前掲書以外には見当たらず、また大隅氏から言及されていない記述の中にも、無住の発言には、当時の三世観を考えるうえで注目に値するものが多い。本章は、かかる研究状況の問題点に留意し、『沙石集』の三世因果観の全体像を見渡すことにしたい。

一　不安の産物としての三世因果観

三世因果について論じる際にまず問題になるのは、中世が宗教の時代であるとはいえ、前世や後世、あるいは浄土への往生や六道への輪廻が、無条件に信じられていたかということである。

かかる関心を懐きながら『沙石集』に目を通すと、当時の前世や後世も、実際にはそれらの不可知性を前提にして語られてきたことがうかがえる。次の記述は、すでに笹田教彰氏が注目した発言であるが、『沙石集』「巻十本―一〇」では、明遍の弟子である敬仏房という高野聖が、「人ノ「臨終ヲヨシ」ト云ヲモ、「ワロシ」ト云ヲモ、「イサ心ノ中ヲシラヌゾ。」」と発言したことについて、無住自身も「実ニテ覚ユ」と述べている（四二八頁）。後述のように無住は、臨終時の心が後世の転生先を決定すると頻繁に力説しているのであるが、その無住が、他人の臨終が良いか悪いかは、本当はわからないという考えに賛同しているのである。

無住はまた、「巻六―三」において、不可知性を有する他界や後世について明言することを「賤事《いやしき》」と批判し、その具体例として他界について明言する二人の説経師を、嘲笑の対象として物語っている。すなわち一人目の説経師は、卒塔婆の先端が鋭利に削られるのは、地獄の釜を突き破るためだと説教したことを嘲笑されており、もう一人の説経師は、卒塔婆供養に際して、「聖霊」が浄土に往生しなければ自分の首が切られてもよいと「誓状」に及んだことを、「誓状マデハ、アマリニコソ」と嘲笑されている（二六三～二六四頁）。これらの嘲笑は、説経師が地獄や後世のことを知り得ないにもかかわらず確信を持ってそれらについて明言したことに向けられていると考えられる。

「巻六―二」では、死者の霊魂の行方はわからないから、死者への供養に意味があるかどうかはわからないと述べる説経師の存在が語られている。すなわちこの章段は、信州のある地頭の死去に際して地頭の一族が地頭を供養した時の話を題材としており、地頭の一族が心を込めた供養を行っていたところ、そこに臨席していたある説経師が、「先考聖霊、何ノ処ニカ座《ヲワシ》マスラム」などと、死んだ者の霊はどこにいるのかわからないから、地頭が供養を喜んでいるのかどうかもわからないと述べたという。そして説経師はこのような説教をさらに長々と続けようとしたため、興醒めした地頭の一族から、ついにはその説教を止められるのである（二六一〜二六二頁）。この話の主題は、孝養を志す遺族の気持ちを逆撫でした説経師を批判する点に存するが、それと同時にこの話は、仏教を流布させる説経師ですら、死後の不可知性を認識していることを物語っている。

以上のように、中世においても、宗教に専門的に携わる説経師ですら、実は後世や他界については本来知り得ないのである。かかる後世や他界の不可知性は、人々のそれらについての認識を、相反する二つの方向に向かわせる。[4] 一つには、後世や他界の不可知性を、それらの実在を信じることにつなげる方向であり、[5] 世界認識において多くの不可知的要素が伴う中世は、これ以降の時代と比較して、この傾向が強い点に特徴を有している。二つには、後世や他界のことはわからないということを、これらの世界は存在しないと考える無神論的方向であり、例えば『沙石集』「序」の「因果ノ理定マレル、猶モ信ゼヌ」者への批判は（五七頁）、人々のそのような動向を批判しているといえる。また後述のように、「巻六―一八」には、世俗者の中には、僧侶が「地獄は存在しない」と発言したことを受けて布施を止めた者がいることが描かれており、これらの記述は、中世においても、後世や他界に対する脅威が克服される可能性があったことを示している。

さらに仏教では、仏道修行により、後世や他界の実在視を否定する場合がある。次節では、このことについて触れていきたい。

二　無住の汎神論・唯心論と三世因果観

1　汎神論・唯心論による三世因果の否定

『沙石集』の内容の多面性は、無住の教義的立場について諸説を生み出してきた。[6] 大隅和雄氏による無住の密教的立場の重視や、大隅氏を批判した三木紀人氏による禅宗的傾向の重視は、その代表的な説である。その中で、無住が多面的に説く三世因果観を把握するためには、『沙石集』における本覚思想の影響を重視した藤本徳明氏の説に注目したい。[7] 本覚思想は、仏教が理想とすべき涅槃・真如・無相という心を静める境地を、[8] 直観により実現できると説く思想であり、特に『沙石集』の場合は、本覚思想に伴う煩悩と涅槃、あるいは有相と無相などの二元論を重視する点に特徴を有している。

また心を静める境地の理想視には二つの性格が伴う。一つは、浄土や六道などの世界は心理状態の比喩表現だと考える唯心論であり、二つには、真如や、真如をあらわす仏身は、世界に遍在するという汎神論である。そしてこれら二つの方法による真如の追求は、世界の実在視の否定につながり、この点で救済的性格を有することになる。

世界の実在視の否定的傾向は、無住の著作の中では、『雑談集』「巻一―五　世界有哉無哉事」の章段に典型的にあらわれているが、[9]『沙石集』における、唯心論による世界の実在視の否定は、例えば「巻三―二」における法相教学の説明に見られる。すなわち無住は、「六趣四生ノ形チ、山河大地ノ相」などという六道や現世での世界構造は、「因縁」が「和合」した「仮」の「類法」(姿)なのだと説いたうえで、それらに「煩悩」を起こすことを誡め、「三界唯一心」であることを弁えよと説いている（一三七～一三八頁）。また『沙石集』の汎神論は、無住が頻繁に「無相法身所具ノ十界、皆一知毘盧ノ全体ナリ」（「巻一―三」六四頁）などというように、地獄・餓鬼・畜生・修羅・人・天・声聞・縁覚・菩薩・仏界などの十界は、無限性を有して無相を体現する毘盧遮那仏（大日如来）に包摂されているという説明に見られる。そしてかかる仏身の絶対性を前提とする汎神論では、仏身のみを真の実在として重視することによって、世界を幻想視したり、慈悲を体現する仏身と懲罰的世界である地獄との同居の説明を放棄したりするため、前世や後世、あるいは外在的な浄土や六道は否定されることになる。[10]そのような汎神論による世界の実在視の否定的傾向は、例えば無住が、大日の遍在性を根拠にして、諸仏の仏格や諸仏浄土の個別性や具体性を軽視しているところにうかがえる。すなわち『沙石集』は、「巻二」を中心にして、薬師・観音・釈迦・阿弥陀・弥勒・地蔵などの利益を具体的に述べながらも、これらの仏や菩薩は、「弥勒ハ胎蔵ノ大日、弥陀ハ金剛ノ大日ト習フ事モアリ」（「巻二―八」一一八頁）、「弥陀ハ大日ノ右肩、観音臂、地蔵ハ指也」（「巻四―一」一八三頁）などの表現に見られるように、大日に包摂されると説明される。無住はまた、浄土についても、兜率天と極楽は同一だなどと述べて「一仏浄土ニ生レヌレバ、諸仏ノ国ヘダテナシ」（「巻二―八」一一七頁）と、浄土を一元的に把握して、諸仏浄土の個別性を軽視している場合があり、この記事は、個々の浄土が天空にあるとする山下正治氏の前提が、『沙石集』の本質的性格と矛盾し得ることを示している。[11]

以上のように『沙石集』は、三世や世界の実在視を頻繁に否定する。では無住は、これらの唯心論や汎神論によって世界の実在視を完全に否定できたのかが、次の問題となる。

2　汎神論と三世因果観の併存

以上のように『沙石集』には、真如や無相の追究により後世や他界の実在視を否定する側面がある。しかし『沙石集』の真如の追究は、後世や他界の実在視を全否定できたわけではなく、むしろ三世因果や他界の実在を前提としていることが多い。

例えば「巻十末―一」は、唯心論と三世観との併存について象徴的な章段である。この章段は、「十界」との関連で『沙石集』の三世観を体系的に説明している重要な章段であるが、そこには、

一念ノ心中ニ十界依正ノ性アリ。十界トハ地獄・餓鬼・畜生・修羅・人・天・声聞・縁覚・菩薩・仏界是也。此十界心中ニアリテ、アラハレザル時ヲバ性ト云フ。……先世ノ五戒十善ノ業因ニヨリテ、今生ハ人ノ果報ナレドモ、今生ノ心中ニ、善悪ノ業因ヲ心ニソメ、身ニナサバ、当来ノ果報、既ニ心中ヨリアラハルベシ。……身ハ人身ナレドモ、心ハ地獄・餓鬼・畜生、何《いづれ》ニテモ人ノ心ノ色々ニ随テ、一期ノ人身ノツキン時、一生ノ業必アラワルベシ。（四三四〜四三五頁）

とある。この場合、「十界心中ニアリ」「心ハ地獄・餓鬼・畜生」という記述は、唯心論として、十界が人の心に内在することや、十界が現世の心理状態のたとえであることを説明していることになるが、「先世ノ五戒十善ノ業因ニヨリテ、今生ハ人ノ果報」「一期ノ人身ノツキン時、一生ノ業必アラワルベシ」という記述は、業因や心の持ち方が、前世から現世、あるいは現世から後世への転生に、決定的な影響をもたらすと説明しているのである。また「巻七―二五」の先世房という僧侶の話でも、唯心論と前世観との併存が説かれている。先世房は「何事モ先世ノ事トノミ云テ、歎キ悦ブ事ナクテ、世

ヲ渡」るというような、前世を根拠に現世の状況を理解する僧侶として説明されている（三二六頁）。

そして、この章段は、その先世房の話に関連して、さらに、

「三界唯一心ニテ、心外ニ無シ二別法一」ト云ヘリ。一心ヨリ三界六道ツクリカマエテ、其中ニ苦楽ヲ受。……苦楽皆心ヨリ出タリ。……サレバ、先世ノ業因縁ト思テ、イカナル不祥来リ、厄難アリトモ、人ヲ猜ミ、世ヲ不レ可レ恨。……只昔ノ罪業ヲ懺悔シテ、今更業因ヲ不レ可レ結。

と説いている。つまり無住は、一方では、三界六道は現世の心理状態であると主張しつつも、他方では、現世のことは、「先世ノ業因縁」「昔ノ罪業」という前世観を根拠に理解すべきだと説くのである。

無住が、無相を追究すべきことを力説したのも、その主要な理由の一つに、笹田氏が指摘したような、臨終正念の実現により後世に善処に転生するという理想が存在したためであった[12]。その理想が典型的にあらわれているのが、「巻四―七」「巻四―八」という一連の章段である。無住は、「巻四―八」では、入水往生を期したある上人が、入水時に苦痛による妄念が起こらぬよう何度も入水の訓練をし、ついに入水時に臨終正念を遂げ、紫雲をたなびかせるような往生の素懐を遂げたことを称讃する。これに対し「巻四―七」では、「臨終ニ執心ヲソルベキ事」が説かれている。この章段は、小原（大原）のある上人を主人公として語られており、この上人は、人々の結縁のために「頸ヲク、リテ臨終セム」ことを発願したが、結願の直前になって自殺を躊躇するようになる。しかし上人は、結縁のために参じたある在家法師から、頸を括るよう急《せ》かされ、結局、気が進まぬままにそれを決行して死んでしまう。その結果、この上人は、天台座主顕真に祟ることになり、顕真の加持祈禱に際し、「自分は、自殺を制止して欲しかった」という苦情を述べたという。無住はこの話を題材にして、こ

の上人は魔道に堕ちたと説明し、臨終に際しては「能々《よくよく》執念妄念ヲ恐レ可レ弁」と、臨終の執心を強く誡めるのである[13]（一九〇～一九三頁）。

無住はまた、無相の理想視により有相の修行（持戒のような、心を静めることを課題としない修行）の功徳の限界を指摘しているが[14]、これも後世の存在を前提に説明される。すなわち無住は、数度にわたり、無相の重要性を説かない説法である有所得説法や邪命説法は、「三千大千世界ノ人ノ眼ヲクジル」ことや、「日夜ニ十悪ヲ造」ることよりも重罪だと述べて厳しく批判し、「有相ノ福」は「次ノ生ニ威勢」があっても「第三生ニ悪趣ニ入ル」と述べる。このように無住は、後世の存在を前提にして、無相の理想視と有相の功徳の限界を力説するのである[15]（「巻六―一七」二八六～二八七頁）。

以上のように無住は、唯心論や汎神論を重視しているが、それらはほとんど、三世の実在視や浄土往生の理想視を前提としたものであった[16]。そして無住が無相を理想としながらも有相から離れ難いことを自覚していることは、三世観や他界観の説明が具体性を有することに直結する。

三　『沙石集』における三世因果観の諸相

1　三世因果観の具体相

前節で見てきたように、無住は、本来、三世や他界の実在視を否定し得る無相や真如についてすら、実は三世や他界を前提にしながら説いている。かかる三世や他界の重視は、中世の宗教状況を特徴付けるものであるが[17]、本節では、『沙石集』が説く三世観や他界観の諸相について見ていきたい。

『沙石集』の三世観の第一の性格は、輪廻する実体的な主体を説いていることである。例えば「巻七—七」は、殺生が堕地獄の因たることを語る際に、「当来モ我身《わが》」となる主体が輪廻すると述べている（三〇二頁）。本来仏教では、輪廻する実体的主体である「我」（アートマン）の設定は否定すべきことであり、前節で述べた涅槃の理想視は、輪廻する実体を否定し得るものであるが、他方での「当来モ我身」という表現の存在は、無住が輪廻する主体を重視していたことを示している。

第二には、後世の存在を前提にして、業を分類していることである。すなわち無住は、業の報いがあらわれる時の種類について、今の生、次の生、二回以上転生した後の生、の三種をあげ、業を「現報」「生報」「後報」の三種に分類している（「巻七—五」三〇〇頁）。かかる三世の分類は、『日本霊異記』でも説かれており、『日本霊異記』の「現報」の重視は、古代的な業報観と位置付けられている。これに対して『沙石集』は後世での報いも強調しており、このことは、『沙石集』の三世観の中世的性格を示している。

第三の性格は、無住が確信を持って三世や他界の存在について説いていることである。先述のように、前世や後世に伴う不可知性は、人々の三世についての認識を、一つには三世の不信、二つには三世の実在を信じるという、相反する二つの方向に向かわせるが、無住自身は、後者の立場に立って三世の実在を力説する場合が多い。例えば第一節で述べたように、無住は、「巻十本—一〇」で、臨終が良いか悪いかはわからないという考えに賛同しているが、その記述の直後で、亡魂の菩提を弔うためにも臨終の好悪をありのままに見ることを勧め、また、悪人、善人を問わず、臨終の妄念によって、「因果ノ不レ可レ乱」と断言する（四二九頁）。ここには、すでに桜井好朗氏や笹田教彰氏が指摘しているような、「往生伝の描く往生の域を超えた真の往生への不安」[18]が存在している。また無住の文体は「……タリ。……ズ。」などの、強い助辞を連用している点で、他の文献よりも断言的であることが指摘されているが、[19]因果を説く場合は、その断言がさらに顕著である。「巻七」には、因果の諸相が数多く語られているが、無住は、それらが人々に信用されがたいことを予測しつつも、ほとんどの怪異譚で「慥《たしか》事也」と述べ、話の出所、事件の発生時、あるいは事件の当事者などについて明言する。特に、「巻七―二四」では、宝篋印陀羅尼による極楽往生などの利益を述べる際に、「空キ作ゴト虚誕ナシ」、「皆慥《たしか》ナリ」と述べ、「誓状ニ及」ぶのである（三二三～三二五頁）。先述のように、無住は「巻六―三」で、ある説経師が他界の説明で誓状を作成したことを嘲笑しているが、自身が往生譚を述べる場合には、確信を持ってこれらの諸相を説くのである。

無住はまた、特殊な能力があれば、人々は転生した場所を知ることができると説いている。「巻九―一〇　祈請シテ母ノ生所ヲ知《しる》事」（三八四頁）はその一例であり、この話は、越後の貧しい母親とその娘の離別譚を題材にして語られる。すなわち貧困を嫌う娘は、母親と別れて一人で京に赴く。そして娘はその後、生き別れになった母親の「生所」を清水寺で尋ねる。すると、母親は娘との離別後その悲しさのために死んでしまい、今では「筑紫人ノ某ト云ウ者」の馬に生まれ変わったとの夢告を得る。娘はこれに従って母親を訪ねるが、会えた時には、馬の首しか残っていなかったというのである。この話を根拠にして無住は、特異な神通力や孝養心や信仰心がなければ、親や子が輪廻した場所を知ることができないと説くのであるが、逆にいえば、この話は、特異な能力があれば輪廻の場所がわかると説いているといえる。かかる能力は『往生要集』でも神通力と呼ばれるが、[20]「巻二―一〇」

には、覚海という高野山の検校が「先生《せんじょう》（前世）ノ事ヲ知度《しりたく》覚テ、大師（空海）ニ祈念」し、天王寺近くの蛤であったことなど、「七生ノ事ヲ示」されたという話がある（二一八頁）。また「巻五本―三」では、現世で同じ行業をなした学生同士が、死後の転生先たる「生所」を教えることを誓い合い、先に死去した者が夢でそれを告げたという話が説かれている（二〇三～二〇四頁）。

　第四に三世観は、仏教の利益を説明するための手段とされる。無住は「巻二―九」で、世の中には、仏法利益譚が多い割には、人々に利益があらわれることは少なく、苦しむ者が多いが、それは何故なのかと設問する（一二四頁）。これについて無住は、業報の苦難は「輙《たやす》ク」助けられないと前置きしながらも、仏や菩薩の衆生利益について七種を掲げる。そしてこの中の、第一、第二、第三、第六、第七の利益は、例えば第三の利益が、説法して人々の悪行を制止するという利益であるように日常的な宗教活動なのであるが、これに対し、第四、第五の仏菩薩が衆生のために苦しむ「代受苦」という利益は、三世を前提としている点で、特異な性格を有している。すなわち第四の「代受苦」は、仏菩薩が、無間地獄に堕ちるような悪行を犯そうとした者を悪行の実行前に死なせ、そのうえで仏菩薩がその者の代わりに地獄に赴くという利益である[21]。また第五は「常ニ悪道ニ処シ、乃至飢餓ノ世ニ、身大キナル魚トナリテ、衆生ノ為ニ食セラル」という代受苦であり、次の例が語られる。すなわち過去世で蛇であった釈迦は、体の表面に「金色の文」をあらわしたため、猟師に皮をはがれ、さらにその身を虫に食われることになった。しかし釈迦の過去世の存在たるその蛇は「我ヲ食セン衆生、悉ク未来ニ度セン」と願い、虫を救済したという。つまり無住は、三世観を前提として、食物となる畜生は仏菩薩が姿を変えたものだと説明し、また食事が未来世の救済につながると説くのである。そして無住は、「マサシク……、四ト五ト代受苦ノ益有ベシ。是ニツイテ感応ノ有無、利益ノ遅速、其道理ヲ心得ベシ」（一二六頁）というように、自身の強引な議論の自覚を表明しながらも、三世観を前提にして、不可視的な仏教の利益について力説するのである。

第五の性格は、三世観が現世における苦悩の説明の根拠になっていることである。前世を前提にした業の思想は、現世のいわれのなき悩みや、運命と功績の不一致の「合理的」説明を目指している点で、諸宗教の中でも、特異性を有するものであるが、(22)かかる業は、無住の言葉では「先業、業力、苦報、因果ノ理、習因習果、天運」(23)などで表現される。自身の不遇を頻繁に歎いていることを根拠に「運命論者」と位置付けられる無住の思想には、この業の思想が非常に色濃い。七つの節によって神祇と業との関係が説かれる「巻一—七」には、その事例が見られる。すなわちこの章段の第二節は、三井寺が延暦寺の僧に焼き払われた時に、三井寺のある寺僧が新羅明神を参詣したという話であり、この時、新羅明神は、寺僧が寺院維持という現世利益を祈らずに菩提心を発したことを、夢告によって称讃したという。そして無住はこの話を根拠に、「貧富定リ《ひんふく》」は「先世ノ果報」であるから、仏神に現世利益を祈ってはならないと説くのである（七三〜七四頁）。さらに第四節では、釈迦族が舎衛国の吠瑠璃《べいるり》太子の攻撃で滅亡した日の話を題材に、いかなる者も業を逃れ得ないことが強調される。すなわちこの日、釈迦の弟子たちは、神通力を持つ釈迦が、なぜ釈迦族の者を一人も助命できなかったのかという疑問を懐いたという。その疑問に対して、『沙石集』は釈迦に次のように答えさせている。すなわち釈迦族は前世では漁師の一族であり、ある日、この一族は大魚を捕えた。この大魚は吠瑠璃太子の前世の姿であり、釈迦の前世の存在たる童子も、大魚を捕えた時に草の葉で大魚の頭を打った。

そのため、釈迦族が滅びた日には、釈迦も頭痛に苦しんだというのである。このように無住は、釈迦ですら因果に苦しむと述べ、「況ヤ凡夫ノ位ニ、因果ノ理、遁レナンヤ」と述べるのである（七四～七五頁）。信仰対象となる釈迦が因果から逃れられないという説明は、単に下層民だけが因果に苦しむのではなく、全階層の人々が、因果に苦しまざるを得ないことを意味する。また業による苦悩の不可避性は、「神力モ業力ニ勝《かた》ズ」[24]という表現で端的に表現される。つまり無住は、人々の業に対して、仏神の救済は無力であると明言するのである。例外として、尾張に住む圓浄房という僧侶の「貧窮」を、その弟子が真言で追い払ったという話があるが、それにしても、「定業ハ転ジ難シ」ということを前提に「軽業」に限り「転ズル」と述べるに留まる。[25]『沙石集』が説く、業による苦悩の種類は、貧富の差、[26]非業の死、[27]他人からの好悪、[28]癖、[29]病[30]など多岐にわたる。このように、三世観を前提に苦難を「業」で説明するという性格は、『沙石集』全体に見られるものである。

第六の性格は、他界の場所を明示して、その実在を具体的に述べていることである。もっとも『沙石集』は、本覚思想の影響が色濃いため、他界の場所の説明は、須弥山説との関連で六道の場所や寿命を説明した『往生要集』や、この六道観を継承した『宝物集』[31]などと比較すると、いささか低調なのであるが、[32]例えば「巻一―六」は、奈良の春日野の地下に、一つの地獄があると説いている（七一頁）。また「巻六―一八」は、「地獄ノ釜ハ、広サモ、深サモ、八万由旬候」（二九二頁）と、地獄の釜の容量について明示し、また天についても、天は、四十万里の上空まで届く人間の悪臭に苦しみながら仏法を守護していると説明する（二八九頁）。このように『沙石集』にも天と地獄の場所を明示する記述が存しているのである。

第七の性格は、無住が、三世観が世俗権力の行使に影響すると述べていることである。宗教が、政治や裁判と不可分であることは、中世における宗教の多大なる影響力を如実に示すものであるが[33]、この点からいえば「巻七―一〇　先世ノ親ヲ殺事」は注目に値する。これによると、美濃国遠山のある百姓の妻は、夢で、夫の亡父から、「自分は明日の地頭の狩猟に際して、百姓の家に避難する」と告げられたという。そして次の日、夢告どおりに生前の父と同じように片目を病んだ雉が逃げ込んでくる。百姓の妻は百姓（夫）に、その雉が亡父の生まれ変わりであることなどを告げる。すると百姓は、父親が子を思いやって食べられに来たのだと思い、雉を殺してしまう。妻がこのことを地頭に訴えたところ、夫は「逆罪ノ物」として追放され、妻は「情アル者」として、その屋敷を得て公事を許されたという（三〇六～三〇七頁）。この章段は、すでに法制史研究においても、地頭裁判権の史料として重視されているが[34]、かかる話は、中世社会における三世の実在視が共通認識であるからこそ、読者に語られるものなのであり、『沙石集』のこの説話の記載自体が、中世の前世観や後世観が人々の現実生活に影響し得たことを示している。

2　『沙石集』における六道観の諸相

本項では、人々の脅威となる六道の性格について見ておく。無住の六道観は、先述の「巻十末―一」の十界観の説明で言及されているが、ここでは六道のそれ以外の性格についてまとめておきたい。まず、はじめに述べるべきは、修羅についての具体的記述がないことである。また、餓鬼についても、唯一、「巻六―八」で言及されるが、これも、本来、飢餓に苦しみながら死去する者は餓鬼道に堕ちるが、寛喜年間に飢えに苦しむある女性が、臨終時に「下風《げふう》ヲ一ツヒリテ死ナバヤ」（悪道に堕ちる因を一段階減らして死にたい）と願ったために、餓鬼道より一段階上の畜生道に堕ちたと語るだけである（二六八〜二六九頁）。このように『沙石集』では、餓鬼観や修羅観が希薄である。したがって、以下では、天、人、畜生、地獄の性格について触れることになる。

天　先述のように天は、仏教を守護するという文脈において場所が明記されており、これは天の実在視に直結する。無住はまた、無相の実現の困難さを自覚しながら、有相の善行を容認しており、それにより善処たる天への転生を説明している。その具体例は、例えば諸仏の利益を説く「巻二」に見られ、ここで無住は、地蔵の利益について触れる際に、少しでも善根があれば、地蔵は「人中・天上・諸仏ノ浄土へ送給フ」と述べ、また地蔵の浄土について「上品ハ安養知足、中ハ伽羅陀山・補陀落山、下ハ福舎人天ノ善趣也」と述べている（「巻二―五」一〇四頁）。ただしここには、天と浄土の混同があらわれている。すなわち、本来、浄土は、衆生が輪廻を繰り返さない不退転の世界であるのに対し、六道の一部たる「人天」は、衆生が輪廻する世界であるから、本質的には区別されるはずである。しかしながら無住は、諸行往生を容認する立場から、これらに厳密な区別をつけない場合を設けているのである。ただし天は善処の一つであるばかりではなく、懲罰的性格を有する。例えば無住は、持戒していても「止観定恵」という無相追究の修行をせねば、「人天ノ善処《ぜんしょ》ニ生ジ」るのみだというように、天の懲罰性や限界性を説いている（「巻五本―二」二〇二〜二〇三頁）。天は善処であると同時に、無相追究以外の諸行を、有相の善行として懲罰する性格を有しているのである。

人　無住は、人の世界を、輪廻の中の一形態として説明している。そして一面において、人間界は、前世の「五戒十善」の結果として生まれる善処として肯定的に描写され（三三二、四三五頁）、分限をわきまえて生活すれば最低限の生命維持ができると説明される（「巻十本―八」四二一頁）。しかし先述のように、無住は業を重視して、人の世界を前世の罪を償うための世界として描いているため、ペシミスティックな描写も多い[35]。また無住は、「南浮ハ本ヨリ老少不定」というように、人間界を須弥山世界の一部として把握し、これを根拠にして人の命の短さを説明している（「巻三―三」一四八頁）。そして無住は、人に生まれたことと仏教に出遇うことは、輪廻における「難レ受」事であり、仏道を志すことこそが、人に生まれた思い出であると力説するのである[36]。

畜生　『沙石集』に語られる畜生の多くは、馬・鳥・虫・蛇など、人の世界で容易に目にすることができる生物であり、このことは、輪廻の事実性やその苦悩を人々に身近に感じさせることにつながる[37]。特に、先述のように『沙石集』には、人が畜生に輪廻するという考えが、地頭権力の行使につながったという話も存在する。無住はまた、人間が畜生に転生し得ることを、畜生への慈悲を説くことにつなげており、このことは殺生の抑止にもつながる[38]。ところで宗教による殺生の禁止は、猟師など直接殺生に携わる者のみを賤視することや、直接的な殺生から遊離した僧侶の特権化につながるという指摘があるが[39]、無住も一面において、畜生への慈悲が、生活のための不可避的な動物殺生と矛盾することを認識している[40]。ただし無住は、このような認識を前提にしつつも、「無レ詮」殺生を制止すべきだと述べている（「巻七―五」三〇〇頁）。このように、殺生の不可避性を自覚しつつ、無駄な殺生の抑止を志向している点に、仏教流布の意義の一つがあるといえよう。

地獄　無住が堕地獄の対象として語るのは、第一には、経を焼くような、仏教に直接的に被害をもたらす者であり（「巻七―一六」三一二頁）、第二には、虫の殺生を伴う耕作者を含めた、殺生を犯す者である。無住はまた、耕作者や殺生者の堕地獄譚との関連で、人々に地獄の救済者たる地蔵への信仰を呼びかけている(41)。ただし無住が堕地獄の対象として最も重視するのは、第三の仏物を盗む者であり、このことが説かれる際には、地獄譚がきわめて詳細になる。すなわち、「巻六―一〇」は、強盗から仏物を盗まれそうになった「清水法師（聖覚）」が、強盗に、「百年ノ齢モ、只一夜ノ眠《ねぶり》ノ如シ。斯ル僅ノ世ヲ渡ラム為、三宝ノ物ヲ取テ、多百千劫洞燃ノ炎ニ焦レ、泥梨ノ水ニ沈テ、浮ビガタカラム事ヲ不レ知シテ、難レ受人身ヲ受ケ、難レ値《あひ》仏法ニ値テ、多ク渡世ノワザハアルニ、此事ヲ以テ、一期ノ能トセル、拙ク痴ナル事ノ不便ニ覚ルナリ」と、地獄の苦悩とその長寿を詳説し、仏物を盗むのを制止したと伝えているのである（二七一～二七二頁）。ただし、かかる堕地獄観の本質が、単なる僧侶の財源維持だけに留まったかについては、次節であらためて検討したい。

四　寺院経営者としての無住と三世因果観

顕密体制論では、中世日本における浄土教や堕地獄観念は、顕密寺院が寺領荘園や年貢を確保するための支配イデオロギーとして、社会に浸透していったと説明されている。そして顕密仏教の代表的イデオローグである無住も、貧困に苦しみながら荒廃した長母寺を再興したように、寺院経営者としての立場を有していた。この節では、その無住が、寺院経営と三世因果観との関連をどのように考えていたかについて見ていきたい。

1　社会身分と三世因果観

この項では、『沙石集』が説く三世因果観が、僧侶を含む支配者層の特権を主張するものにすぎなかったのかという点について見ていきたい。

まず問題になるのは、王家である。『沙石集』には、天皇と三世因果観を関連させた章段が二つある。一つは「巻六―一五」である。これは、後鳥羽上皇の逆修供養に居合わせた聖覚の説法を題材に話が展開しており、聖覚は次のように説法する。すなわち後鳥羽は、承久の乱以前は栄華を極めていたため、後世の配慮をしなかった。しかし乱後、後鳥羽が、流罪に処せられた悲歎によって、前世の報いを果たし、後世の配慮をするようになったのは「目出度」いことだと称讃し、逆に後世を心配しない後高倉院の後世は悪いだろうと述べるのである。さらにこの章段では、後白河法皇が平清盛によって鳥羽に幽閉された際に、最期を期して仏道に励んでいたことが称讃される。そして無住は、「業力ニテ、神力業力ニカタネバ、仏ノ方便ニモ及バヌニヤ」と、権力者も業に対して無力であることを説明して、人々は法・神・仏を謗ってはならないと力説するのである（二八二～二八四頁）。

二つ目は「巻八―二二」であり、これは、『道賢上人冥途記』を典拠にした醍醐天皇堕地獄譚である[42]。すなわち修行中に頓死した僧侶・日蔵（道賢）は、菅原道真を流罪に処したなどの理由で地獄に堕ちた醍醐天皇と対面する。そして、十二日後によみがえった日蔵は、冥途の醍醐天皇の様子を語るのである。その描写に際し、無住は、醍醐天皇に「冥途ニハ貴賤ヲ不レ論。罪無ヲ主トス。我ヲ敬事ナカレ」と言わせ、さらに、高岳親王の「イフナラクナラクノ底ニ入リヌレバ　刹利モ首陀モカハラザリケリ」という歌を記載する（三六〇～三六一頁）。この話は、大隅和雄氏が「天皇が地獄に堕ちるということは、伝統的な神祇信仰の立場からいえば、大変なことであった」[43]と指摘するように、無住が、人間界の身分にかかわらず衆生は平等に輪廻すると述べている点で、注目すべき内容を備えている。仏教による天皇への懲罰は、古代アジア的専制君主制の相対化と位置付けられ、ここに思想史上における中世的性格が見出されてきており、仏教によって天皇の権威を相対化するこれらの記事は、まさに『沙石集』の三世観の中世的性格をあらわしている。

公家に関しては、特定の人物が輪廻する話は存在しないものの、「巻十本―一〇」には、「ナニガシノ宰相」が平生から臨終正念を心がけていたにもかかわらず、他方で善政を心がけていたことが「妄執」となって往生できなかったという話がある（四二七頁）。寺家や僧侶に関しては、先述の釈迦とともに、舎利弗や難陀も業苦から逃れられなかったという話がある[44]。また日本の学生についても、明恵と貞慶以外の者は魔道に堕ちたという話があり（「巻十末―一」四三四頁）、この話は、明恵と貞慶への畏敬を説くとともに、顕密仏教の多くの僧侶も輪廻から逃れ得ないと述べていることを意味する。

武士については、「巻八―一二」があげられる。これは梶原景時の死去に際し、これを悲しむ景時の女房「鹿野ノ尼公」を、栄西が教化した話であるが、この話は武士の業報に言い及ぶ。すなわちこの話は、景時の非業の死を、源頼朝の軍で謀略をめぐらしてきたことの報いと説明するのである（三六二～三六三頁）。さらにこの話は、単に武士の因果が説明されているという話に留まらない。なぜなら、無住自身が、景時の一族だといわれているからである。無住の運命重視には、景時の一族としての不遇さが背景にあると予測されており[45]、無住の業の思想は、他人の業だけを説明するものではなく、無住自身の業をも説明しているのである。無住はここで、業を受け止めながら生き抜こうとする「鹿野ノ尼公」の言葉を記載しているが、これには無住自身の心境も反映していよう。以上のように、無住は、社会階層にかかわらず、いかなる人々も宿業に規定されざるを得ないと考えていたのである。

2　寺院経済と三世因果観

次に三世因果観と、顕密仏教の収取活動との関連を見ていきたい。

『沙石集』には、財産と関連した輪廻観が散見される。「巻四―九」は、「中有」や「冥途」で通用しない財産の限界を強調して、必要以上に財産を望むことを誡めている（一九六頁）。無住はまた、「愛」について言及し、人に愛があれば、妻子養育の必要性が生じ、それは「悪趣ニ入テ苦ヲウ」けることや、「三宝勝妙ノ敬田ヲモ供ゼズ」ということに派生すると批判している。このことは、間接的ながら、地獄、餓鬼、畜生との関連で寺領荘園への寄進を勧めているといえる（一九八～一九九頁）。また、前節の末尾で述べたように、『沙石集』は、仏物を奪おうとする者を堕地獄の対象として重視し、特にこの場合には、地獄の長寿が明言される。

「巻六―一八」も布施と堕地獄観との関連について象徴的な記事である。これによると、ある説法者が、説法の最中、「遐従《かしよう》」（「追従」の誤記カ）が過ぎて、「当時ハ人ノ罪モ浅ク、貴賤上下老少ヲ不レ嫌、アマリニ念仏ヲ申ホドニ、地獄ガナクナリテ候ナリ」と述べたところ、その発言を聞いた檀那は、「サラバ、地獄ダニモナクハ、功徳ヲシテ要事ナシ。地獄アラバコソ、善ヲ修セメ。此御房ニ、其布施皆バシスルナ」と布施を止めたという。これに対し説法者は「布施ヲトラザラムヲバ、歎《なげき》トヲモワネドモ、地獄ナキカトテ、末代ノ衆生ノ善根ヲモセズ、念仏ヲモ申サヾラム事コソ、アサマシケレ」と思い、「サレバトテ、殿原、地獄ノ一向ナキニテハ候ワズ。地獄ノ釜ハ、広サモ、深サモ、八万由旬候シガ、其釜ニ入レラレテ、ニエシ時ハ、ニエアガリ〳〵セシ時ハ、ニエアガリタル時、チトスヾシキ風ニアタリテ、息ノブ事モ候シガ、中〳〵ニ当時ハ、其釜ノ破ニテ、イリ候釜、スコシ無レ術《じゅつ》候ゾ。只イカニモシテ、後世菩提ヲ祈リマシマスベク候」と説くのである（二九一～二九二頁）。

この話は、地獄の実在性、地獄の釜の容量、釜の破損による現在の地獄の苦しさを明言しながら、布施の制止を批判している点で、まさに顕密主義的浄土教の象徴的な話である。しかし、地獄が無いという考えによる檀那の布施の制止や、布施を得られなくともよいという説法者の弁明には、僧侶が布施を得るために地獄を説いていることを中世の人々が見抜いていることや、布施のために地獄を説くことに、僧侶が風当たりを感じていたことがあらわれている。

無住はまた、「巻十末―一」で、僧侶と布施との関係について、湯屋の「山寺法師」と「在家ノ俗」に語らせており、それには、

山寺法師、在家ノ俗ト湯屋ニヲリアヒテ、ヨモ山ノ物語シケルニ、俗ノ中ニ云ク、「法師ホドニ欲フカキ物ナシ。能才覚モナク、戒行・智恵モナクシテ、布施ヲホシガリ、供料ヲノゾム。慚ヲステ、、物ノホシキ許《バカリ》ヲシレリ。我等ハ俗ナレドモ、アレホドノ事シツトモヲボヘズ」ト云フ。或僧ノ云、「誠ニ法師ノ欲ノ深サハ申ニ不レ及。道心ハナシ、サスガ身モステガタクシテ、供料・供米ニモカ、リ、施物ノ外、イカデカ身ヲタスクベキ。所領モナク田畠モナカラン身ハ、盗ヲスルニハ不レ及、布施ヲモトラデハ、イカニシテ命モツギ侍ルベキ。（四二八頁）

とある。もっとも、続けて法師は、武士が命がけで戦闘に励むのは知行という物欲のためであり、また、主人からの恩を蒙っているにもかかわらず命を惜しんで戦場で逃げ隠れする武士は、「大キナル盗」を犯しているのだ、と説明して、法師よりも武士のほうが欲深いと主張し、法師を正当化する。しかしこの話によると、中世の世俗者は、僧侶に持戒を期待し、無能で布施に執着する僧侶を白眼視している。僧侶もまた布施でしか生きていけないことを慚愧している。顕密体制論では、僧侶の民衆呪縛が重視されているが、この話は、世俗者が僧侶を無能視するという、逆の状況があったことを伝えているのである。

僧侶が布施に執着することを、当時の人々が白眼視していることは、有所得説法の説明にも見られる。先述のように、無住は無相を理想視して、有所得説法とは、有相の善だけを説き、無相を説かない説法であると規定して批判している。ところで、その際に、無住は有所得説法について、「世間ノ人ハ、有所得ト云ハ、布施ヲ望テスル説法ト思ヘリ」と述べており（二八六頁）、この発言からも僧侶である無住が布施を得ることに風当たりを感じていたことがうかがえる。以上のように、当時の三世観や他界観は、人々を呪縛し、布施を取るための手段としてのみ機能していたのではなかった。また人々はその自立心によって、僧侶が自身の経済基盤に執着するような虚偽意識を白眼視していた。

かかる世俗の人々の僧侶に対する厳しい批判は、僧侶を自誡させることにつながる。すなわち「巻八―一三」で無住は、僧俗が共に、豪奢な寺院を建立したり仏事の財源を求めたりすることは、虫を殺すことや所領内の貧しい人々を苦しめることにつながると述べ、仏事を営む僧俗こそが、罪を得て、「当来ニハ悪趣ノ苦」を受けると述べる。そして無住は、仏事のための搾取を「顕密ノ正法ヲ以テ、度世ノハカリ事」にしている行為として批判するように（三六五～三六六頁）、「顕密」の語によって、僧侶の搾取を批判するのである。無住はまた、「巻十末―一」（四三六頁）や、晩年に自身のことを数多く語った『雑談集』などで、修行もせずに布施に執着する僧侶は地獄に堕ちるという虚受布施堕地獄観念を頻繁に説いている[46]。無住は、「巻五本―七　学生世間事《の》無沙汰《の》事」に見られるように、僧侶の非常識を批判できる目の持ち主であったが、かかる態度を虚受布施堕地獄観にも反映させていたのである。平雅行氏は、荘園支配イデオロギーとなる「現当二世にわたる仮借ない仏罰神罰」について、「民衆の救済を口にすればするほど、宗教領主が肥え太ってゆける」「大乗仏教のもっとも腐敗した姿」[47]と指弾しているが、『沙石集』が、仏事の名をもって人々から搾取する問題を直視し、僧侶を悪趣の対象としていたことは、三世因果観が顕密仏教の欺瞞と頽廃とをしばしば自誡させていたことを物語っているといえよう。

むすび

本章では、説話集である『沙石集』に、中世の三世因果観の具体相がうかがえることを期しながら、その性格について見てきた。無住は、中世の人々が、前世や後世や他界について、必ずしも確信を有していたわけではなく、これらのことはわからないと自覚している側面について物語っている。また無住は、真如や無相という心を静める境地を理想視しており、これは、仏教の救済手段となって、前世や後世の実在視を否定し得ることになる。しかし無住の無相重視の大きな理由が、臨終正念による善処への往生であるように、無住の無相重視は、根本的には三世観を前提にしている。さらに無住は、無相の追究がきわめて難しいことを述べ、有相の行との関連で、前世や後世や他界の多様な性格を、詳細に、かつ確信を持って説明するのである。

ところで、中世では、前世や後世、あるいは他界が非実在であるという証明がなされていなかったため、これらは多大な影響力を有していたが、これらは単に宗教の頽廃に直結するものではなかった。三世観は、僧侶の搾取手段として否定的に位置付けられる傾向にあるが、無住は、堕地獄観を利用した僧侶の収取活動が、民衆から白眼視されていることを描き、また自身が搾取者に陥ることを、堕地獄観によって自誡している。無住は、僧侶が、単に三世観をイデオロギー操作する者として三世観から自由であり得たわけではなく、むしろ三世についての豊富な知識を自身の内省に直結させていたことを物語っている。無住はまた、死者への供養に意味があるかどうかはわからないと述べて、遺族から説教を制止された説経師を嘲笑対象として物語っているが、このことは、故人への敬慕として不可避的に後世観を有した民衆が、その後世観に対する僧侶の不用意な介入を許さず、また民衆に寄与する僧侶のあり方を主体的に求めていたことを示している。[48] 別稿で論じたように、無住の著作の意義は、下層僧侶である無住が、在地において耳にすることができた民衆の声との対話によって、より良い宗教状況を模索しているところに存している。[49] 『沙石集』が語る三世因果観の特徴も、単に民衆が日常で語る多様な三世観を描くに留まらず、僧侶と民衆が、三世をめぐる対話によって、より良い宗教状況を模索していることを物語っている点にある。また中世では、顕密主義に対する異端派として、現世の平等を説いた法然や親鸞ですら、浄土往生や輪廻について言及しているのであるが、これらの観念を再評価するためにも、中世における三世観については、その負の側面はもちろんのこと、その積極的側面をも抽出すべきであると考える。次章では、そのような中世の三世因果観の積極的意義を、浄土教と鎌倉幕府の執権政治とを関連させた北条重時の家訓から見出していきたい。

註

(1) 大隅和雄・平雅行・佐藤弘夫氏の鼎談「異端の系譜――隠者・女人・神祇――」における大隅氏、平氏の発言（日本仏教研究会編　日本の仏教6『論点・日本の仏教』法藏館、一九九六年、一四八、一五三頁）。

(2) 大隅和雄『中世思想史への構想』（名著刊行会、一九八四年）一三二～一三三頁。

(3) 山下正治「沙石集の研究――往生について――」（『立正大学文学部論叢』五二、一九七五年）。笹田教彰「『沙石集』にみられる往生思想の一考察――「浄土房遁世事」を中心として――」（『仏教文学』一一、一九八七年）。本章の旧稿発表後、大隅和雄『信心の世界、遁世者の心』（中央公論新社、二〇〇二年）が、「見えないものの声」「見えないものに立ち向かう」「前生と後生」の章を立てて、『沙石集』の三世因果観を論じている。

(4) 仏教の教説において、三世や他界の有無についての言説が二面性を有することは、近世の排仏論の批判対象になる。本書結章二四二頁参照。

(5) 例えば法然も、臨終のことは他人にはわからないということを前提にしながらも、これを後世の存在の否定につなげず、後世の存在の自明視につなげて専修念仏を説いていた。本書第五章一六六～一六七頁参照。

(6) 大隅和雄「無住の思想と文体」（同『中世　歴史と文学のあいだ』吉川弘文館、一九九三年、初出は一九六一年）。三木紀人「無住と東福寺」（『仏教文学研究』第六集、一九六八年）。

(7) 藤本徳明「『沙石集』裁判説話の構造――天台本覚思想との関連において――」（同『中世仏教説話論』笠間書院、一九七七年、一二八～一三一頁）。

(8) 無住は心を静める境地について、「言《こと》バナキ所ニ言ヲ出」せば「寂滅ノ法ニ非ズ、無相ノ理ニ背ク」（「巻十末―二」四四一頁）などと述べるように、言葉で表現することを厳しく批判しているが、便宜上、「無相、真如、実相、空相、無為、本覚」などで表現している。また「本覚」の語は、「巻三―一」（一四〇頁）、「巻三―八」（一六三頁）などに見られる。

(9) 山田昭全・三木紀人編校『雑談集』（三弥井書店、一九七三年）五五頁。

(10) 本書序章二〇～二一頁。

(11)『沙石集』には汎神論についての記述が、数多く見られる。例えば冒頭に近い「巻一―一」は、太神宮が海中の大日の印文に鉾を下し、その鉾の滴が日本国土になったことや、第六天説話について語ったうえで、「都《スベテ》ハ大海ノ底ノ大日ノ印文ヨリ事起リテ、内宮外宮ハ両部ノ大日トコソ習伝ヘテ侍ベレ。天岩戸トイフハ都率天也。高天原トモ云ナリ。……真言ノ意ニハ、都率ヲバ内証ノ法界宮・密厳国トコソ申ナレ」（五九～六〇頁）と説明している。このように無住は、伊勢神宮の内宮・外宮は大日の胎蔵界・金剛界両部であると説く汎神論的な両部神道論によって、天照大神の住処である天岩戸や高天原、須弥山説の要素である兜率天、大日の居所である法界宮や密厳国を同一視して、これらの個別性を軽視している。この特質については、本書第二章七五頁の考察と比較されたい。また周知のように、無住は、「巻一―一〇」で、鎮西の専修念仏の地頭が、「接《ママ》取ノ光明」を標榜して、神明を軽侮し、神社の所領の一部を余田として奪い取ったことを、批判的に伝えている（八三～八五頁）。この話は、専修念仏が、所領知行者への対抗手段になることを伝える話として著名であるが、同時に、阿弥陀仏の遍在性が神明や神社の呪詛を無化していることを記述している点で、汎神論の一例となる。また汎神論的阿弥陀仏観が源信や親鸞に見られることについては、本書第一章四〇～四六頁、第六章一八三～一九六頁参照。

(12) 三木紀人氏が指摘した無住の禅宗重視も臨終正念と深く関わっている。無住は「巻十末―三」で、念仏や真言だけでは臨終に役に立たない場合があるのに対し、禅門の「涅槃堂裏」という坐禅は、「最後ノ念」を想定して行う行であると述べて評価している（四五一～四五二頁）。

(13)「巻一―一」には、汎神論と後世観の併存が説かれている。註(11)のごとく「巻一―一」は、汎神論的な両部神道論を説いているが、他方では、不生不滅の毘盧遮那仏や伊勢神宮への信仰によって、「流転生死ノ妄業ヲ造ラ」ないことや、「浄土菩提ヲ願」うことを人々に勧めて、当時の人々が伊勢神宮に現世利益を願うことを批判している（六一頁）。この点については、片岡了『沙石集の構造』（法藏館、二〇〇一年）一〇七～一〇八頁。

(14)例えば無住は「巻五本―五」で、「煩悩即菩提」の語などを詳説する際に、「諸悪莫作ト者《は》、只悪ヲツクラザルノミニアラズ。有相ノ善ヲモ作ル事ナカレトナリ」(二一一～二一二頁)と、「有相」の善行ですら否定する。

(15)その他の例は、『沙石集』「巻七―二〇」(三一九頁)、「巻十本―六」(四一八頁)に見える。

(16)例えば「巻三―三」は、「常住ノ法身ヲ信ジ」ているはずの阿難が、釈迦の入滅時に号泣した話を根拠にして、「マシテ凡夫ノ位《くら》イ、争《いかでか》理ノ如ク心働カサルベキ」(一五〇頁)と、執心の除きがたさを主張する。かかる無住の執心の直視には、脚気で座禅に打ち込めなかった、無住自身の事情も反映していよう。

(17)佐藤弘夫「地獄と極楽のコスモロジー」(同『神・仏・王権の中世』法藏館、一九九八年)。

(18)桜井好朗「沙石集一面―法語と唱導との狭間で―」(同『中世日本人の思惟と表現』未來社、一九七〇年、一一二頁)。笹田教彰註(3)前掲論文四八頁。

(19)三木紀人「無住―彼岸と現世の間―」(『国文学　解釈と教材の研究』二五―三、一九八〇年、一〇四頁)。

(20)本書第一章三五～三七頁。

(21)この説明に従えば、もしも変死者が発生したとすれば、その者は、悪行を犯そうとしたから、仏の慈悲により殺されたということを意味することになる。なお『沙石集』の代受苦の説明が、鎌倉時代の代受苦観の代表的なものであることは、高木豊「『涅槃経』と日蓮」(同『鎌倉仏教史研究』岩波書店、一九八二年、一七一頁)参照。

(22)マックス・ヴェーバー/大塚久雄・生松敬三訳『宗教社会学論選』(みすず書房、一九七二年)四八～四九頁。

(23)三木紀人「無住の世界―『沙石集』『雑談集』―」(永井義憲・貴志正造編『日本の説話第三巻　中世Ⅰ』東京美術、一九七三年、二四六頁)。

(24)『沙石集』「巻一―七」(七四頁)、「巻二―九」(一二四頁)、「巻六―一五」(二八四頁)。

(25)『沙石集』「巻七―二二」(三二〇～三二一頁)。なおこの説話については、小林直樹「沙石集」(岩波講座　日本文学と仏教第九巻『古典文学と仏教』岩波書店、一九九五年)参照。

(26)『沙石集』「巻一―七」(七五～七七頁)。

(27)『沙石集』「巻二―六」(一一二～一一三頁)、「巻八―二二」(三六二～三六三頁)。

(28)『沙石集』「巻七―九」(三〇四～三〇六頁)。

(29)『沙石集』「巻八―一」は、業によって、忠寛という僧侶の居眠り、舎利弗の「瞋恚ノ相」、難陀の色欲について説明する。さらにこの章段は、釈迦在世時に、ある農民が釈迦に礼拝しなかった理由を、その農民が、前世で、須弥山説の四劫観の特質をなす過去七仏に礼拝しなかったことによって説明している（三三五〜三三七頁）。

(30)「巻八―二三」は、玄奘三蔵の師・戒賢論師の病について、「昔シ国王トシテ民ヲ悩シタリシ報ナリ。タトヒ生ヲカウトモ、苦ハ遁ルベカラズ。三年過タラバ報ジ可《し》レ尽《す》」（三六六頁）と説明する。

(31)新日本古典文学大系40『宝物集　閑居友　比良山古人霊託』（岩波書店、一九九三年）六六〜六七頁。本書第一章五四頁註(4)参照。

(32)『沙石集』では須弥山説についての説明が低調であるが、「巻一―四」（六八頁）、「巻四―九」（一九三頁）、「巻十本―一」（三九八頁）、「巻十末―三」（四五〇頁）などは、源信や『往生要集』について言及している。また註(29)のような、「巻八―一」の過去七仏の説明は、無住が四劫観を認識していることを示している。

(33)この視点については、平雅行『日本中世の社会と仏教』（塙書房、一九九二年）二一一〜二一二頁参照。

(34)笠松宏至「中世在地裁判権の一考察」（同『日本中世法史論』東京大学出版会、一九七九年、一四四、一五四頁）。『沙石集』の法史料としての性格については、中田薫『法制史論集』第三巻下（岩波書店、一九四三年）一〇九〇頁、佐藤進一「法史料としての沙石集」（日本古典文学大系85『沙石集』月報、岩波書店、一九六六年）参照。

(35)「巻一―一」は、伊勢神宮が「生気」や「死気」を忌むことは、仏教が生死を忌むことと共通していると称讃し、「巻一―二」は、伊勢神宮の近くに住む俗人に「我今度生死出離セズシテ、人間ニ生レバ、当社ノ神官ト生レテ、和光ノ方便ヲ仰グベシト」（六二〜六三頁）と語らせているように、人間界を生死出離していない世界として描いている。「巻四―七」と「巻四―八」は異相往生を期するペシミスティックな僧侶を描き、「巻十本―一」は、浄土房という僧侶の厭離の思いを称讃する。この「巻十本―一」については、笹田教彰註(3)前掲論文参照。

(36)仏教との値遇については、「巻五本―三」の「南浮ノ人身難レ受。コノ機ヲアヒ助ケテ、道行ヲ成ズベシ」（二〇五頁）の文をはじめ、「巻三―一」（一三五頁）、「巻三―七」（一六〇頁）、「巻三―八」（一六六頁）、「巻七―二五」（三三一頁）などにおいて頻繁に語られる。
(37) 例えば「巻七―一五　畜類モ心アル事」は、畜生も感情を持つことを力説する。
(38) 「巻九―一〇」は、『梵網経』を根拠に、六道の衆生は父母が輪廻したものだと説いて、殺生の抑止を説く。
(39) この視点については、平雅行註(33)前掲書二四七～二四九頁。
(40) 例えば「巻七―一一」では、妻子に鮎を食べさせないような慳貪な夫を批判し（三〇七～三〇八頁）、「巻八―八」では殺生をしたことがないと発言した修行者が虻を殺したことを嘲笑する（三四二～三四三頁）。「巻九―六」は、ある少年による親の敵討ちについて、それを称讃するのみで、全く批判しない（三七八～三八〇頁）。「巻九―八」では、ある僧侶が、白河院の天下殺生禁断の法令を破って魚を捕ったにもかかわらず、それが母親への孝養のためであったために許されたことを説く（三八二～三八三頁）。
(41) 「巻二―六」は「時料ノ為ニ耕作」した遁世者が、地蔵の方便により、「アレハ耕作シテ、多クノ虫ヲ殺ス者ヲ、敵トシテ誡ムベキモノ」と地獄の獄卒から言われた夢を見て耕作をやめた話（一一一頁以下）などを語っている。
(42) 新訂増補国史大系十二『扶桑略記』二一九～二二二頁。
(43) 大隅和雄「因果と輪廻をめぐる日本人の宗教意識」（大系仏教と日本人4『因果と輪廻――行動規範と他界観の原理――』春秋社、一九八六年、一四頁）。
(44) 「巻一―七」（七四～七五頁）、「巻八―一」（三三六頁）。註(29)参照。
(45) 三木紀人註(23)前掲論文。
(46) 拙稿「無住『雑談集』が描く支配と解放」（大桑斉編『仏教土着』法藏館、二〇〇三年、二一〇頁）。また『往生要集』も虚受布施堕地獄観念を説いていることについては、本書第一章四八～四九頁参照。
(47) 平雅行註(33)前掲書四六五頁。
(48) 「巻一―四」には、本来神社参詣のために死穢を避けるべき常観坊という僧侶ですら、幼い女たちの母親を陀羅尼で弔ったと説き、これを評価する話がある。松尾剛次氏は、この話を根拠に、当時の庶民が仏教による葬送を望んでいたことを指摘している（『救済の思想　叡尊教団と鎌倉新仏教』角川書店、一九九六年、七四頁）。
(49) 註(46)前掲拙稿。

第四章　『北条重時家訓』における宗教思想の性格

はじめに

北条重時は、鎌倉幕府において、六波羅探題や連署を歴任した幕府政治の中心人物である。「政治は社会的諸現象の集中的反映」と規定されるが[1]、重時が活動しはじめた時期は、重時の祖父時政や父義時による源頼家と実朝の将軍独裁制の克服、承久の乱の戦勝、重時の兄泰時による公家法に対する武家法『御成敗式目』の制定などに見られるように、北条氏の地位が執権政治、さらには得宗専制に向かって飛躍的に向上した時期にあたる[2]。かかる時期に、北条義時の三男として、建久九年（一一九八）に生まれた重時は、承久元年（一二一九）に小侍所別当として将軍九条頼経に近侍し、三十三歳になった寛喜二年（一二三〇）から六波羅探題北方を務め、五十歳になった宝治元年（一二四七）には、北条時頼と三浦泰村との宝治合戦を機に鎌倉に戻り、娘婿である執権時頼の連署に就任している。その後重時は、康元元年（一二五六）三月には五十九歳で連署を辞して出家し、弘長元年（一二六一）鎌倉極楽寺において六十四歳で死去することになるが、重時は、有名な『北条泰時消息』で『御成敗式目』の正統的な法意識を泰時から伝えられており、また重時の子息長時は六代執権を務めることになる。このように重時とその家系は、鎌倉時代における執権政治の中心的役割を担っていた。

本章では、以上のように重時が、武士の地位向上を体現していることや、鎌倉幕府の政治・軍事・法制を担う中心的な政治家であったことを重視しつつ、重時が作成した『北条重時家訓』（以下『重時家訓』と表記）から、その宗教思想の性格について見ていくことにする。重時が子孫に強制的に説いた『重時家訓』は、すでに北条泰時が、貞応三年（一二二四）に、得宗家を維持するために家令職や家法を定めているように[3]、家支配の重視が深まりゆくなかで作成されたが、重時が遺した家訓は二種類ある。一つは、『六波羅殿御家訓』（以下『御家訓』と表記）であり、これは「六波羅相模守教子息□□状」という内題を有することから、重時が相模守に任じられた一二三七年から六波羅探題を辞して鎌倉に帰還する一二四七年までの間に成立したと考えられている。もう一つは『極楽寺殿御消息』（以下『御消息』と表記）で、これは、その宗教思想の濃厚さから、重時が出家した一二五六年から死去する一二六一年までの間に成立したと推定されている[4]。これらは日本思想大系『中世政治社会思想　上』に収められ、その解説で、石井進氏から「中世武士層の生活と、そこに生きてはたらいていた思想のあり方をたずねる上に好個の資料[5]」と評価されている。先行研究も多く、『重時家訓』の内容を直接的に論じた研究には、桃裕行氏、筧泰彦氏の大著をはじめ、多くの研究があり[6]、また『重時家訓』を部分的に論じた研究からも、『重時家訓』の歴史的画期性が抽出されている。例えば丸山眞男氏は、平安時代の源為朝と北条重時とを比較し、『保元物語』で語られる源為朝は、不可避的に殺生を犯さざるを得ない武士としての立場に罪業観を懐きながら、来世を恐れ、かかる罪業観のなかで非戦闘者や動物だけは殺さぬよう努めていたという。これに対し重時の場合は、後述の『御消息』

四四条で、今生と後生とを区別し、今生で武士として忠勤に励むことにより、後生は極楽へ往生できると説いている。丸山氏はこれを根拠に、重時の、武士であること自体の罪業意識の希薄さと、武士としての自信の確立を見出しており、かかる宗教的罪業観の克服は、河合正治氏も指摘している。(7)

ところで『御消息』の宗教思想の検討に際して、従来の研究では、宗教的生活が鎌倉武士の現実生活と見なされなかったことに注意しておきたい。なぜなら従来『御消息』は、作者論とともに、宗教思想の存在により史料的価値が危惧されてきたからである。作者論の問題でいえば、『重時家訓』は、まず『御消息』のほうが、作者が北条時頼に仮託されるなどの問題を抱えたまま室町期から流布していたが、さらに昭和二十二年に桃裕行氏が、天理大学図書館で、著者「重時」の名を明示する『御家訓』を発見するに至り、『御消息』の作者が本当に重時であるかという問題がさらに浮き彫りになった。また宗教思想については、『御家訓』との共通性を根拠に『御消息』が重時の作であることを強調し、『御消息』の史料的価値を評価し直した桃裕行氏ですら、従来の『御消息』の活用状況について、「鎌倉武士の生活を考へる上に多少とも参考にされて来た」が、その「度合は決して多いとは云へない」。それは、この御消息の全体を蔽うてゐる濃厚な宗教的色彩によつて、武士の現実的生活の様相を窺ふことが出来ない」からだと回顧し、筧氏も、『御消息』と比較して『御家訓』を評価する際に、「その内容に仏教的色彩がなく、武士の現実生活が表われている」と述べている。(8)桃氏や筧氏が、「現実的生活」の語に、政治・法制・軍事などの世俗的事項に対する重時の日常的関与という意味を込めるのは妥当であるが、この語が「宗教・仏教・浄土教＝非現実」の意味を含有しているならば問題である。例えば平雅行氏は、参籠起請による裁判決着を命じた鎌倉幕府追加法第九三条や湯起請の存在をあげ、政治・裁判と宗教との未分離を根拠に、中世の多大なる宗教の影響力を明らかにしている。[9]本章は、かかる視点に学び、世俗生活と宗教思想との密接な関連を重視し、特に『御消息』を中心に重時の宗教思想の性格について見ていくことにする（なお『重時家訓』の引用では、日本思想大系21『中世政治社会思想　上』を使用する）。

一　『極楽寺殿御消息』における宗教思想の現実性

まず本節では、『御消息』が『御家訓』と同様に現実性や一般性を有していないかを検討しておきたい。これに際し本節では、**表1**で『御消息』の全百一箇条を、要約のうえ提示しておくことにする。**表1**最下列は、個々の条文の宗教性の有無をあらわしており、文字列表記はその浄土教的性格、「○」表記は浄土教以外の信仰、「×」表記は無宗教性を意味する。また（因果）などの丸括弧表記は、浄土教的用語を含むが、三世因果とは関連性がないことを示している。これによると『御消息』には、「×」表記される世俗的箇条が六十三条存在しており、ここからまず『御消息』の世俗的現実性が希薄だとはいいがたいことがわかる。

重時はまた、『御消息』四四条で（以後断らないかぎり、条文番号は『御消息』の条文番号を指す）、

人の年齢によりて振舞ふべき次第、廿ばかりまでは、何事も人の知るほどの芸能をたしなむべし。三十より四十・五十までは、君をまぼり、民を育み、身を納、ことわりを心得て、じんぎをたゞしくして、内には五戒をたもち、政道をむねとすべし。

表1 『極楽寺殿御消息』条文一覧

条数	条文名	宗教性
序文	親子の値遇と今後の輪廻を鑑みて、家訓に従うべき事	三世
一条	今生の奉公・後生の極楽往生のために、仏神を崇め正直の心を願うべき事	現当・極楽
二条	仏神の加護を鑑みて、一人の主人のみに忠勤すべき事	○
三条	現当二世の損を恐れて、大乗と一切沙門を敬うべき事	現当・地獄
四条	親が老ゆるとも、親の教訓に従うべき事	×
五条	老少を問わず、人を敬うべき事	×
六条	苦・楽の時を問わず、因果の理と生死無常を観ずべき事	（因果）
七条	人の集いでは、肴・菓子を人に多く取らすべき事	×
八条	料理の場では、自身のものとして、多くの料理を取るべからざる事	×
九条	長押の釘打ち、畳のへり踏みなどを避けて、万人や世を憚るべき事	×
一〇条	女房などへの酌においては、三足寄って跪き、三足退きて畏まるべき事	×
一一条	道の行き交いでは、荷付馬・女房・児など、貴賤を問わず道を譲るべき事	×（畜生）
一二条	忍びたる女房を凝視すべからざる事	×
一三条	道理の中の僻事、僻事の中の道理を心得て、人を助くれば、今生・後生の利益を得る事	現当
一四条	孔子・老子のごとく、教訓に従うべき事	○
一五条	難しくとも、心得たる人より経録を聴聞し、智恵を養うべき事	○
一六条	外出時の姿は、心ある人ににくまれぬよう、見苦しくすべからざる事 〈付　外出時は、よき程にいやしき人とも対話すべき事〉	×
一七条	扇は三本で百文の値のものを持つべき事	×
一八条	尋常ならぬ紋や色の衣裳を着るべからざる事	×
一九条	馬は高さ四尺三寸以下のものに乗るべき事	×
二〇条	自身の力が強くとも、人ににくまれぬよう、大きなる武具を持つべからざる事	×
二一条	分限に従いたる振る舞いを為し、分限に従いたる具足を持つべき事	×
二二条	傍輩が主人より勘当されし時は、我が身の事と思いて、傍輩の弁護を主人に申すべき事	×
二三条	人の隠し事は、好悪を問わず、他人に言うべからざる事	×

二四条	父の意を重んじて、継母と継子は争うべからざる事〈付　女人は因果を心得たる事〉	（因果）
二五条	下部に立腹して勘当する時も、たやすくは勘当せず、思慮の上勘当すべき事	×
二六条	わが下部と人の下部の相論は、人の下部の弁を重んずべき事	×
二七条	人との辞宜は、へりくだりて人を敬うべき事	×
二八条	年長者の前におきては、遊興・酒酔いの時も、度を過ぐべからざる事	×
二九条	他人の家では、壁に耳、天に目と思い、用心すべき事	×
三〇条	死者出来して歎きたる家の近くで、笑うべからざる事	×
三一条	傍輩との馬打ちは、三騎から五騎分の距離を保つべき事	×
三二条	騎馬打ちの距離は、半町を常とし、夜道・山道は、主人の下知に従いつつ用心すべき事	×
三三条	いやしき者が、道端に多くいる時は、案内（挨拶）を申すべき事	×
三四条	生ある物をあわれみ、いたずらに殺すべからざる事	×（畜生）
三五条	依頼事におきては人をよく斟酌し、他人の依頼は多く聞き、自身は少なく依頼すべき事	×
三六条	依頼事は、喜びて助け、助けざる時は誓文にて理由を申すべき事	×
三七条	後生の因果を恐れ、人に良く接し、他人の自身への好悪は先世の因と思うべき事	三世・因果
三八条	人の教訓に従うべき事	×
三九条	人に物品・役を依頼する時や、人から依頼さるる時は、実直にものを言うべき事	×
四〇条	物品購入は、一度で値を決し、高価は買わず、また安価に買いて商人を苦しむべからざる事	×
四一条	人を先世の親子、未来世の知人と思い、所領譲与の依頼を聞く心を持つべき事	三世
四二条	心得たることも、年長者に問うべき事	×
四三条	塞翁のごとく、何事もよき事、あしき事のあると思えば、後生疑い無き事	後世
四四条	六十までは忠君、撫民などに励み、その後は後生の地獄の苦を恐れ一遍に念仏すべき事	後世・地獄
四五条	子孫への報いと後生の罪を恐れ、貴命あるとも、殺生を避け、作物を損ずべからざる事	現当・（畜生）
四六条	朝に、胸のなかの仏を念ずべき事〈付　魚・鳥は親子の肉たること、十斎日に天が天下ること、出家の精進を鑑みて、精進すべき事〉	畜生・天
四七条	今生の子孫繁盛と、後生の極楽往生のため、仏神を崇め、正直の心を持ち、天魔を避けるべき事	現当・極楽・天魔
四八条	経は女人が成仏しがたしと説けども、女人は心深き性あるにより、念仏往生は疑いなき事	後世・極楽
四九条	やさしき心を持ち、男縁を多生の縁と思う女人は、男に好かれ、今生後生めでたかるべき事	三世

五〇条	一生不犯の聖に学び、妻は一人と定むべき事。他に妻を定むる罪は地獄に堕つべき事〈付　十斎日に女人に近づかば、その子は「かたわ」や親の敵になるの事〉	地獄（天）
五一条	仏神の前や僧侶との行き交いでは、戦場におきても、礼を致すべき事	○
五二条	主・親など目上者の見送りは、姿が見えぬ時まで畏まるべき事	×
五三条	人との行き交いで礼を致すべき事〈付　上位身分者には、即座に弓を弓手に持ち直して礼し、同身分者には、自身が敬われれば見送り、下位身分者には、自身が見送られれば馬を向けて礼し、相手が引き返さば少し見送るべき事〉	×
五四条	惣領は、仏神のはからいと前生の宿執を思いて、庶子・一門・親類を扶持すべき事	前世
五五条	庶子は惣領を主、親、仏、神と崇むべき事	○
五六条	天照大神が女身たることなどを鑑みて、女人や子息の意見を傾聴すべき事	○
五七条	閻魔の使いを恐れ、年頃を過ぐれば、浮世を離れ後世を願うべき事	後世・地獄
五八条	わが身をつねって他人の痛みを知り、科を犯すべからざる事	×
五九条	旅におきては、人夫や馬に重き物を持たすべからざる事	×（畜生）
六〇条	書状は、達筆の人に書かしむべき事。他者への披露なき自筆の書も仮名・真名などを弁えるべき事	×
六一条	代官を持たずして所領を願うべからざる事。また代官は一人に定むべき事	×
六二条	父祖の仏事や逆修は、堕地獄を恐れて、他人に賄いを煩わせず、世の常通りに行うべき事	後世・地獄
六三条	善根を誇り、人に劣らじと思わば、天魔の眷属となり、利益あるべからざる事	天魔
六四条	自身の心の善悪を省みて、他人のわろきを強ちに責むるべからざる事	×
六五条	勝負事を避け、勝負に負けし時は急ぎて相手に対処し、勝ちし時は相手を責むるべからざる事	×
六六条	自身の奉公人にあらざる者が、自身によく応対せる時は、理由あると思いて警戒すべき事	×
六七条	わずかな借り物もすぐに返し、不可能の時は詫びるべき事	×
六八条	傾城・白拍子に馴れ馴れしく話をすべからざる事	×
六九条	傾城を多く招く時は、見目わろき傾城も招き、喜ばしむるべき事	×
七〇条	家に帰還せる時は、蟇目（ひきめ）を射鳴らし、声を高くすべき事	×
七一条	訴訟では、いかなる事情も聞き、また上位身分者より、いやしき者の歎きを聞くべき事	×
七二条	仏道と思いて、物乞いには、即座に物・哀れみの言を与え、邪見すべからざる事	○
七三条	物を盗まるるとも困らざれば、自身の後世因果を恐れ、盗人を訴うるべからざる事	後世・因果
七四条	所領知行では、武士、百姓、百姓従者をいたわりて、いやしむべからざる事〈付　百姓に酒などを振る舞えば、百姓は公事に勇み出でくるの事〉	×

七五条	百姓に果物・作物の要用を申す時は、使者を送りて懇切に乞い、百姓をいたわるべき事〈付　自らが強要せざれば、百姓が自ら贈呈に参るの事〉	×
七六条	神仏のめぐみなどを鑑みて、優れた心を持つよう努むべき事	○
七七条	神明照覧と神国に住みたることを鑑みて、正直の心を持ち、人を欺くべからざる事	○
七八条	心せばしき様を人に見せず、天の与えと思いて、よき程に人に施すべき事	天
七九条	人の責めを受くるとも、口論すべからざる事	×
八〇条	旅におきて、二人連れとなりしときは、相手に本心を見せるべからざる事	×
八一条	酒宴におきては、下座にまで目をかけるべき事	×
八二条	今生の千倍の損や後生の堕地獄を恐れ、貪欲を戒め、盗むべからざる事	現当・地獄
八三条	盗人は、仏神の罰で損すと鑑みて、訴訟をいたさざれば、他人より称讃を得るの事	○
八四条	人が他人を盗人と訴うるとも、贓物（盗品）の証拠なくば、訴えを用うるべからざる事	×
八五条	唐の土地境界譲り合いの訴訟故事を鑑み、貪欲を捨て正直ならんと神仏にいのるべき事	○
八六条	畜生のかなしみを鑑みて、登坂では馬をいたわるべき事	×（畜生）
八七条	弓矢とりは剛の心と弓矢の儀理の二つを弁えるべき事	×
八八条	舟・川・山に慣れ、寒さ、暑さを堪うるべき事	×
八九条	戯れなりとも、人の喜ぶことを述べ、非難はすべからざる事	×
九〇条	武士をはじめ、いやしき女人に至るまで非難すべからざる事	×
九一条	川をわたる時は、人を先にわたし、河をわたりて後は濡れ衣を人に向けて叩くべからざる事	×
九二条	事に触れて世間をはばかり振る舞うべき事	×
九三条	博奕は便宜のために心得、止むを得ず博奕に参ずべき時は、人を欺くべからざる事	×
九四条	過失・不慮・悲歎の事あるとも、前世の報いと思いて、強ちに歎くべからざる事	前世
九五条	外出時は、同行者の二、三割の人々を先立てとすべき事。ただし弓矢の時などは場合によるべき事	×
九六条	神仏のめぐみを鑑み、人の大事のためには、勘当さるるとも、主人を諫むべき事	○
九七条	我が身を思うのみならず、人のため世のために、良きことを思うべき事	×
九八条	主・親の前において、袖に片手を入れ、大口で物を食うなど、尾籠の振る舞いをすべからざる事	×
九九条	人は正直の心をもって、危なき世をわたり、冥途では極楽に向かうべき事	現当・極楽
総括文	親の命の短きことを鑑みて、孝養と思いて家訓を用い、末の子孫にまで教訓すべき事	○

と、まず二十歳ぐらいまでは芸能、三十歳から五十歳までは忠君、撫民、修身、道理理解、辞宜（礼儀）、五戒、政道など、おもに世俗生活に対する教訓を説いている。そしてそのうえで重時は、六十歳になれば「何事をもうちすて、、一遍に後生一大事をねがふて、念仏すべし」と述べている。先述のごとく丸山氏が重視したように、この条は、今生と後生とを区別し、武士の世俗生活を肯定しながら、後生往生の確信を説いている点で、画期的性格を有している。またこの条文は、中世の人々のライフサイクルの典型と目されており、[10]老齢や病気で子孫に所領を譲った御家人に限って出家を許可した鎌倉幕府追加法一六九条と共通すること、重時が「抛万事、一心念仏」して死去したという『吾妻鏡』の記述と合致すること、[11]『御家訓』と『御消息』との相違に見える世俗生活から宗教生活への展開に重時自身が自覚的であることなどを示している点で、[12]『御消息』の現実性を示している。

また『御消息』の個々の箇条は、四四条が説く、二十歳から六十歳までの個々の教訓に相当するものが多い。それらの個々の教訓から、やや無限定な内容を有する修身と道理理解を削除したうえで、個々の条を分類したのが**表2**である。まず二十歳の芸能については、近年の武士論が、在地領主制論で見落とされてきた「兵《つわもの》の家」の職能を、武士の本質として見直しているように、[13]武芸がその本質をなすが、八七条は「弓矢の事はつねに儀理をあんずべし」と、武芸とこれに伴わせるべき理念を直接的に説いている。また「舟にも乗りならひ、川をも心得、山をもたちならひ、寒きをも暑きをもこらへならら」えと説く八八条も、単なる環境対応ではなく、富士川合戦前の斎藤実盛が、西国の平氏の弱点として、「夏はあつしと言ひ、冬はさむしときらひ候」ことを批判したと伝えられるように、[14]武芸の心得の一つとなる。また夜道・山道などでの、騎馬打ちの「用心」を説く三二条も武芸の一つにな

表2 『御消息』第44条による『御消息』諸条の分類

●20歳

○芸能	武具	20、21、53
	馬術	19、31、32、86
	弓矢の時の心得	51、53、87、95
	船・山・川・寒暑での鍛錬	88
	博奕	93

●30から50歳

○忠君	主	1、2、32、47、52、98
	惣領	54、55
	家・親	序文、4、24、52、98、総括文
○撫民	賤人	11、16、33、53、71、90
	女性	11、12、56、68、69、90
	財産等依頼人	35、36、39、41
	百姓	74、75
	若者・子ども	5、11、56
	下部	25、26
	傍輩	22（※傍輩は本来同等者だが、ここでは主人に勘当される弱者を意味する）
	人夫	59
	商人	40
	物乞い	72
	訴訟人	71
	階級不特定	13、37、58、62、64、73、78、81、83、96
○辞宜	上・同・下級者	53、74、90
	若者・子ども	5、11、56
	上級者	11、52、53、98
	年長者	5、28、42
	賤人	11、16、33
	僧侶	3、51
	女性	10、11、24、56
	階級不特定	7、8、9、10、27、30、37、65、67、91、92、93
○五戒	殺生禁止	34、45、46
	偸盗禁止	82、83、84、93
	邪淫禁止	50、68、69
	妄語禁止	23、39、68、77、79、89、90、93
	飲酒禁止	10、28、74、81（※ただし左記四条は、飲酒容認の条）
○政道	訴訟関係	26、71、73、83、84、85
	政道一般	13、61

●60歳（出家）

○出家		44、57

り得る。

また『御消息』よりも「現実的」とされた『御家訓』についての研究は、御家人の争いが絶えない時期において、『御家訓』が他人への配慮を重視していることを根拠に、重時の現実性や功利主義を指摘してきた(15)。しかし表2によると、『御消息』も、「いやしき人」・白拍子・「賤の女」・財産などの依頼人・百姓・下部・商人など、下位身分や弱者への配慮である撫民や、対等者や上級身分者への礼儀や挨拶を意味する辞宜など、他人への配慮を頻繁に説いていることがわかる。そして撫民観は、一方では、七四条や七五条で、百姓に親切にしておけば百姓は公事などに自分から貢献してくると述べるように、実利を得ようとする打算的で功利的な考えを伴っているが、他方では、五八条で「身をつみて人のいたさを知る」と、自分の痛みを知って他人の痛みを理解するように説き、六四条で「我が心」の「わろき」ことを内省し、他人の欠点を責めてはならないと説いているように、重時の衆生観は自身の内省を基軸としている。そして重時はかかる立場から、例えば四〇条では、商人は商業により生活しているのだから安価での物品購入は罪であると説き、また二一条では、自分と同身分である傍輩が主人から咎めを受けて弱者になった場合の配慮を説いているのである。

辞宜については、「我をうやまふ人のあらん時は、其人よりも猶したをうやまふべし。……いかにもじんぎ(辞宜)は人にかはらぬ事也」と説く一七条がその典型である。ただし五条が、上位身分である「おとなしき人」(年長者)と、下位身分である「若からん」者に対して、「いかにもうやまふべし」と説き、五三条も、人との行き交いにおける、上位身分、同身分、下位身分それぞれへの礼儀を具体的に説いているように、辞宜の教訓でも、撫民と共通する下位身分への配慮が説かれる。これらの条文の多さは、重時の諸身分に対する濃やかな配慮を示している。

その他の世俗的条文の中でも、食事での他人への配慮を説いた七条や八条、酌の方法を説いた一〇条は、主従関係を強める年始饗応として重要な垸飯[16]に関わる点で現実的であり、「代官をもたずして、所領をねがふべからず」という六一条は、所領支配と代官雇用という支配問題に焦点を合わせている点で現実的である。また先述の三二条や八八条と同じように、「人のもとへ行きたらん時は、……壁に耳、天に目の用心也」と説く二九条も、他人の家における身の保全を説いている点で、現実性を有している。重時はまた、浄土教を信仰しながらも、三〇条では家族を失った者の悲しみを察して、その家の近くで笑ってはならないと説いており、この教訓には単なるペシミズムとは異なった、重時の現実的な死生観と死者の家への濃やかな配慮が示されている。

四七条では、仏教と世俗的現実が両立することを明示している。すなわちこの条は、「仏法盛なれば万法さかん」と述べ、「万法」の具体例として、「天下」に召されることや弓箭で名をあげることをあげ、さらに「子孫繁昌何事かこれにしかん」、「仏法を本とせん人、子孫つぎにやなるべし」と説いている。つまり重時は、子孫繁栄を重要視し、そのために仏法繁盛の必要性を説いているのであり、この教訓は、出家後の重時が、必ずしも「何事もうちすてゝ」いるわけではないことを示している。

逆に重時は、若年期から宗教活動に携わっている。桃裕行氏が作成された重時の年譜を参考に[17]、重時と宗教との関わりを整理すると**表3**のようになる。中世にも、「わかき」公卿が陰陽道を冷笑したように、若年層の無神論的傾向があり得たが[18]、**表3**によると、重時の場合は、出家以前から、法要・夢告・祈禱・方違に配慮していたことがうかがえる。特に**表3**―②のように、重時が、在京の長時

表3　重時の宗教的行実

No.	年	月日	重時の宗教的行実	典拠
①	宝治元(一二四七)	9月5日	中宮藤原姞子の安産祈禱に際し、尊星王法の用途を奉仕。	『葉黄記』『門黄記』
②	建長元(一二四九)	9月下旬	北条時頼の連署として、延暦寺での天下呪詛の首謀人捕縛を六波羅の長時に命令。	『古文書雑纂』(『大日本史料』第五編之三十一、二九一頁)
③	建長二(一二五〇)	3月13日	源頼朝を夢見して、謀反のことを示され、特別に法華堂で仏事勤修。	『吾妻鏡』
④		5月9日	北条時頼第における将軍藤原頼嗣の方違に参会。	『吾妻鏡』
⑤		7月11日	結縁のため、勝長寿院の法会に参会。	『吾妻鏡』
⑥		11月29日	時頼の連署として、諸社の鷹狩を禁制。	鎌倉幕府追加法二七一条
⑦		12月5日	時頼妻の安産祈願のため、時頼とともに、御分国、荘園で殺生禁断を実施。	『吾妻鏡』
⑧		12月13日	鶴岡別当隆弁の時頼妻安産祈禱に際し、如意輪護摩の雑掌に就任。	『吾妻鏡』
⑨		12月29日	時頼とともに、頼朝・実朝・政子・泰時の墓を巡詣。	『吾妻鏡』
⑩	建長四(一二五二)	2月20日	時頼の連署として大弐法印の祈禱に賞を与える。	『東寺百合文書』
⑪		3月16日	時頼の連署として、宗尊親王東下の祈禱について護持僧等を決定。	『吾妻鏡』
⑫		5月17日	宗尊親王の方違を評議。	『吾妻鏡』
⑬		7月24日	宗尊親王の方違のため御所に参会。	『吾妻鏡』
⑭		8月6日	宗尊親王の病に際し、祈禱のことを評議。	『吾妻鏡』
⑮	建長五(一二五三)	正月8日	幕府恒例の心経会に参会。	『吾妻鏡』
⑯		4月26日	檀那として、信濃国善光寺修造の供養を遂行。	『吾妻鏡』
⑰		8月15日	鶴岡放生会に参会。	『吾妻鏡』
⑱	建長六(一二五四)	10月6日	時頼の妻(＝重時女)の女子出産に際し、験者清尊僧都に禄を送付。	『吾妻鏡』
⑲	建長八(一二五六)	正月14日	清原教隆に触穢について尋問。	『吾妻鏡』
⑳		3月11日	連署を辞職。落飾して法名「観覚」を名乗る。	『吾妻鏡』
㉑	弘長元(一二六一)	6月16日	6月1日ににわかに病み、以後毎晩発病。11日以降、若宮僧正により加持され、16日に、22日の平癒を予測される。	『吾妻鏡』
㉒		6月25日	病平癒を受け、若宮僧正へ礼物を送付。	『吾妻鏡』

に呪詛首謀者の捕縛を命じていることは、宗教による暴力が政治的問題に展開するという事実を示している[19]し、表3—③のような、源頼朝の夢告による仏事の執行[20]は、夢告による死者との対話の影響力を示している。このように重時の行実には、重時が出家の前後にかかわらず、宗教思想と世俗的な現実思想とを両立させていることがうかがえるのである[21]。

重時の現実的性格は宗教思想のみに限ってもうかがえる。すなわち六二条には、

親・祖父の仏事をしたまはん時、一紙半銭の事にても、人のわづらいを申させ給ふべからず。……一紙半銭も人のわづらひにも候はゞ、善根みなほむらとなり、人をとぶらはゞ、いよ〳〵地獄におち、又我が逆修などにも、今生より苦あるべし。たゞ我涯分にしたがはん程の事を、善根をばし給ふべし。よのつねの事にも、すこしもたがふひが事は、仏・神にくみ給ふ事也。……たとひ兄弟となどが、我は親の仏事をするに、「せずとも、わづらはしや」など思はるゝやうに聞ゝ、しれ事・うらみごと申べからず。きげんよきところに、「あはれ〳〵うたてしきかな、過分までこそなしとも、かたのごとく心ざしし給へかし」と、おり〳〵教訓申て、我は身をすてゝ、すべし。

とある。このように重時は、先祖の仏事に関連して、当時の宗教観を三種に分類している。第一の宗教観は、小額とはいえ他人に迷惑をかけてまで追善や逆修を行う、「よのつね」に背く宗教観である。第二には、親の仏事を「わづらは」しいと思う宗教観であり、この発言は、親の恩と後世の存在を軽視する、鎌倉時代の無神論者の存在を示している。重時はこれら二つの宗教観を批判し、「よのつね」のこととして、「我涯分にしたがはん程」の「かたのごとく」志をする立場を、自身の宗教的立場としている。このように重時は、過剰な法要や無神論的態度を避けながら、後世の存在を前提とす

る自身の宗教観が常識的であると考えていたのである。

もっとも、『御消息』から鎌倉武士の戒律重視を指摘した速水侑氏が、宗教理念は武士の社会倫理と同一ではない場合もあると述べるように[22]、武士の戒律重視という宗教性が、その世俗的倫理と矛盾する場合がある。例えば重時が、四四条で禁酒を含む五戒をたもつよう説いたことが、酌の作法を説く一〇条や、酒の座敷では人が喜んで酒を飲めるよう末座まで配慮せよと説いた八一条と乖離するのはその一例である。しかし後年、第九代執権・北条貞時を諫めるために中原政連が著した『平政連諫草』の第二条が、禁酒努力の先駆者として重時を掲げているように[23]、重時は可能なかぎり持戒に努めていたようである。したがって、『御消息』の内容は、世俗生活に関しても、宗教生活に関しても、重時の真意をあらわしていたといえる。

二　北条重時の宗教的立場

次に重時の宗教的立場を見ていきたい。まず重時の宗派的傾向を見ておくと、**表1**で「三世」と表記した序文や三七条や四一条に見られるように、重時の浄土教的三世因果の重視は一目瞭然である。ただし重時の宗教思想は、浄土教とこれ以外の信仰とが同居している点に特徴があり、**表1**の「〇」印を付した条文はそのことを示している。このことは顕密主義という諸宗兼学が推奨される宗教状況においては自明のことである。桃裕行氏も自身の『重時家訓』研究の経過を経て、後年、法然の高弟証空の弟子である宗観と重時との関わりを指摘し、浄土宗西山義の影響を明らかにしたが、研究当初は『御消息』の浄土思想に留意しつつも、重時の居住地・極楽寺との関係から、むしろ忍性の真言律との関係を強調していた(24)。また筧氏は、後述のように八五条と明恵との関係を重視している(25)。これ以外にも、一四条は、「孔子」や「老子経」、すなわち儒教や道教によって教訓の重要性を力説している。また五六条では、天照大神が女性だという神祇信仰を根拠に、女性に敬意を払うべきだと説き、七七条でも「神国にありながら、心ゆるみなば、いかで神明の御心にかなふべき」と述べるように、神祇信仰や神国思想を根拠に、正直な心を持つべきだと説いている。

しかし近年の鎌倉都市論は、鎌倉における浄土宗西山義の影響を明らかにして(26)、桃裕行氏の説をさらに補強することになっている。宗観を詳細に知るための材料は乏しいが、西山義証空の教義については多くの研究蓄積がある。ここではそれらの研究に拠り、重時の思想に影響し得た証空思想の性格を二点述べておきたい。一つは「弥陀理性法界遍満説」といわれるような、阿弥陀仏は念仏者の心に内在すると説く汎神論的な教義であり(27)、この教義には、本覚思想の影響も指摘されている(28)。そしてこの教義の重時への影響は四六条に見える。重時は「人の胸のうちには、蓮華候て其上に仏をはします。朝には手・顔をあらいて心をきよめ、かの仏を念じ申べし」と、胸中における仏の内在を説いており、この発言には西山義の影響があらわれているといえる。とはいえ後述のごとく、重時は三世観を中心に浄土教を理解しており、仏は胸中に内在するという汎神論や唯心論が、日本の中世において絶対的な浄土信仰ではなかったことは留意しておかねばならない。二つには、戒律を重視する性格であり、この性格は、法然の鋭い廃立観を若干弱めたものと評されているように(29)、専修念仏から顕密主義への妥協が見られる。重時が、浄土教と多様な信仰を、矛盾なく受容できた理由も、西山義のかかる融和性と戒律重視の性格によると考えられる。

また重時は、出家して、熱心に自身の信仰について綴っているが、自身を、あくまで仏教の受容者（客体）であり、宗教の非専門家として位置付けている。重時のこの立場は、第一には教義観からうかがえる。例えば、一五条は自分で読むことはなくとも、心得た者から経録を聴聞せよと説いており、この条は、宗教受容者としての重時が、宗教の教義を本来難解なものと考えていたことを示している。

重時の受容者としての立場は、第二には僧侶観からうかがえる。すなわち、重時は三条で、僧侶の「よきあしき」を詮索せずにすべての僧侶に敬意を払うべきことを説いている。また五一条は、僧侶に出会えば、合戦の場でも僧侶に敬意を表すべきことを説いており、このことは、武士が悪僧強訴を制御する場合などに、実際に注意せねばならなくなる(30)。また重時は、僧侶の持戒を絶対視することにより、在家の持戒の必要性を述べ、あるいは若干の破戒を容認する。すなわち四六条は、出家者が常に肉食せぬことを前提に、六斎日や十斎日は在家も肉食を慎むべきだと説いている。また五〇条では、聖が女性に対して「一生不犯」であることを期待し、在家は、妻を一人に定めるように努め、六斎日や十斎日には女性に近づいてはならないと説いている。速水侑氏も指摘するように、重時にとって、「僧侶は、つねに清浄でなければなら(31)」ず、僧侶に持戒を期待し、そのうえで、在家の持戒の限界を認識していたのである。そして以上のような武士の僧侶に対する敬慕は、ゆるやかながらも(32)、被支配者層の立場を有する武士が寺僧から支配されるという、石母田在地領主制論の図式を思い起こさせるものがある。

しかし重時が宗教の客体であることは、決して重時の宗教的立場の低劣性を意味するものではない。

例えば四八条は、「経文には、女は仏になりがたきと説かれたれども、八歳の竜女をはじめとして、女、仏になり給ふ事、その数を知らず」と説いて、女性の成仏を確約しているように、女性蔑視をなす教義を主体的に否定して、女性の宗教的地位の向上に努めている（表2でこの条を「撫民」の「女性」の項目に含めなかったのも、この条が、女性が弱者であるという観念を克服しようとしているからである）。また武士が客体の立場に立ち、持戒を標榜する僧侶や寺社勢力に敬意を払っておけば、逆に僧侶の持戒標榜を逆手に取って持戒せぬ僧侶を批判できることになる。実際に重時は、三条で認識するような「あしき」沙門を武力鎮圧する立場にあった。例えば六波羅にいた重時は、文暦二年（一二三五）七月、鎌倉幕府追加法九〇条により、京における念仏者の「不当濫行」を停廃するよう命じられている。そしてこの「濫行」は、同月に鎌倉の専修念仏禁圧を命じた、追加法七五条の「或喰魚肉、招寄女人、或結党類、恣好酒宴」に相当するはずであり、これは、僧侶は肉食をせず女性に不犯であるという重時の理想に抵触する。また持戒を標榜する僧侶が武装をすることも戒律に反するが、同年正月の追加法七〇条で、重時は、泰時から「僧徒兵杖可令禁遏事」を伝えられている[33]。僧侶が武装を批判されて負目を懐く風潮は、鹿ケ谷陰謀発覚時に子息重盛から武装を批判された平清盛（出家者としては浄海）の沈黙に見られるが[34]、武士が受容者の立場を標榜すれば、僧侶の持戒標榜を逆手に取り、武装解除を進めることができる。元亀二年（一五七一）の織田信長による比叡山焼討ちは、軍事政権による僧侶の武装解除の典型的事例であるが、権門体制下における鎌倉時代の受容者による僧侶への畏敬は、単に仏教の受容者が支配される論理になるのみならず、受容者が僧侶を監視する論理にもなり、さらにはこれが、出家と在家の倫理性を止揚する論理になっていたのである。

三　政治思想と宗教思想

1　法意識と宗教思想

本節では、政治思想と宗教思想との関連から、『御消息』の現実性について見ていきたい。

重時は『御成敗式目』の精神を家訓に反映させている。それは、「神者依二人之敬一増レ威人者依二神之徳一添レ運」と述べて、神社や寺院への崇敬とその修補を命じた『式目』第一条・第二条と、「神は人のうやまうによりて威を増し、人は神のめぐみによりて運命をたもつ」と教訓した『御消息』一条との共通性にうかがえる。『式目』第一条・第二条[35]については、かつて三浦周行氏が「当時の神事・仏事を尊重する信仰上の観念」と説明したような信仰的側面を強調する説や、後に石母田正氏が、単なる信仰の反映ではなく関東御分国における鎌倉幕府独自の祭祀権の法による確定と説明したような、政治的側面を強調する説があるが[36]、『御消息』は、『式目』の精神が宗教思想と関連した場合を伝えている。

例えば重時は、宗教思想を、当事者主義や弾劾主義と呼ばれる中世の法制度との関連で説明している。当事者主義とは、「獄前死人無レ訴者無二検断一」の法諺に端的に示されるように、当事者が訴訟に及ばねば加害者は警察機関から検断されないという、中世法独自の慣習であるが[37]、重時は七三条で、自分に大きな損害を与えていない盗人を訴えて苦しめた者は「後世に因果」に苦しむと述べ、八三条では、盗みを犯した者は、訴えられずとも「仏・神の罰」に苦しむと述べている。このように重時は、当事者主義という世俗権力の限界を補完し得るものとして、宗教的懲罰を説くのである。

重時はまた、所領争いの調停者としての立場から三世観を受容している。すなわち重時は四一条で、人の心をもつべき事、ある人、たゞ人の用を中にいたむことなし。たからをこはる、にはいたまず、所領を人のほしがるにとらせけり。其の時此事上へきこえて、彼人を召して心を尋らる、に、「先世にて人に用をこそ申つらめと思ひ候程に、それを返すと心得ていたみなし。さいほうさのごとく所領とらする事、昔を思ふにたれか親子ならずと申人候。又未来を思ふに、又誰か他人ならん。……菩提心を起こさんには、……我がたからを惜しまず」と申しければ、賢人なりとて、天下に召出されたてまつる事をも心にうれふる事なし。心をばかやうにむけ給ふべし。

と、現世の他人は、先世の親子や未来世の知人だという考えを根拠に、他人に所領や財産を譲る「ある人」を称讃し、正しい心を持つよう説いている。かかる先世の恩を説く教義は『心地観経』に見られ、中世の浄土教的世界観を体系化した『往生要集』にも引用されているが[38]、この四一条は、当時の三世観が、所領観との関連で受容されていることを示している。

重時はまた、八五条で、「唐土にくろ（畔）をさると申ことのありし也。我は「そなたへつけ給へ」と申、人は「我かたへつけよ」と申」という、周の文王の時代の訴訟の故事を根拠に、土地の譲り合いを理想として説いている。筧泰彦氏や山本幸司氏が指摘するように、この条には、明恵が重時の兄泰時に仏教を説いたことを描いた『渋柿』の影響がうかがえる[39]。重時は、所領争いを緩和するために明恵の教示を重視していたのであり、法制史研究の立場から八五条と『渋柿』との関連を論じた山本氏は、これらの関連には、当時の「訴訟行為自体への嫌悪感」と「徳治主義イデオロギー」の理想が反映していると指摘している。[40]

また日本の中世では、生死と涅槃など二元分別的思考の超越を追究する本覚思想が、社会に多大な影響をもたらしていたが、重時は、この本覚思想と、証文や証言などの実質的審理を重視せずに正邪を判断する「入門《いりかど》」という裁判理念[41]との関連を示している。すなわち『御消息』一三条は、「道理の中に僻事あり、又僻事のうちに道理の候」と、状況に応じた行動をなすべきだと述べているが、これは裁判理念に影響し得るものである。例えば古代や中世では、本来、所領相論に不利である者が、その土地の権利を認められたという話が伝えられている。『古事談』における藤原顕季と源義家の弟・源義光との所領相論はその一つであり、二人の所領相論は、本来、藤原顕季のほうが有利であったが、顕季はその土地がなくても生活に困らないが、源義光はその土地を「一所懸命」の土地として重んじているので、白河院は理非に拠らずに、義光にその権利を認めたという。[42]また『吾妻鏡』建久四年（一一九三）五月七日条は、梶原朝景と大江行義の娘との美作国の所領相論について、朝景の主張は道理に適っていたが、行義の娘はその所領がなければ困窮するのに対し、朝景はその所領がなくとも困らぬので、頼朝は朝景に「忘レ理」所領を返すよう説得したと伝えている。

このような相反する二つの主張から、よりよい裁許をもたらす話は、『沙石集』「巻三」が、北条泰時の裁判説話として説いており、『沙石集』研究は、これを根拠に、裁判における本覚思想の影響力を指摘している。[43]そして鎌倉幕府の裁判理念を体現する重時が、道理と僻事を重視していることは、本覚思想が、当時の裁判理念を一つの条件としながら社会に影響していたことを示しているといえる。

2　武士団支配と宗教思想

重時は、武士の人的支配関係についても、宗教によって説明している。表2の「忠君」の項で分類したように、重時の武士支配観の諸特徴は、主人への奉公を義務付けた主従制、[44]惣領のもとに庶子を一族として団結させる惣領制、[45]家長たる親を頂点とする家支配[46]に分類できる。

重時が忠君の対象として第一に説くのが主である。例えば一条は、仏神に正直の心を得られるように願えば、今生では人に用いられ、後生には西方極楽に参ることができると説いて、雇用されることの重要性を説いている。ところで主とは、一義的には鎌倉幕府の征夷大将軍を意味しようが、いささか規定が難しい。例えば二条は、奉公の際には、多数の主に仕えず一人の主のことだけを大事に思うべきことや、主に覚えてもらえなくても、仏神がその忠勤ぶりを照覧していると考えて忠勤に励むべきことを説いている。重時のこの教訓は、武士が多数の主を持ち得ることや、[47]自身の子孫が主に覚えられないような下級武士になり得ることを想定しているようである。

これに対し重時が武士支配として明確に規定するのが惣領制である。重時は五五条で、

庶子として思ふべき事、いかに我は親のもとよりゆづり得たりとも、扶持する人なくば、たからに主なきがごとし。たゞ惣領の恩と思ふべし。されば主とも、親とも、神・仏とも、此人を思ふべし。たとひ庶子の身にて君にみやづかふとも、惣領の義を思ひ、われ格別と思ふべからず。たゞ君と兄とを同じうすべし。……ふるきことばにも、「六親不和にして三宝の加護なし」といへり。

と、庶子が惣領に対して忠誠を尽くすべきことを説いている。この条の中でまず注目に値するのは、兄が惣領に相当すると規定されていることであり、この場合の惣領は、具体的には、重時にとっての泰時の家系、重時の子では、時茂や義政にとっての長時を意味し得る。そして重時は、すでに『御家訓』の唯一の宗教的箇条である第一条で、「仏・神・主・親」への崇敬を説いていたが、この五五条は、その崇敬すべき対象に惣領を加えているのである。また「君にみやづかふとも、惣領の義を思うべきだ」というような、主人以上に、惣領を重視するよう命じた教訓は、鎌倉将軍と北条氏が対立し得るという執権政治の「現実性」を見据えたものである(48)。重時はまた、庶子が惣領に忠誠を尽くすべきことを、「六親不和にして三宝の加護なし」という仏教思想によって説いている。重時はこの出典を明示していないが、例えば『沙石集』「巻九―四」は、当時の父子、兄弟、親類同士が問注対決などをしている状況を、『仁王経』の「六親不和天神不祐」という経文を根拠に批判しており(49)、惣領制を重視する鎌倉時代において、六親の和を説くこの教義は、広く受容されていたようである。重時はまた五四条で、「惣領たる人は公方をつとめ、庶子を心やすくあらすべし。……仏・神の御はからいあり。又は前生の宿執あるらんと思ひて、よきをばよきにつけ、あしきをば我見すて、はたれか他人は扶持すべきと、ことにあはれみふか〻かるべし」と説いている。このように重時は、惣領の責務が公方（石井進氏によると「将軍に奉仕する役」）を務めることにあるとともに、仏神のはからいや、前生の宿執という前世観を根拠に、惣領は善し悪しを問わずに庶子を扶持せよと説くのである。

次に家支配と仏教との関連である。重時の家支配の重視は、まず重時が、家訓を作成していることや、親への崇敬を説いていること自体にあらわれている。また重時は『御消息』の序文で、「たま〳〵

生れ」あったことや、将来「多生曠劫」にわたって会えなくなるという、輪廻観や値遇観を前提にして、子息に対して家訓を重視するよう強制している。値遇観による社会規制は中世において頻繁に見られるが[50]、中世法の中枢にある重時が値遇観を重視していることは、値遇観の影響力の大きさを示していよう。また先述のように、重時は、四七条で子孫繁盛のために仏教崇拝の必要性を説いているが、逆に宗教的理由を優先させて、家の繁盛の必要性を説いている場合もある。すなわち五七条には、「子なきもの、罪のふかきは、後生をとぶらはざる事」とあり、この記述は、重時が、自分の追善仏事を優先視し、これを可能にするために子孫繁栄を願っていたことを示している。

以上のように、三世観を中心とした信仰は、武士の支配との相互関連で受容されていたのである。

四　北条重時の浄土教的世界観

すでに、重時の思想が、浄土教を中心とした宗教思想により特徴付けられていることを見てきたが、この節では、重時の六道観と極楽観について検討しておきたい。これに際し、**表1**の最下段の浄土教的要素を基軸に、それぞれの条を分類した**表4**を参考にしたい（**表4**では「前世」の項目に「三世」の条文も含め、「後世」の項目には「三世」と「現当二世」の条文も含めた）。なお重時は、餓鬼と修羅については語っておらず、六道の中で検討できるのは、天・人・畜生・地獄のみである。

天　重時の天観念の特質は、まず六斎日や十斎日との関連で具体的に言及されていることである。六斎日や天観念を基軸とした殺生や暴力の制止は長い歴史を有するが[51]、重時も、四六条では「魚・鳥

表4　『御消息』浄土教的箇条分類表

●他界観

極楽	1、47、48、99
天	46、(50)、78
天魔	47、63
畜生	(11)、(34)、(45)、46、(59)、(86)
地獄	3、44、50、57、62、82

●三世因果観

三世	序文、37、41、49
現当二世	1、3、13、45、47、82、99
前世	序文、37、41、49、54、94
後世	序文、1、3、13、37、41、43、44、45、47、48、49、57、62、73、82、99
因果	(6)、(24)、37、73

は父母・親子の肉《しゝむら》なりと申。あながちこれらをこのみ給ふべからず」といい、六斎日や十斎日には「諸天あまくだ」るから肉食をしてはならないと説いて、天の実質的脅威を説いている。また五〇条では「六斎日・十斎日に女に近づくべからず。此日子生ずれば、その身かたわにあるべし。又親の怨敵となる也」と、六斎日や十斎日に女性に近づいて生まれた子どもは、障害を持ったり親の敵になったりするから、女性に近づいてはならないと説いている。

また、天の具体例として「天魔」の存在がある。この天魔は「他化自在天」(第六天)にある「魔道」のことであり、[52]地獄と同じように、中世の人々に脅威を与えていたが、重時は、子孫繁栄のために仏教の意義を説く四七条で、「仏・神は人をわろかれと思給ふべからず。天魔人をよかれと思ふべからず」と、人をよく思わない存在としての天魔に言及する。また六三条では「大善根をするとも、我はよくしたりと思ひ、又人に劣らじと思ふ心候はゞ天魔の眷族」になると説いて、善行を誇る者を天魔に相当させ、これを批判している。

人　既述のように、重時は、三世観を前提にして人の世界を把握している。そして重時が人の世界において特に重視するのが「正直の心」である。すなわち、冒頭の一条では「仏・神の御前にまいりては、今生の能には、正直の心をたまはらんと申べし。そのゆへは、今生にては人にもちゐられ、後生にては必西方極楽へまいり給ふべきなり」と述べ、末尾の九九条でも、「人間界の人は、正直の心をもちて、あぶなき世をも神・仏のたすけ渡し給ふ也。此心のよるところは、冥途の旅にむかはん時、死出の山の道をもつくるべし。三途の川の橋をも渡すべし」と述べる。このように、重時は、「人間界」を、「冥途」と対比される一個の宗教的世界と把握しつつ、人の世における「正直の心」の重要性とこれによる極楽往生を説くのである。

ところで重時は、すでに『御家訓』一条で、「因果ノ理ヲ知リ、後代ノ事ヲカヾミ」るべきことを説いていたが、この「因果」や「後代」には、研究史上で異なった解釈が出されている。すなわち、桃裕行氏は、『御家訓』第一条を「因果の理を知り、後生の事を鑑みるべきこと」と解釈し、「後代」を死後の世界と解釈しているようである。(53) これに対し筧泰彦氏は、この条を「善果を得よ、との教」と解釈し、三世観を重視しながら「因果」について論じた高木豊氏も、この条については、『御消息』に対する「宗教的色彩」の希薄さを指摘し、三世観との隔絶を指摘している。(54) これらの見解の相違には、「現報、生報、後報」の相違があらわれている。宗教史研究では「現報」の重視を古代的な因果観、転生後の報いの重視を中世的な因果観と位置付けてきたが、(55) 世俗性が強い『御家訓』の「因果」「後代」の意味は、現報的性格が濃厚である。

しかし『御消息』が、六道の一つとして「人」の世界を説く時は、ほとんどの条が三世観を前提にして現世について説明している。もちろん、六条と二四条の「因果」は、「現報」の可能性を残しているため、**表1**や**表4**で「(因果)」と丸括弧表記したが、三七条は「今生に人にわろくあたれば、又後生に人にわろくあたられ、すへの因果つくべからず。今度の因果を果たしとゞむるやうに、わろき人にもよくあたり給ふべし。人のよくば我が先世を悦び、人のわろくば又先世をうらみ給ふべし」と、三世を前提とした因果観を根拠に、人によく接すべきことや、他人からの嫌悪は「先世」をうらむべきことを説いている。また前世重視の因果観は、「前生の宿執」を根拠に惣領は庶子を扶持すべきだと説く五四条や、現世の「不慮の事」は「前の世のむくい」と説く九四条に見られる。さらに重時は、現世と来世の現当二世観も頻繁に説いており、例えば四五条は、動物や人に悪く接したならば「子孫にむくう。今生にもそれほどのくるしみあり。後生にても罪なるべし」と、今生の苦しみ（現報）とともに、後生の罪業についても説いている。これらの記述は、『御消息』の三世観の中世的性格を示している。

畜生　**表3―⑥・⑦**に見られるように、中世の畜生観は、仏教教義が殺生禁断という政策に展開する点で重要な意味を有するが、輪廻観を前提とした畜生描写は先述の四六条に見られ、この条は、「魚・鳥は父母・親子の肉《しゝむら》」と説いて殺生を禁じている。かかる畜生は親しい者の生まれ変わりであるという思想は、『沙石集』[56]に頻繁に説かれており、例えば「巻九―一〇」は、『梵網経』を典拠にして、このことを説いている。また、**表1**や**表4**で、「(畜生)」と丸括弧表記したように、重時は、輪廻観とは関連させずに畜生観を語る場合があるが、そこでも畜生への配慮が説かれる。すなわち三四条では「生ある物」への「あわれみ」を持って、「いたずら」（無駄）な殺生を制止し、虫に至るまで、「身にかへても」助けるよう説いている。また四五条では、「一寸の虫には五分のたましゐとて、あやしの虫けらも命をばおしむ事我にたがふべからず」と述べ、「貴命」により鷹狩などをしても、できうるかぎり殺生の悪業から離れよと説いている。先述のように重時は、主従関係を重視しているが、それにもかかわらず、虫が命を惜しむのは人間と同じであり、不殺生のためには、主人の命令をなるべく拒否せよと説くのである。このように重時は、殺生や暴力を職能とする武士の卑下を克服しながらも、それと同時に、可能な範囲で無駄な殺生を留めるように努めており、かかる無駄な殺生の抑止こそが、仏教の流布の最も実り豊かな状況を示しているといえよう。

地獄　重時は頻繁に地獄について言及している。まず三条は僧侶や大乗仏教を誹謗することについて、「後生にては鉄《くろがね》のはしにて舌を抜かれ、苦痛たとへがたし」と述べ、地獄の獄卒の懲罰を説いている。五〇条は、妻を一人に定めない者が、地獄に堕ちると述べている。また、五七条は「ゑんまの使のがれぬかぎりあるべし。とし過ぎて後世をねがひたまはぬ人をば、神・仏にくみ給ふなり」と、地獄の閻魔の恐怖を前提に、年老いても後世を願わぬ者を批判している。この高齢者への欣求浄土の強制は、四四条でも「六十にならば、何事をもうちすてゝ、一遍に後生一大事をねがふて、念仏すべし。……おそろしき哉や地獄のくるしみ、今生の夢みる程の事だにも尽きず、まして地獄におちて大苦悩をうけて、なんこうと申事もなく、かなしからんはいかばかりぞ」というように、地獄の苦悩や長寿などとの関連で力説される。また八二条は「貪欲の心にて、一紙半銭の物にても、ゆへなき物をとりぬれば、今生にては百倍・千倍の物をうしなひ、後生にては地獄におつべし」と、貪欲で盗みを犯した者を地獄の対象としている。これらの地獄観には、日本の浄土教的世界観を体系化した『往生要集』の影響がうかがえる。『往生要集』は『御消息』三条が説くような大乗誹謗について、八大地獄と呼ばれる八種の地獄の中で、最も恐るべき阿鼻地獄に堕ちると説明している。また五〇条が説くような、二人以上の女性を妻に持った者の堕地獄については、『往生要集』は直接的には説かないものの、類似するものとして、第三の衆合地獄の「忍苦処」の描写で、「他の婦女を取れる者、ここに堕ちて苦を受く」と説いている。(57) また『往生要集』は、八二条が説く盗人を、第二の黒縄地獄から第八の阿鼻地獄までの対象としている。

封建社会における地獄観を考えるうえで、きわめて重要なのが第六二条である。すでに引用したように、この条は、仏事のための出費でわずかでも他人を煩わせたならば、追善された者が地獄に堕ちたり、逆修した者も来世で苦しんだりすると説いている。『御成敗式目』第二条が、寺用を貪る者への追放刑を成文化したり、『沙石集』が、仏事を理由にした搾取を悪趣の対象にしたりしているように、(58) 当時の人々は、仏事が所領内の人々を苦しめることに自覚的であった。そして、封建支配者の立場と仏教受容者の立場を併せ持つ重時が、このことを自覚していることは、当時の封建領主にしても仏教受容者にしても、仏事による搾取を認識し、これを制止しようとしていたことを示している。

極楽　すでに触れてきたように、重時は一条や九九条で、今生における正直の心が、極楽往生につながると説いている。特に重時は、九九条で「死出の山あしき道にてなかりけり」、「三の河うれしき橋となりにけり」とまで述べて、死後の極楽往生に対する確信を述べている。このような重時の極楽往生への確信には、重時の武士としての職に対する自信が如実に反映しているのである。

むすび

中世の宗教は、政治や法制と一体性を有している点で、広範な影響力を有している。武士最古の家訓として著名な『重時家訓』には、そのような政治と宗教との関連が語られている点で、宗教史研究からも看過できない性格を有している。若年期の重時が、世俗生活において現実主義的な人物であったことは、『御家訓』研究が明らかにしてきたことであるが、重時は『御消息』でも、三世観を中心とした自身の宗教観を、「よのつね」の宗教観と考え、これを世俗的現実との関連で説明している。

封建領主層の立場と、仏教受容者の立場を併せ持つ重時は、宗教史を考えるうえで、様々な材料を提供している。重時が、呪詛を理由にして人を捕縛したり、夢告を受けて仏事を行ったりしていることは、宗教が、政治権力の行使に直結し得ることを示している。また若年期の重時は、現報を重視し、晩年でも、浄土宗西山義の影響を受けて、仏は自身の心中に内在すると考える一面を有していたが、重時の浄土教は、本質的には三世観を前提としており、これにより、法制度や武士団の支配を説明している。ところで平雅行氏は、浄土教や、これを前提にした殺生堕地獄観念を、宗教領主が殺生を生業とする者を支配するためのイデオロギーとして位置付けており(59)、封建制における浄土教の特質を指摘した平氏の研究には教示を得ることが多い。ただし重時にとっての三世観は、単に、封建領主の搾取手段になったり、世俗者を呪縛したりするだけのものではない。例えば重時は、仏事を理由に人を苦しめる者こそが地獄に堕ちると述べているように（六一条）、仏教の名による収取活動を批判できる目を有している。重時はまた、戦場における寺社や僧侶への礼儀を説いて、武士としての立場と信仰とを併存させているように（五一条）、武士という職を卑下しておらず、また正直の心で携わる奉公によって、往生は必定だと考えている。しかし無条件に武士の暴力行使を容認するわけではない。重時は自身の内省を基軸とした衆生観を有しており、弓矢取りは、強くとも驕ってはならず、自身の剛胆さに任せて敵を滅ぼしてはならないと説いている（八七条）。そして重時は、主従制の重要性を認知しながらも、「大臣は禄を重じて諫めず、小臣は罪に恐れて申さず」[60]という主人への追従が蔓延し得る状況に反して、主人の命令に背いてでも傍輩などの生活を守るべきだと説き（二二条・九六条）、あるいは可能なかぎり無駄な殺生を制止せよと説いているように（三四条・四五条）、主体的に人々の生活や動物の命を重んじるよう努力するのである。もちろん重時の撫民観は、「いやしき人」の存在を自明視したり、百姓の自発的な公事への貢献を期したりしている点で、新興領主階級としての新たな支配形態を示している。しかし重時が、三世因果観などを根拠に人の立場や動物の生命を重んじていたことは、世俗者の主体性がよりよい浄土教のあり方を止揚し得る側面を、如実に示しているのである。

重時に浄土宗西山義の影響がうかがえるように、重時が活躍していた時期は、専修念仏が、顕密仏教との相克を経ながら社会に流布していく時期であった。『御消息』は、専修念仏僧が浄土教や三世因果観を語った時に、それが世俗生活にいかに反映されるかを、きわめて明快に示している。本章の課題が、かかる専修念仏の影響を探るための一環であることを明示しつつ、本章を結ぶことにする。

註

（1）上横手雅敬『日本中世政治史研究』（塙書房、一九七〇年）三九九頁。
（2）佐藤進一「鎌倉幕府政治の専制化について」（同『日本中世史論集』岩波書店、一九九〇年、初出は、一九五五年）。細川重男『鎌倉政権得宗専制論』（吉川弘文館、二〇〇〇年）。
（3）奥富敬之『鎌倉北條氏の基礎的研究』（吉川弘文館、一九八〇年）一三一～一三八頁。
（4）桃裕行　桃裕行著作集第三巻『武家家訓の研究』（思文閣出版、一九八八年）一一六～一一八頁。筧泰彦『中世武家家訓の研究』（風間書房、一九六七年）七～一一頁。
（5）石井進「家訓・置文・一揆契状」（日本思想大系21『中世政治社会思想　上』岩波書店、一九七二年、五一五頁）。
（6）桃裕行註（4）前掲書。筧泰彦註（4）前掲書。石井利雄「北条重時家訓試考」（『日本歴史』三二二号、一九七五年）。石井清文「中世武家家訓にあらわれたる倫理思想　Ⅰ・Ⅱ・Ⅲ」（『政治経済史学』一〇八、一〇九、一一九号、一九七五・一九七六年）。市川浩史「時頼と重時と」（同『吾妻鏡の思想史』吉川弘文館、二〇〇二年）。
（7）『丸山眞男講義録第五冊』（東京大学出版会、一九九九年）一四二～一四三頁。講義は一九六五年。河合正治『中世武家社会の研究』（吉川弘文館、一九七三年）一〇一頁。
（8）桃裕行註（4）前掲書一〇三頁、筧泰彦註（4）前掲書七頁。
（9）平雅行『日本中世の社会と仏教』（塙書房、一九九二年）二二頁。
（10）保立道久「中世民衆のライフサイクル」（岩波講座『日本通史第七巻　中世1』岩波書店、一九九三年、二三七、二四一頁）。
（11）佐藤進一・池内義資編『中世法制史料集第一巻　鎌倉幕府法』（岩波書店、一九五五年）一三一～一三二頁。
（12）『吾妻鏡』弘長元年十一月三日条。
（13）高橋昌明『武士の成立　武士像の創出』（東京大学出版会、一九九九年）一三～一五頁。
（14）新日本古典文学大系44『平家物語　上』（岩波書店、一九九一年）三〇八頁。
（15）筧泰彦註（4）前掲書三一～三二頁。ただし山本博也氏は、重時の環境は御家人同士の争いで油断できぬ状況であったと述べ、「功利的」という表現を批判している。山本博也「六波羅殿御家訓にみる都市空間の風景」（五味文彦編『中世の空間を読む』吉川弘文館、一九九五年、三一七頁）。

(16) 重時の垸飯との関連については、小澤富夫「『吾妻鏡』における北条重時――「極楽寺殿御消息」と時頼仮託「西明寺殿御教訓」――」（『季刊　日本思想史』第五八号、二〇〇一年）参照。

(17) 桃裕行註(4)前掲書一七一～一二四頁。

(18) 『平家物語』は、治承三年の地震を根拠に平清盛の後白河法皇鳥羽幽閉を予言した陰陽頭安倍泰親が、若年公卿から冷笑されたことを語っている（新日本古典文学大系44『平家物語　上』一七八頁）。

(19) 宗教的暴力については、平雅行註(9)前掲書二五～三二頁。

(20) 『吾妻鏡』建長二年三月十二日条。これは陸奥守であった重時の行実について、「右大将家法花堂御仏事、雖レ為恒例、猶有別供養等事、可レ有謀反輩之由、幕下入奥州夢、有下被示仰之旨上」と伝える。

(21) 鎌倉武士の出家の意味については、上横手雅敬『北条泰時』（吉川弘文館、一九五八年）第六章、五味文彦『殺生と信仰――武士を探る』（角川書店、一九九七年）第四章、佐藤進一・網野善彦・笠松宏至『日本中世史を見直す』（平凡社、一九九九年）四四～四七頁などを参照した。

(22) 速水侑「鎌倉武士と信仰――武士倫理と戒の問題を中心に――」（大隅和雄編『鎌倉時代文化伝播の研究』吉川弘文館、一九九三年、一一頁）。

(23) 『平政連諫草』（『史籍集覧』第二十七冊、三九四～三九五頁）。

(24) 桃裕行「極楽寺多宝塔供養願文と極楽寺版瑜伽戒本」（桃裕行註(4)前掲書二六二～二六三頁）。

(25) 筧泰彦註(4)前掲書七七～七八頁。

(26) 松尾剛次『中世都市鎌倉の風景』（吉川弘文館、一九九三年）一二八頁。高橋慎一郎「鎌倉における浄土宗西山派と北条氏」（同『中世の都市と武士』吉川弘文館、一九九六年、一三〇～一三一頁）。

(27) 石田充之『浄土教教理史』（平楽寺書店、一九六二年）二〇四～二〇九、二三三頁。

(28) 田村芳朗『鎌倉新仏教思想の研究』（平楽寺書店、一九六五年）五三六～五三七頁。

(29) 今井雅晴『鎌倉新仏教の研究』（吉川弘文館、一九九一年）一五～一〇頁。石田充之註(27)前掲書二三二頁。

(30) 例えば『平家物語』は、鹿ケ谷陰謀発覚寸前の山門強訴の警備にあたり、悪僧に敬意を払った源頼政を、「さる人」と評価している（新日本古典文学大系44『平家物語　上』五七頁）。
(31) 速水侑註(22)前掲論文一四頁。
(32) 石母田正『中世的世界の形成』（岩波書店、一九八五年、初版は一九四四年）第一章以下。
(33) 佐藤進一・池内義資編『中世法制史料集第一巻　鎌倉幕府法』九二〜九三、九六、一〇一〜一〇二頁。
(34) 新日本古典文学大系44『平家物語　上』九五〜九七頁。
(35) 三浦周行『続法制史の研究』（岩波書店、一九二五年）九二九頁。
(36) 石母田正「『中世政治社会思想　上』解説」（日本思想大系21『中世政治社会思想　上』五六六頁）。
(37) 石井良助『中世武家不動産訴訟法の研究』（弘文堂書房、一九三八年）一一〇〜一一一、三五三〜三五五頁。中田薫『法制史論集』第三巻下（岩波書店、一九四三年）一〇八九〜一〇九一頁。
(38) 日本思想大系6『源信』（岩波書店、一九七〇年）六四頁。本書第一章三六頁参照。
(39) 『渋柿』（『群書類従』第二十七巻、雑部、一四四頁）。
(40) 山本幸司「中世の法と裁判」（岩波講座『日本通史第八巻　中世2』岩波書店、一九九四年、七四頁）。
(41) 笠松宏至「入門」（同『日本中世法史論』東京大学出版会、一九七九年、三一七〜三一八頁）。新田一郎『日本中世の社会と法』（東京大学出版会、一九九五年）一七〜一八頁。
(42) 新訂増補国史大系十八『古事談』一一〇頁。
(43) 藤本徳明「『沙石集』裁判説話の構造――天台本覚思想との関連において――」（同『中世仏教説話論』笠間書院、一九七七年）。なお『沙石集』の法制史料としての有効性については本書第三章一〇六頁、一一〇頁註(34)。
(44) 上横手雅敬「封建制と主従性」（岩波講座『日本通史第九巻　中世3』岩波書店、一九九四年、七八頁以下）。
(45) 羽下徳彦『物領制』（至文堂、一九六六年）三八頁以下。
(46) イエ支配については、石井進『中世武士団』（小学館、一九七四年）一〇三〜一一二頁、大山喬平「中世社会のイエと百姓」（同『日本中世農村史の研究』岩波書店、一九七八年）参照。
(47) 『御成敗式目』第二十五条や第三十条は、月卿雲客（公卿・殿上人）や、鎌倉幕府以外の権門も、御家人の支配的立場に立ち得る状況を示して、これらの影響を制止しようとしている。

(48) 例えば、重時の父義時が死去した貞応三年（一二二四）に、義時の後妻の伊賀氏は、自分の娘婿であり、源頼朝の甥でもある一条実雅の将軍就任と、自分の子息政村の執権就任を画策している。伊賀氏の計画は失敗に終わるが、この事件は、将軍と北条氏が対立した場合、北条氏も分裂して争う可能性があったことを示している。また寛元四年（一二四六）の名越光時の乱では、北条氏の一族である名越光時が、前将軍・九条（藤原）頼経と結んで、北条時頼と争っており、建長四年（一二五二）、将軍藤原頼嗣は謀反の中心人物という嫌疑がかけられ、北条時頼から京に送られている。この事件は、**表3**―⑪で示した宮将軍・宗尊親王東下の直接的契機となる。

(49) 日本古典文学大系85『沙石集』（岩波書店、一九六六年）三七五頁。

(50) 本書第二章八二頁、第六章二〇四～二〇七頁参照。

(51) 古代以来の、六斎日や天観念を前提とした殺生や暴力の制止については、本書第二章六一頁、北條勝貴「鎮護国家の仏教」（大久保良峻他編『日本仏教34の鍵』春秋社、二〇〇三年）参照。また、京都の歴史2『中世の明暗』（学芸書林、一九七一年）五四頁は、六斎日に検非違使による罪人の禁獄が停止されたことを指摘しているし、仁治三年（一二四二）の鎌倉幕府追加法一七三条は「六斎日殺生」を禁断している。

(52) 細川涼一『逸脱の日本中世――狂気・倒錯・魔の世界――』（洋泉社、一九九六年）八七～一一七頁。

(53) 桃裕行註(4)前掲書一五三頁。

(54) 筧泰彦註(4)前掲書三二～三三頁。高木豊「因果応報の思想の受容と展開」（大系仏教と日本人4『因果と輪廻――行動規範と他界観の原理――』春秋社、一九八六年、一四〇～一四二、一七八頁）。

(55) 本書第一章三三頁、第三章一〇一頁参照。

(56) 日本古典文学大系85『沙石集』三八六頁。本書第三章一一一頁註(38)参照。

(57) 日本思想大系6『源信』一七、二六頁。

(58) 本書第一章四八～四九頁、第三章一一四～一一五頁。

(59) 平雅行註(9)前掲書二四七～二五三頁。

(60) 新日本古典文学大系44『平家物語　上』五一頁。

第五章　法然の宗教的世界観

はじめに

本章では、浄土宗を立宗した法然房源空（一一三三～一二一二）が、前世、現世、後世の三世、および浄土や六道をどのように見ていたかについて検討していきたい。

法然研究は、目覚しい発展を遂げつつある宗教史研究において、その成果を表象する分野の一つである。特に平雅行氏は、顕密仏教との対立性を根拠に、法然思想の画期性が「此岸の平等」を説いた点にあることを浮き彫りにした。しかし、十全なる法然思想の理解のためには、その切迫した浄土重視の状況に注目せねばならない。そのため本章では、法然や親鸞の他界観の分析は、現世から隔絶した他界観が共有されていたという通俗観念との対比により行うべきだという、佐藤弘夫氏の提言を重視しながら、法然の三世因果観、浄土観、六道観の性格を見ていくことにしたい(1)（なお本章の法然史料の引用は、石井教道・大橋俊雄編『昭和新修法然上人全集』〈平楽寺書店、一九五五年〉を使用する。法然史料の頁数の表記は、すべてこの書による）。

一　法然による汎神論的阿弥陀仏観の否定化

まずこの節では、法然にとっての浄土（仏土）が、現世に存在し得るかどうかを検討すべく、仏土観、およびこれと密接に関連する仏身観について見ていきたい。

法然が、仏土と仏身とを一体視していることは、浄土教の課題の一つである観察行の説明にうかがえる。法然の観察観は、本来的意味である観想念仏よりも、称名念仏を重視している点に特徴があるが（『往生要集釈』二二一〜二二三頁、『選択本願念仏集』〈以下『選択集』と表記〉「第二章」三二四頁）、法然は観察の対象を「依正二報」と述べて、浄土たる「依報」と、仏身たる「正報」とを一体視している。そして仏身は、①心を静めた「涅槃」の境地であると同時に真理として世界に遍在する「法身」、②仏が菩薩時の願を果たして得る仏身であり、衆生が対象化できる可視的存在として説明される「報身」、③衆生救済のための具体的形態を取る「応化身」の三種に区別され、これらの仏身には、封建制特有のヒエラルキー序列や、浄土の領域観が反映している。例えばそれは伊勢神道に見られ、この教説は、伊勢・石清水八幡・出雲大社の神をそれぞれ、覚りを開いた時がないまま常に覚りの状態にある「本覚神」、ある時に覚りを開いた「始覚神」、いまだに覚っていない「不覚神」で区別し、これを根拠に、伊勢神宮の天照大神が「諸神の最貴」という価値を有すると説いている。(2)

このように宗教的権威や領域観が反映する仏身観について、石井教道氏や大橋俊雄氏は、法然の阿弥陀仏観には二つの矛盾する阿弥陀仏観が存在したという。一つには、汎神論的な「統摂」的阿弥陀仏観であり、二つには、諸仏の存在を認識したうえで阿弥陀仏と諸仏とを区別する「選択」的阿弥陀仏観である(3)。そして法然は、年を重ねるに従い、次第に前者から後者を重視するようになる。

法然の思想展開は、一般に、天台的浄土教思想受容期、浄土教思想確立期、選択本願念仏思想確立期の三段階に分類される。第二期は『往生要集』引用の『往生礼讃』「百即百生」の文と出会い、これを機に南都遊学で『観経疏』を精読した承安五年(一一七五)、法然が四十三歳の時にはじまる。また第三期は、『三部経釈』(『無量寿経釈』『観無量寿経釈』『阿弥陀経釈』)に記録されるように、東大寺三部経講説がなされた文治六年(一一九〇)にはじまる。そして成立不明な法然史料の成立期は、「統摂」性と「選択」性の有無を根拠に推定される。例えばそのことは『三部経大意』(『三部経釈』とは別本)の位置付けに見られ、この文献は、阿弥陀仏には、「法報応ノ三身」や、真言宗が「阿字本不生」と表現するような無限性や遍在性があると説いたり、阿弥陀仏の浄土である極楽はあらゆる法門を包摂すると述べたりしている(三八～三九頁)。そしてこのような文献は、その統摂性を根拠にして、中古天台の影響を受けた、比較的早くに成立した文献と位置付けられるのである(4)。

ところが、法然は第三期の東大寺三部経講説で、「於二諸宗理観一於二修習輩一者、往生極楽不レ及二沙汰一」(『無量寿経釈』九六頁)と述べて、普遍的真理とその遍在を観ずる理観の行を、称名念仏による極楽往生と区別し、前者を否定しようと試みる(5)。また建久九年(一一九八)撰述の主著『選択集』でも、法然は阿弥陀仏の成仏時を問題にして、阿弥陀仏が覚る以前の五十二仏について言及しており(「第三章」三一七頁)、このことは、阿弥陀仏の「始覚神」的把握の容認を意味する。また法然は、道綽の『安楽集』を引用し、阿弥陀仏が「涅槃」する(死去する)という奇妙な前提を根拠にして、念

仏の利益を説いている。すなわち法然は、諸行に対する念仏の優越性を四つの利益を根拠にして説く際に、第四の「終益」で、

言終益者、依観音授記経云、阿弥陀仏住世長久兆載永劫、亦有滅度、般涅槃時唯有観音勢至住持安楽、接引十方、其仏滅度亦与住世時節等同、然彼国衆生一切無有覩見仏者、唯有一向専念阿弥陀仏往生者、常見弥陀現在不滅、此即是其終益也（『選択集』「第十一章」三三八頁）

と述べる。つまり法然は、『観音授記経』を根拠に、阿弥陀仏が死去する場合があるといい、その時には観音と勢至が浄土を維持し、十方衆生を導くが、その浄土には阿弥陀仏を見ることができる者はいないという。しかし一向に念仏して往生する者だけは、常に阿弥陀仏が現在すると考えるような、「終益」を得るというのである。このように法然は、阿弥陀仏の寿命の限界を前提にして、念仏者の利益を説明している。むろん、かかる先行教理そのものの継承は、法然の救済論にとり副次的な意味しか持たないであろう。しかし例えば後に親鸞が、弥陀成仏は十劫の昔ではなく久遠の昔であると述べたり、阿弥陀仏の涅槃[6]を説く『観音授記経』をあえて否定対象に掲げたりして、阿弥陀仏の時間的無限性を主張したことを想起する時、法然が弥陀の遍在性を重視していないことが浮き彫りになる。また後年親鸞が阿弥陀仏や極楽の遍在性の根拠とした、善導の『法事讃』の「極楽無為涅槃界」の語句も、法然にとっては極楽の遍在性を意味するものにはならない。すなわちこの語句は、『選択集』「第十三章」にあらわれるが（三四四頁）、この語は、『阿弥陀経』が説く「阿弥陀仏極楽国土」の語について、「極楽」とは「無為涅槃界」であると注釈するものにすぎず、極楽の遍在性を説くものと

はなり得ないのである。

もっとも、法然が阿弥陀仏の「本覚神」的遍在性を重視していないことは、阿弥陀仏に対する低評価を意味するものではない。むしろ法然は、阿弥陀仏が、諸仏と比較して最高の権威や価値を有することを頻繁に説いている。すなわち法然は、『選択集』「第八章」で、「深心」（『観無量寿経』が説く信心の一性格）について説明する際に、阿弥陀仏の最高性を前提に、専修念仏者は、聖道門の諸仏・菩薩・行者の専修念仏批判に動揺してはならないと説いている（三二八～三三一頁）。そして法然は、かかる阿弥陀仏の最高性を前提にした、念仏者の動揺に対する教誡を、上野国の御家人・大胡太郎実秀などへの消息に、

タトヒオホクノ仏、ソラノ中ニミチミチテ、……ツミヲツクレル凡夫、念仏シテ往生ストイフ事ハヒカコトナリ。信スヘカラストノタマフトモ、……釈迦仏……阿弥陀仏ノ本願ヲトキ、念仏往生ヲススメタマヘリ。……信心ヲヤフリ、ウタカヒヲイタス事アルヘカラス。イハムヤ仏タチノノタマハムオヤ。（『大胡の太郎実秀へつかはす御返事』「三月十四日付」五一七～五一八頁）

と記しているように、専修念仏者の共通認識にすべきことを促している。

また法然は、選択本願念仏確立期でも、弥陀の統摂性を説いている場合がある。すなわち法然は、『選択集』「第三章」で、阿弥陀仏が念仏一行だけを往生の本願とした理由を「勝劣義」と「難易義」を根拠に説明している。そしてその際、前者の説明で、「名号者是万徳之所ㇾ帰也」（三一九頁）と説いて、名号が「四智三身十力四無畏等一切内証功徳」など仏の「三身」を含めたあらゆる功徳を包摂している点で、余行よりも優れていると説いている。そのため大橋俊雄氏もこれを根拠に、法然はこ

の時期でも、統摂的な阿弥陀仏観の典型たる「絶対的弥陀統一観」を重視していたのだと述べている。(7) しかし末木文美士氏は、この時期の法然が、名号観と仏身観とを区別し、「弥陀一仏」の人格性を重視している点で、『三部経大意』のような中古天台的名号観が希薄であることを論じている。また平雅行氏も、多様な功徳の包摂を根拠に、余行に対する名号の優越性を説いたこの「勝劣義」が、易行性を根拠に余行に対する念仏の優越性を説く「難易義」よりも民衆救済性が低いことや、余行に対する妥協性が強いことを指摘して、この「勝劣義」が、この時期の法然思想の本質ではないと説明している。(8)

かかる汎神論の否定は現世の浄土の否定に直結する。すでに袴谷憲昭氏が、法然が成仏を捨て往生を重視していることの根拠にしているように、(9)『一期物語』は、法然が「真言教云阿弥陀是己心如来、不レ可レ尋レ外、此教弥陀法蔵比丘之成仏也、居二西方一、其意大異、彼成仏教也、此往生教也、更以不レ可レ同」（四四四頁）と述べたと伝え、『百四十五箇条問答』でも「真言の阿弥陀の供養法は、正行にて候へきか」と問われた法然が、「仏躰は一つにはにたれとも、その心不同なり。真言教の弥陀は、これ己心の如来、ほかをたつぬへからす。この教の弥陀は、これ法蔵比丘の成仏也。西方にはしますゆへに、その心おほきにことなり」（六六八頁）と答えたことを伝えている。つまり法然は、真言宗が説く阿弥陀仏は、衆生の心そのものであるが、浄土宗の阿弥陀仏は法蔵菩薩が成仏した仏であり、西方極楽に存在すると述べ、阿弥陀仏の報身や極楽を他界の存在と位置付けるのである。

法然が阿弥陀仏の汎神論的性格を否定する理由として、当面三つの理由をあげることができる。

第一には、法然が、衆生の宗教的平等性を説こうとした際に、仏身や浄土の遍在性の認識に必要な涅槃の実現を、難行として否定しているからである。もちろん法然も、善導の『観経疏』を根拠に信心について解説する際に、「生死之家以レ疑為二所止一、涅槃之城以レ信為二能入一」（『選択集』「第八章」三三四頁）と、信心が涅槃に直結すると述べており、この記述は、阿弥陀仏の他力による現世の涅槃の実現や、心の成仏を説く親鸞から、法然の発言中で最も重視されることになる[10]。しかし法然は、称名念仏の絶対性によって衆生の宗教的平等を説いた際に、難行による自力涅槃達成者に畏敬観念を懐くことを克服しようとした。法然は『選択集』「第三章」の「難易義」で、易行である称名念仏が観想念仏よりも優越することを述べ（三一九頁）、受容者層にも「念仏ハ仏ノ法身ヲ観スルニモアラス、仏ノ相好ヲ観スルニモアラス。タヽ心ヲヒトツニシテ、モハラ弥陀ノ名号ヲ称スルヲ、コレヲ念仏トハ申ナリ」と、念仏とは「法身」などを観察することではなく、称名であると伝えている（『大胡の太郎実秀が妻室のもとへつかはす御返事』五〇八頁）。さらに法然は、先述のごとく、理観と称名念仏による往生極楽との対立性を説き（『無量寿経釈』九六頁）、『逆修説法』では、「真言宗……約二大日如来一説二即身成仏旨一……不レ説二浄土一」と、真言宗の即身成仏と浄土教との対立性を説いている（二二五、二七一頁）。このように法然は、称名による極楽往生を説く際に、観想念仏・理観・即身成仏などによる現世の涅槃実現を否定している。かつて田村芳朗氏が、法然は本覚思想を否定したと述べた所以もここにある[11]。

第二の理由は法然の廃立観の重視である。廃立とは、専修念仏の対立的要素を直視しながら否定する弁証的思想であり[12]、法然は、かかる廃立重視の立場から、阿弥陀仏や浄土宗や称名念仏の対立項を明らかにしている。例えば法然は、『選択集』「第三章」で、弥陀の四十八願の対立項として「釈迦五百大願」や「薬師十二上願」をあげている（三一七頁）。また特筆すべきことに、法然は、『選択集』「第一章」で、浄土宗の対立項として真言宗について触れ、さらに浄土宗師資相承の対立項を説明する際に、真言宗の第一祖が仏格性を有した大日如来であると説いている（三一三頁）。中世の顕密主義という状況では、汎神論的仏身の典型である大日如来が阿弥陀仏を包摂することが頻繁に説かれるが[13]、法然は、弥陀を薬師や大日と厳密に区別しているのである。かかる法然の、諸仏の対立性の重視は、親鸞が阿弥陀仏の遍在性を重視していることや、大日や薬師について言及していないことと比べればきわめて明瞭である。

　廃立観や、これが反映した阿弥陀仏観は、融和性が希薄なため、対外的緊張をもたらすことになる。法然は『選択集』「第八章」の「深心」の説明で、「別解別行異見人等」を「群賊」に譬え（三三二頁）、あるいは別解別行とは聖道門の者を指すと規定し（三三四頁）、さらに『御消息』でも別解別行とは「天台・法相等の八宗の学生」「真言・止観等の一切の行者」「聖道門の解行」を指すと説いている（五八一頁）。そしてかかる「別解別行＝聖道門＝群賊」の発言は、明恵の『摧邪輪』において、「以聖道門譬群賊過失」として批判されることになる[14]。また『選択集』「第七章」の「仏光明唯照念仏者不照余行者」という考えは（三一七頁）、「顕宗学生真言行者」を照らさないとする「摂取不捨曼陀羅」に影響し、解脱房貞慶から、『興福寺奏状』の第二条で、「図新像失」として批判されることになる[15]。法然はまた、『選択集』「第三章」で、阿弥陀仏の第一願と第二願を根拠に、阿弥陀仏の浄土と二百一十億の諸仏の浄土とを区別し、阿弥陀仏の浄土以外の二百一十億の浄土には地獄・餓鬼・畜生の三悪道や三悪道に帰る者が存在するが、阿弥陀仏の浄土には三悪道も三悪道に帰る者も存在しないと説いており（三一八頁）、この弥陀の浄土と諸仏の浄土との区別も、後述のように明恵から批判を受けることになる。

第三には、中世の天文認識や地理認識の、法然の宗教観への影響である。人々が人間の世界と連続する世界があることを認識しながらも、交通技術の規定によって、移動不可能な場所を認識する場合、移動不可能な場所は宗教性を帯びる。前近代が宗教性を帯びている最大の理由はこの点にある。

むろん、これらのことは法然が現世の救済を説かなかったことを意味しているのではない。例えば法然は、『選択集』で繰り返し「衆生憶念仏者仏憶念衆生」と、衆生が仏を念ずれば仏も念仏衆生を念ずるという、現世における阿弥陀仏のはたらきを説いている（「第二章」三一五頁、「第六章」三二六頁）。また「第十五章」では、『阿弥陀経』が『護念経』と呼ばれることなどを根拠にして、念仏者の現世利益を説いている（三四六頁）。そして何より、平雅行氏が強調したように、法然は、称名念仏による往生行の一元化や一切衆生は善人であるという説明により、現世の宗教的平等を力説したのである。しかし、現世の救済は説きながらも現世の浄土を説かないことは、法然の浄土観の重要な特質をなしているのである。

二　法然の極楽観

法然が、現世の浄土の成立を否定していることは、阿弥陀仏と極楽の存在や利益を、後世に比重を置いて説明することにつながる。ところで本来、三世因果観には、①前世や後世は実在するのか、②

前世や後世が実在するならば自身は善処に転生できるのか、という二段階の不安が伴うものである。これらの不安について、法然の思想展開は、法然自身が、①についてはその実在を自明視し、②についての不安を有していたことを示している。すなわち『一期物語』は、法然が、自身の第二期の思想展開のはじまりに際し、「於善導（釈）二反見之思往生難、第三反度得乱想凡夫、依称名行、可往生之道理」（四三七頁）と述べたことを伝えており、この発言は、法然が、善導の『観経疏』を三度読むまで、「称名だけで往生が可能なのか」という疑問を払拭できなかったことを示している。[16]そしてこの発言は、法然にとり、①に相当する後世の実在は自明であり、②の、往生の可否こそが問題であったことも示していよう。また法然は、必得往生を確信した後も、三世観には①や②に関連するもう一つの不可知的要素が伴うことを説明している。すなわち法然は、建久八年から九年の、法然自身の重病経験をもとに著されたとされる『往生浄土用心』で、

かろきやまひをせんといのり候はん事も、心かしこくは候へとも、……うるはしくおはる時には、断末魔のくるしみとて、……無量のやまひ身をせめ候事、百千のほこつるきにて、身きりさくかことくして、……これは人間の八苦のうち死苦にて候へは、本願信して往生ねかひ候はん行者も、この苦はのかれすとて、悶絶し候とも、いきのたえん時は、阿弥陀ほとけのちからにて、正念になりて往生をし候へし。臨終はかみすちきるかほとの事にて候へは、よそにて凡夫さためかたく候。たゝ仏と行者との心にてしるへく候也。（五六三頁）

と説いている。このように法然は、専修念仏者にとっても臨終の苦痛は壮絶であり得ることとともに、人間の善知識には、苦痛が伴う臨終時の心をわかり得ないことを説明している。[17]しかしかか

る不可知性を前提にしつつも、後世の実在を自明視し、平生に念仏を称える者は阿弥陀仏の力により臨終時に正念に住すると説いて、専修念仏者の往生を確約しているのである。

そして法然は、専修念仏による後世の救済を強調している。よく知られているように、法然は、『津戸の三郎へつかはす御返事』「九月十八日付」で「コノ世ノイノリニ、仏ニモ神ニモ申サム事ハ、ソモクルシミ候マシ。後世ノ往生、念仏ノホカニアラス行《ママ》ヲスルコソ、念仏ヲサマタクレハ、アシキ事ニテ候へ。コノ世ノタメニスル事ハ、往生ノタメニテハ候ハネハ、仏神ノイノリ、サラニクルシカルマシク候也」（五〇四頁）と述べ、現世利益のための諸神諸仏祈願は容認しつつも、後世往生のための行は念仏だけであると明言する。(18) 法然はまた、源頼朝の妻・北条政子に、「末法万年」後でも「タタ念仏ハカリコソ、現当ノ祈禱」（『鎌倉の二位の禅尼へ進ずる御返事』五二八頁）になると説いている。そして同消息で法然は、専修念仏者が、信仰が異なる人の造堂、写経、僧供養などの余行に経済協力せねばならない場合があることについて言及し、自身の専修念仏の障害にならぬことや他人に専修念仏を勧める方便になることを条件に、現世利益にしかならない他人の余行への経済協力を容認する。しかし法然は、本来現世利益のためになされる余行も、余行を修する人の「後世ノタメ」になるよう願うべきだと力説するのである（五三〇頁）。

さらに称名念仏による必得往生を確信する法然は、阿弥陀仏の究極の利益は後世の救済だと説いている。法然は『選択集』「第十六章」で、

> 夫速欲レ離生死二種勝法中且閣聖道門選入浄土門、欲レ入浄土門正雑二行中且抛諸雑行選応レ帰正行、欲レ修於正行正助二業中猶傍於助業選応レ専正定、正定之業者即是称仏名、

称レ名必得レ生、依二仏本願一故（三四七頁）

と、生死を離れるためには究極的には正定業である称名念仏を選ぶべきであり、その理由について、阿弥陀仏の本願により必ず往生できるからだと説いている。「略選択」と呼ばれるこの記述は、法然の中核的思想とされているが、池見澄隆氏も指摘するように、ここでいう「離二生死一」ことについて、法然は、『大胡の太郎実秀の妻室のもとへつかはす御返事』で、

衆生ノ生死ヲハナルルミチハ、仏ノ御オシヘヤウ〳〵ニ候トイヘトモ、コノコロノヒトノ三界ニイテ生死ヲハナル、ミチハ、タ、往生極楽ハカリナリ。コノ宗ノオホキナルコ、ロナリ。極楽ニ往生スルニソノ行ヤウ〳〵ニオホク候ヘトモ、ワレラカ往生セムコトハ、タ、念仏ニアラスハカナヒカタク候ナリ。ソノユヘハ念仏ハコレ弥陀ノ本願ノ行ナルカユヘニ、本願ニスカリテ、往生スルコトイトヤスク候。……極楽ニアラスハ生死ヲハナルヘカラス。念仏ニアラスハ極楽ニムマルヘカラサルモノナリ。（五〇九頁）

と述べ、受容者層に対し、法然を含む「ワレラ」は、究極の救済たる出離生死のためには極楽に往生せねばならず、極楽往生のためには念仏を称えねばならぬと教化し、後世の利益を強調する[19]。法然はまた自分の往生のために、功徳を極楽に廻向すべきことを説いている。法然は、『御消息』で、『観無量寿経』が説く廻向発願心について説明する際に、

まつわか身につきて、さきの世およひこの世に、身にも口にも心にもつくりたらん功徳、みなこと〳〵く極楽に廻向して往生をねかふ也。つきにはわか身の功徳のみならす、こと人のなしたらん功徳をも、仏菩薩のつくらせ給ひたらん功徳をも随喜すれは、みなわか功徳となるをもて、こ

とく〳〵極楽に廻向して往生をねかふ也。（五八三頁）

と、極楽に往生するためには、第一に自分の前世からの功徳を極楽に廻向すべきこと、第二には他人や仏菩薩の功徳を喜ぶことにより、それらを自分の功徳とし、さらにそれを極楽に廻向して、自分の往生を願うべきことを説いている。[20] このように、法然にとっての「廻向」は、自己の往生を願う念仏者が極楽に功徳を向ける行為なのであり、かかる廻向観は、廻向の主体を完全に阿弥陀仏と位置付ける親鸞との対照性を示している。[21] また、かつて自己の往生を願う思想を本来の浄土教と規定し、それが法然において頂点に至ることを見出そうとした井上光貞氏の問題設定の妥当性も示していよう。[22]

法然はまた、北条政子に「アナカチニ信セサラム人オハ、御ススメ候ヘカラス」（『鎌倉の二位の禅尼へ進ずる御返事』五二九頁）と伝えているように、疎遠な念仏不信者に専修念仏を強要することは控えているものの、親しい人物に対しては、極楽往生の必要性を強制的に説いている。[23] 例えば法然は『往生浄土用心』で、毎日六万遍念仏を称えるような篤信な「或人」に対してすら、

本願のうたかはしき事もなし、極楽のねかはしからぬにてはなけれとも、往生一定とおもひやられて、とくまいりたき心のあさゆふは、しみ〳〵ともおほへすとおほせ候事、ま事によからぬ御事にて候。浄土の法門をきけともきかさるかことくなるは、このたひ三悪道よりいてゝ、つみいまたつきさるもの也。……かたきの城なんとにこめられて候はんか、からくしてにけてまかり候はんみちに、おほきなる河海なんとの候て、わたるへきやうも、なからんおり、おやのもとよりふねをまうけてむかへにたひたらんは、さしあたりていかはかりかうれしく候へき。……せめては身の毛いよたつほとにおもふへきにて候を、のさにおほしめし候はんは、ほいなく候へとも、

それもことはりにて候。……無始よりこのかた六趣にめくりし時も、かたちはかはれとも、心はかはらすして、……念仏申て往生せはやとおもふ事は、このたひはしめてわつかにきゝえたる事にて候へは、きとは信せられ候はぬ也。……とし月をかさねても御信心もふかくならせおはしますへきにて候。（五六一～五六二頁）

などと、①本願や極楽を否定しないにしても、往生一定と思って早く極楽に往生したいと思えないのはよくないこと、②浄土の法門を喜べないということは、現世では三悪道（地獄・餓鬼・畜生）から人間に生まれ変わっても三悪道の罪がまだ尽きていないということ、③浄土宗との出会いは敵の監禁から脱出して大河で船に出会ったように喜ぶべきこと、④六道を輪廻してきた者として、すぐに念仏往生を願えないのは道理であるが、時間を重ねるごとに篤信になるべきことなどを説き、往生を喜べないことを誡めている。また法然は『御消息』で、「うき世」の楽しみばかりを求める「のちの世をもしらぬ人」や、「後世をおそるへきことはりをおもひしり」ながらも余行を修して専修念仏に帰依しない者を批判し（五七五頁）、藤原信実の伯母に対しても、後世を恐れ、往生を願って念仏すれば来迎されると説いているように（『法性寺左京大夫の伯母なりける女房に遣はす御返事』五八九頁）、後世の恐怖を前提に、往生極楽や専修念仏の利益を説いている。さらに「さけ・いを・とり・き・にら・ひるなんとは……やまひの、月日つもり苦痛もしのひかたく候はんには、ゆるされ候なんとおほえ候。……御身たゝしくて念仏申さんとおほしめして、御療治候へし。いのちおしむは往生のさはりにて候。やまひはかりをは、療治はゆるされ候なんとおほえ候」（『往生浄土用心』五六六頁）と、本来仏教徒が食してはならない酒・魚・五辛も闘病に際しては許されるという現実的な救済の文脈において、往生を願う者は、病の治療に励むことは許されても、命を惜しむことは往生の妨げになると述べている。このように法然は、往生のためには、命を惜しむことですら否定的に位置付けるのである。親鸞の場合は、往生の確定を喜べぬことを「可恥《シハツ》可傷《シトイタム》」などと慚愧する点に一つの特徴を有しているように、後世観がいささか希薄なのであるが、[24]法然の場合は、後世の不可知性を認識しつつも、これを軽視することを強く批判する点に特徴を有している。

法然にとっての極楽は後世だけの存在ではない。『西方指南抄』所収『法然上人臨終行儀』や『源空上人私日記』は、建暦二年（一二一二）正月三日、病臥にあった法然が、自身の前世が「天竺にありて、声聞僧にまじわりて頭陀行ぜしみ」であったことや、看病の僧侶から法然の往生の可否を尋ねられたところ、「われはもと極楽にありしみなれば、さこそはあらむずらめ」と、法然が自身の往生は自明だと答えたことを伝えている。[25]かかる、前世に天竺や極楽におり教化のために日本に生まれてきたという法然の伝記の継承は、例えば親鸞の「源空和讃」第十四首から第十七首にうかがえる。[26]もちろん仏教の因果観には、ある人の現世の行為を根拠に、その人の前世を説明するような「従果向因」という合理的解釈も存在するため、親鸞の和讃における、法然は前世に浄土にいたという記述も、法然を讃仰するための修辞的表現と解釈することも可能である。しかし親鸞が本当に前世の存在を信じて法然を阿弥陀仏の化身と見ていたとすると、例えば、親鸞にとっての還相廻向も、前世や後世に存在する浄土から人の世界に生まれ変わって教化するという意味を有することになり得る。実際に法然の場合は、しばしば念仏者の当為として「念仏衆生は極楽に往生した後に衆生利益をせよ」と説いている。例えば「逆修」について説いた『往生浄土用心』第五条「七分全得の事」（五六〇頁）で法

然は、

さてこそ逆修はする事にて候へ。さ候へは、のちの世をとふらひぬへき人候はんも、それをたのますして、われとはけみて念仏申して、いそき極楽へまいりて、五通三明をさとりて、六道四生の衆生を利益し、父母師長の生所をたつねて、心のまゝにむかへとらんとおもふへきにて候也。

というように、念仏者は逆修などで真摯に自分の極楽往生を願い、極楽に往生した後に、両親などが輪廻した場所を尋ねつつ六道の衆生を利益すべきだと述べている。(27) また法然は、北条政子に「アナカチニ信セサラム人オハ、御ススメ候ヘカラス。……極楽ノ上品上生ニマイリテ、サトリヲヒラキ、生死ニカヘリテ誹謗不信ノ人オモムカヘムト、善根ヲ修シテハ、オホシメスヘキ事ニテ候也」（『鎌倉の二位の禅尼へ進ずる御返事』五二九〜五三〇頁）と述べ、念仏誹謗者や不信者に対しても、極楽に往生した後に利益せよと説いている。末木文美士氏も、この消息などを根拠に論じているように、法然は、現世における「衆生の慈悲の無力を前提とし、念仏して往生してそれからはじめて働きうる慈悲」を説いていたのである。(28) また往生者がなす衆生利益は、現生者が他人に利益をもたらす「廻向」と区別される点で独自性を有している。先述のように、法然にとっての「廻向」は、自己の往生を願うための性格を有するが、法然は、死者への廻向については、『往生浄土用心』で、

又当時日ことの御念仏をも、かつ〳〵廻向しまいらせられ候へし。なき人のために念仏を廻向し候へは、阿弥陀ほとけひかりをはなちて、地獄餓鬼畜生をてらし給ひ候へは、この三悪道にしつみて苦をうくる物、そのくるしみやすまりて、いのちおはりてのち、解脱すへきにて候。

と、日常の念仏のような、現生者が死者のためになす廻向は、阿弥陀仏の媒介によって三悪道の者へ

の利益につながると説いている（五六〇〜五六一頁）。このように法然は、現世に生きる者の廻向が他の衆生を利益することがあっても、その利益は阿弥陀仏の介在によるものであると説き、極楽に往生した者が直接的に行う衆生利益と区別しているのである。

以上のように法然は、前世や後世の実在を前提にして、極楽とその救済性を力説していたのである。

三　法然の六道輪廻観

次に法然の六道輪廻観について見ていきたい。法然の六道観の最大の教義的前提は、『無量寿経』における阿弥陀仏の第一願の「国に地獄・餓鬼・畜生があるならば、覚りを開かない」という誓願と、第二願の「国の中の人天が、寿尽きた後に、再び三悪趣に更《かえ》るならば、覚りを開かない」という誓願である。

法然は、『選択集』「第三章」の阿弥陀仏の選択の説明に際し、これらの願を根拠にして、

選択者即是取捨義也、……夫約四十八願一往各論選択摂取之義者、第一無三悪趣願……、第二不更悪趣願者、於彼諸仏土中、或有下縦雖国中無三悪道其国人天寿終之後従其国去復更三悪趣之土上、或有下不レ更悪趣之土上、即選下捨其更悪趣麁悪国土上、選下取其不レ更悪趣善妙国上、故云選択也（三一八頁）

と、阿弥陀仏の浄土と二百一十億の諸仏の浄土とを区別し、二百一十億の諸仏の浄土には地獄・餓鬼・畜生の三悪道や三悪道に帰る者が存在するが、阿弥陀仏の浄土には三悪道も三悪道に帰る者も存

在しないと説いている。もちろんこの発言は、第一義的には「弥陀如来法蔵比丘之昔被レ催二平等慈悲一」（三二〇頁）という、衆生の平等の救済を説明するためのプロローグとして説かれているのであるが、しかしこの発言は明恵の反発を招くことになる。すなわち明恵は、『摧邪輪』で、「夫浄土諸境皆善業所成、……何況有二三悪趣一乎(29)」というように、すべての浄土には三悪道も、三悪道に帰る者も存在しないと主張し、法然を諸仏の浄土を破損する「大賊」として厳しく批判している。この明恵の批判は、法然が、諸仏浄土における三悪道の存在を否定していないと受け取られたことや、このことが社会問題に展開することを浮き彫りにしている。また浄土宗鎮西派第三祖・良忠（一一九九～一二八七）は『選択伝弘決疑鈔』で、法然の第一願と第二願の把握について、苦心しながら注釈しているが、その際に良忠は、

倶舎論云、諸有地獄定受業者、業力引置二他方獄中一、由レ此準二知傍生鬼趣一已上、若壊劫時一切有情法爾得レ定生二上界天一、最可レ哀者定受業者独更二悪趣一也、依レ之法蔵比丘普捨二穢悪境一時、見三壊劫時定受業者堕二他方悪道一、発二起大悲心一即立二此願一也(30)

というように、『倶舎論』を根拠にして、「三悪道に更《かえ》る」者とは、須弥山世界の崩壊時である「壊劫」に、地獄の業が尽きないで他の須弥山的世界の三悪道に転生する者であると説いている(31)。地獄の業が尽きぬ者は壊劫に他の地獄に転生するという考えは、『水鏡』と共通するものであり、この良忠の注釈は、法然の六道観が須弥山説との関連で人々から理解されたことを示している。

また「三悪道に更る」という文言は、法然にとっても、単に専称仏号の説明手段に留まるものではない。すなわち法然は、『津戸の三郎へつかはす御返事』「九月十八日付」において、

念仏ヲ申トトメムトスルモノハ、コノサキノヨニ念仏三昧、浄土ノ法門ヲキカス、後世ニマタ三悪道ニカヘルヘキモノ、シカルヘクシテ、サヤウノ事オハ、タクミ中候事ニテ候ナリ。ソノヨシ聖教ニミナミエテ候也。

見レ有二修行一起二瞋毒一　方便破壊競生レ怨　如レ此生盲闡提輩
毀二滅頓教一永沈淪　超二過大地微塵劫一　未レ可レ得レ離二三途身一

ト申タル也。……弥陀ノ名号ヲトナエテ、ナカキ生死ヲタチマチニキリテ、常住ノ極楽ニ往生ストイフ、頓教ノ法ヲソシリホロホシテ、コノ罪ニヨリテナカク三悪ニシツムトイエルナリ。

と、善導の『法事讃』を根拠に、念仏誹謗者は、前世で念仏や浄土の法門を聞かなかったのであり、後世にも三悪道に帰ると述べている（五〇二頁）。また法然は、この文の直後で、念仏の誹謗者を哀れむべきことを説いているが、それにしても、

カクノコトキノ人ハ、大地微塵劫ヲスクトモ、ムナシク三悪道ノミヲハナルル事ヲウヘカラストイエルナリ。サレハサヤウニ妄語ヲタクミテ中候覧人ハ、カヘリテアハレムヘキモノナリ。

と、念仏誹謗者は長きにわたって三悪道から逃れられないから哀れむべきだと述べるように、三悪道の長寿を前提とした慈悲を説いているのであり（五〇一～五〇三頁）、同様のことは北条政子にも伝えられている（五二八～五二九頁）。

もっとも法然も、前世の重視については慎重になっている場合がある。『往生浄土用心』で、「宿善によりて往生すへしと人の中候らん、ひか事にては候はす。かりそめのこの世の果報たにも、さきの世の罪、功徳によりて、よくもあしくもむまるゝ事にて候へは、まして往生程の大事、かならす宿善

によるへしと聖教にも候やらん。たゝし念仏往生は宿善のなきにもより候はぬやらん。」（五五六頁）と説いているのはその一例で、ここで法然は、一方では現世の善し悪しは一応前世からの宿善であると述べながらも、他方では往生の可否を宿善だけで説明することに慎重になっているのである。

しかし法然は、専修念仏誹謗者のみならず、専修念仏を歓ばない者も堕地獄の対象として説いている。親鸞にとっての堕地獄の対象は、教団への弾圧を招くような、教団内部の造悪無碍者と、念仏誹謗者のみに限られ、念仏不信者や念仏を喜べない者については救済を説いている場合があるが(32)、法然は北条政子に対し、「念仏信セヌ人ハ、前世ニ重罪ヲツクリテ、ヒサシクアリテマタ地獄ニハヤクカヘルヘキ人ナリ」（『鎌倉の二位の禅尼へ進ずる御返事』五三二頁）と、念仏不信者の前世、後世の堕地獄を説き、このことは『往生浄土用心』にも説かれている。また『無量寿経釈』でも、『無量寿経』の、念仏者は「踊躍歓喜」するという文を釈する際に、「但念仏往生文義如レ此、誰人聴レ之不二踊躍歓喜一、然有人聴レ之為二誹謗一、当レ知、此人五劫中可レ堕二大地獄一」（九二頁）と、念仏を歓喜しない者についての議論を、念仏誹謗者の堕地獄の説明に直結させ、さらにこの文に続いて、経典が念仏誹謗者の堕地獄の場所を明記していないことを問題視し、念仏誹謗者が、等活地獄や衆合地獄に堕ちることを詳細に説明し直している。法然はまた、「釈尊が『阿弥陀経』の内容を説き終わった時に、舎利弗・比丘・天・人・阿修羅などが歓喜した」という、『阿弥陀経』の末尾の経文を解説する際にも、弥陀の名号を持する者を誹謗する者は「未レ可レ得レ離二三途身一」と説いている（『選択集』「第十六章」三四六～三四七頁）。このように法然は、舎利弗たちが『阿弥陀経』の内容を喜んだという経文の内容からいささか飛躍してまでも、念仏を喜べない者を誹謗者と同一視し、誹謗者の三悪道への輪廻を重要視するのである。

また法然も、親鸞と同じように、弾圧を招く専修念仏内部の異義者を三悪道の対象としている。例えば法然は、一念義の克服に貢献した越中国光明房への消息で、一念義を説いた幸西を批判し、一念義は「懈怠無道心、不当不善ノタクヒ」であり「三途ニオチ」ると説いている（『越中国光明房へつかはす御返事』五三九頁）。また『七箇条制誡』第一条でも、

一　可丁停丙止未ㇾ窺二一句文一、奉ㇾ破二真言止観一、謗乙余仏菩薩甲事

を掲げ、「誹謗正法既除二弥陀願一、其報当ㇾ堕二那落一」（七八七頁）と、真言・止観を破り、諸仏諸菩薩を誹謗した者は「那落に堕す」と制誡している。これらは専修念仏への弾圧を避けるための対応であるが、法然は専修念仏内部の者も三悪道の対象としているのである。

法然は、畜生道への輪廻についても認識している。すなわち法然は、『往生浄土用心』で「魚鳥に七箇日のいみの候なる事、さもや候らん。……いきとしいける物は過去のちゝはゝにて候なれは、くふへき事にては候はす」（五六五〜五六六頁）と、魚鳥を過去世における父母に相当させているように、人が畜生に輪廻し得ることを説いて、その肉食をなるべく制止するよう説いているのである。

三悪道を重視するような法然の峻厳な態度は、化土の軽視にも見受けられる。化土は疑城・胎宮・辺地・懈慢とも呼ばれ、一応浄土の一部ではある。そしてもちろん法然も化土を認識していないわけではない。例えば『無量寿経釈』は、『菩薩処胎経』第二巻の「西方去二此閻浮提一十二億那由佗有二懈慢国一」の文を引用し、須弥山説を根拠に懈慢国（化土）の場所などについて明記する。しかし化土を説くのは、専修念仏に対する「懈慢」（怠惰）を批判するためだけであり（八六頁）、源信ほどは体

系化されない。法然の化土の軽視と輪廻の重視は、親鸞との比較においても明らかである。親鸞の場合は、諸行を修する者は化土に往生し、必然的に真実の浄土である報土に往生すると説いている[33]。それに対し、法然の場合は、『第十七条御法語』第一条で、阿弥陀仏の第二十願に相当する自力念仏者は、「三生ノ内ニカナラス果遂スヘシ。仮令通計スルニ、百年ノ内ニ往生スヘキ也」と、極楽往生までの期間は三度の輪廻であり、それは百年以内であると説いている（四六八頁）。

法然の化土の軽視にも、法然の厳格な廃立観が反映しているといえる[34]。法然は、『選択集』「第二章」の「純雑対」の記述で「先純者修二正助二行一者純是極楽之行也、次雑者是純非二極楽之行一、通二於人天及以三乗一、亦通二於十方浄土一、故云レ雑也」（三一六頁）と説き、『御消息』では、「極楽ならぬ余の浄土にむまれんとも、もしは都率にむまれんとも、もしは人中天上にむまれんとも、たとひかくのことく、かれにても、これにても、こと事に廻向する事なくして、一向に極楽に往生せんと廻向すへき也」（五八三〜五八四頁）と説いている。このように法然は、念仏者は、十方浄土や兜率天や人天に生まれ変わるために廻向するのではなく、一向に往生極楽のために廻向すべきであると説いている。法然は、往生の対象を極楽のみに定めて、化土のような中間的な浄土を捨象していたのである。

むすび

以上を総括しておきたい。

①法然は、四十三歳以前の天台浄土教受容期では、阿弥陀仏の仏身と浄土を、統摂的・汎神論的に

説明していた。しかし法然は、現世での衆生の平等を説くべく選択本願念仏説を重視するようになる。そしてこれに伴い、現世での自力による涅槃実現を、衆生の宗教能力を差別化する難行として否定するようになり、涅槃の否定は、阿弥陀仏の汎神論的性格の否定にも直結する。法然はまた、浄土宗・阿弥陀仏・極楽・称名念仏と対立する諸宗・諸仏・諸仏浄土・諸行を対立項として直視しながら否定する、廃立という立場を重視するようになる。そして法然は、これらの立場から、阿弥陀仏や極楽の高次性を述べながらも、領域については限定的に位置付けるようになる。そしてかかる極楽観は現世の浄土を成立させない。

②法然は、諸行往生の否定により現世における衆生の平等を説き、また平生の念仏によって臨終正念を確約するなどの画期的役割を果たした。しかし法然は、後世の不可知性を認識しながらも、後世往生を願うべきことを力説して、これを喜べぬことを厳しく批判する。法然はまた、出離生死という究極の救済も往生極楽と規定する。

③法然は、阿弥陀仏の第二願を根拠に、念仏を喜べぬ者は、三悪道に帰ることを力説している。法然にとっての三悪道の対象は、第一義的には念仏誹謗者であるが、さらに法然は、念仏を歓喜できない者や念仏不信者も、誹謗者と同様に三悪道の対象として位置付けている。法然が廃立との関連で三悪道を重視していることは、源信から親鸞に継承されたような、念仏誹謗者以外の仏教徒を救済する化土を軽視しているところにも顕著にあらわれている。

以上が、本章が明らかにしてきた法然の宗教的世界観の性格であるが、かかる法然の世界観の特徴については、次章で親鸞の世界観を検討したうえで、あらためて検証し直すことにしたい。

註

（1）宗教史の研究状況と問題点については本書序章七〜一三頁参照。
（2）黒田俊雄「中世における顕密体制の展開」（黒田俊雄著作集第二巻『顕密体制論』法藏館、一九九四年、一四九〜一五七頁）。
（3）石井教道『選択集の研究』「總論篇」（平楽寺書店、一九五一年）三三〇〜三六四頁。大橋俊雄「法然における専修念仏の形成」（日本思想大系10『法然　一遍』岩波書店、一九七一年、四二六〜四二七頁）。また法然が、『阿弥陀経』を根拠にして、「六方恒沙諸仏不レ証二誠余行一唯証二誠念仏一」（『選択集』「第十四章」三四四頁）と説くように、諸仏も阿弥陀仏の称名念仏のみを勧める場合があるため、統摂的な阿弥陀仏観はさらに緻密化され得る。すなわち大橋俊雄氏は、統摂的な阿弥陀仏観を、さらに絶対的弥陀統一観と相対的弥陀統一観とに区別する。前者は、汎神論的阿弥陀仏観の典型であり、後者は、阿弥陀仏と諸仏を区別しながらも、両者がともに称名念仏を勧めると考える阿弥陀仏観である。
（4）大橋俊雄「法然上人撰述浄土三部経末疏の成立前後に就て」（日本名僧論集第六巻『法然』吉川弘文館、一九八二年、五四頁）。末木文美士「『三部経大意』」（同『鎌倉仏教形成論』法藏館、一九九八年、一五〇〜一五三頁）。
（5）ただし平雅行氏は、他方で法然が、末法万年後になるまでは理観は不可能ではないと説明していることを根拠に、宗教的平等思想の確立が不完全であった側面を指摘している（『日本中世の社会と仏教』塙書房、一九九二年、一六五〜一六八頁）。
（6）本書第六章一九〇〜一九一頁。
（7）大橋俊雄註（3）前掲論文四二六頁。
（8）末木文美士註（4）前掲論文一五一頁。平雅行註（5）前掲書一七五〜一七七頁。
（9）袴谷憲昭『法然と明恵――日本仏教思想史序説――』（大蔵出版、一九九八年）四〇〜四一頁。
（10）本書第六章一九三〜一九七頁。『教行信証』「行巻　正信念仏偈」（日本思想大系11『親鸞』岩波書店、一九七一年、三〇二頁）。

(11) 田村芳朗「天台本覚思想概説」(日本思想大系9『天台本覚論』岩波書店、一九七三年、五四六頁)。
(12) 法然は、『選択集』「第四章」で、『無量寿経』が称名念仏を「捨家棄欲、起立塔像、菩提心」などの諸行とともに説き、また『観無量寿経』が称名念仏と定散二善(観想念仏と日常の善行)とをともに説いている理由を、善導の『観経疏』を根拠に「諸行為レ廃而説、念仏為レ立而説」(三二一～三二四頁)と説明している。また平雅行氏は、法然の、浄土宗立宗による諸宗浄土教否定が、諸宗の容認を前提にしていることを述べているが(平雅行註(5)前掲書一九八頁)、かかる否定対象たる諸宗の直視にも、廃立観が反映していよう。
(13) 本書第三章九七頁参照。
(14) 『摧邪輪』(日本思想大系15『鎌倉旧仏教』岩波書店、一九七一年、三一八頁)。
(15) 『興福寺奏状』第二条「図新像失」(日本思想大系15『鎌倉旧仏教』三一二頁)。
(16) この点については平雅行註(5)前掲書一七八頁参照。
(17) 『往生浄土用心』の史料性については大谷旭雄「法然上人における逆修について」(日本名僧論集第六巻『法然』一四九～一五〇頁)参照。また『大胡の太郎実秀へつかはす御返事』「三月十四日付」(五二〇～五二二頁)も、念仏者は、平生の念仏により、臨終には弥陀の来迎を受け、正念に住すると説いている。臨終正念を徹底的に否定する親鸞とは異なり、法然の場合は、平生念仏の結果として、阿弥陀仏の慈悲による臨終正念を確約しており、この特質については、すでに池見澄隆氏が指摘している(『増補改訂版中世の精神世界――死と救済――』人文書院、一九八五年、一四四～一五〇頁)。なお臨終時の心の状態がわからずとも、臨終時の心の状態が来世に直結するという考えが広範に説かれていたことについては、本書第三章九三～九五、九八～一〇二頁参照。
(18) 今堀太逸『神祇信仰の展開と仏教』(吉川弘文館、一九九〇年)一四～一六頁、平雅行註(5)前掲書一八二～一八三頁参照。また津戸三郎為守の信仰については、亀山純生『中世民衆思想と法然浄土教――〈歴史に埋め込まれた親鸞〉像への視座――』(大月書店、二〇〇三年)第三章第一節参照。
(19) 池見澄隆註(17)前掲書二九二頁。『津戸三郎へつかはす御返事』「十月十八日付」(五六七頁)、『浄土宗略抄』(五九〇頁)にも同様のことが記されている。

（20）かかる廻向心の説明は『法性寺左京大夫の伯母なりける女房に遣はす御返事』（五八九頁）、『正如房へつかはす御文』（五四六頁）などで繰り返し説かれる。なお正如房とは、後白河法皇第三皇女・式子内親王である。
（21）本書第六章一八五～一八六頁、補論二二三～二二六頁。
（22）井上光貞『新訂日本浄土教成立史の研究』（山川出版社、一九七五年）三一七、四四七～四四九頁。
（23）池見澄隆氏も、法然が、親しい人々の念仏不信と疎遠な念仏不信者とで、異なる対処をし、親しい正如房に対して、強い調子で不信を払拭するよう説いていることを指摘している（池見澄隆註（17）前掲書一五四頁）。
（24）親鸞の場合は、凡夫である自身が、「定聚」（現世で往生が定まること）や往生を喜べないという慚愧を前提にして、そのような凡夫を救済する阿弥陀仏の絶対性を説いている（『教行信証』「信巻」〈日本思想大系11『親鸞』三二八頁〉、『歎異抄』第九章〈日本古典文学大系82『親鸞集　日蓮集』岩波書店、一九六四年、一九七～一九八頁〉）。
（25）親鸞聖人全集『輯録篇1』（親鸞聖人全集刊行会、一九五七年）一三三頁。
（26）親鸞聖人全集『和讃篇』（親鸞聖人全集刊行会、一九五五年）一二三～一二五頁。本書第六章二〇八頁参照。
（27）浄土教では、往生した者は六道のことを知る能力である「神通力」を得ると説かれていた。本書第一章三五～三六頁。
（28）末木文美士「慈悲と選択」（『日本仏教思想史論考』大蔵出版、一九九三年、三七六頁）。
（29）日本思想大系15『鎌倉旧仏教』三二四頁。
（30）『選択伝弘決疑鈔』巻第二（『浄土宗全書　七』山喜房佛書林、一九七一年、二三九頁）。この点については、すでに大橋俊雄氏が日本思想大系10『法然　一遍』一〇三頁頭注で明らかにしている。
（31）本書第二章五八頁。
（32）註（24）および本書第六章二〇五～二一四頁。
（33）本書第六章二〇九～二一一頁。
（34）平雅行氏も、法然の浄土宗立宗の最大の課題が凡夫の報土往生にあり、法然がこれに関連して諸宗の化土往生観を否定対象にしていることを指摘している（平雅行註（5）前掲書一七九頁）。

第六章　親鸞の宗教的世界観

はじめに

本章では親鸞の三世因果観、およびこれを前提とした浄土観と六道観について見ていく。すでに述べたように、親鸞の浄土観や、これと関連する往生観などは、従来から様々な見解が出されているが[1]、本章では、中世宗教史研究の立場から、この問題に取り組んでみたい。

一　親鸞の汎神論的世界観

1　報身・報土の性格

親鸞の浄土観の根本的な説明は、親鸞の主著『顕浄土真実教行証文類』（以下『教行信証』と表記）の「真仏土巻」においてなされている。『教行信証』「真仏土巻」の冒頭は次のように表記されている。

謹按《テレ》真仏土《ヲ》者《ハ》仏者《ハ》則是不可思議光如来《ナリ》　土者《ハ》亦是无量光明土也然《レハ》則酬《チシユ》報《スルカ》　大悲《ノ》誓願《ニ》故《ニ》曰《フナリ》
真《ノ》報仏土《ト》既《テニシテイマス》而有願　即光明寿命之願是也

大経《ニ》言《ク》設我得《ラムニ》仏《ヲ》光明有《テ》能《ク》限量下《モ》至《ラ》不《ルニ》照《ラ》百千億那由他《ノ》諸仏国《ヲ》者《ハ》不《シト》取正覚《ヲ》

又願《ニ》言《ク》設我得《ムニ》仏《ヲ》寿命有《テ》能《ク》限量下《モ》至《ラ》百千億那由他劫《ノニ》者《ハ》不《シト》取《ラ》正覚《ヲ》

願成就《ノ》文《ニ》言《ク》仏告《ハク》阿難《ニ》无量寿仏《ノ》威神光明最尊第一《ニシテ》諸仏《ノ》光明《ノ》所《ナリ》不《ル》能及《コト》（後略）(2)

このように「真仏土巻」の冒頭は、「大悲誓願」の「酬報」を理由に、「真仏土」を「報仏土」と呼んでいるように、仏と土との区別が「報」をキーワードにしながら説明される。これらの仏と土はそれぞれ、親鸞の教義の分類表である『愚禿鈔』が、「報身」や「報土」と呼んでいるものに相当する。(3) 続く「大経」（『大無量寿経』）が引用された三行目の「光明」についての文は、『大無量寿経』が説く、阿弥陀仏の因位である法蔵菩薩の第十二願であり、「光明无量之願」と呼ばれる。また四行目の「寿命」についての文は、同じく第十三願であり、「寿命无量之願」と呼ばれる。そして次の行に引用された「願成就文」は、「無量寿仏」の「光明」が「第一」であると説いている。これらの文には、親鸞の「真仏土」観の本質的性格が説明されている。また「報」の重視には、原始浄土思想の伝統が如実に反映している。本項では、このことを特に「報土」との関連で見ていきたい。

「浄土」という語は、人々の救済を果たす他界という意味で、自明のごとく使用される傾向にあるが、藤田宏達氏によると、「浄土」の語は、経典の漢訳過程で成語化された語であり、サンスクリット本の大乗経典からは、「浄土」に相当する語は抽出できないという。そして漢訳の「浄土」は、サンスクリット本大乗経典が説く「仏国土を浄める」という思想をあらわしている。これは、仏になるための誓願を立てた大乗の菩薩たちが、①自身が出現すべき国土を清浄化し、②自身が仏になり、③この仏国土に属している衆生を安穏で清浄な仏道に入れる、ということを意味する。(4)「報土」の語は、このような菩薩の誓願が報われて成立した世界である「仏国土」の性格を如実にあらわしており、「報身」も、誓願を成就した「仏」を意味しているのである。

親鸞は、菩薩が誓願を成就して成仏した時に、①その菩薩の功徳がはたらく領域が仏国土になり、②その菩薩が仏になり、③その領域に所属する衆生が菩薩になる、という教義を重視しており、これは、親鸞思想の中核を占めている。かかる思想に重要な影響を与えたのが、親鸞が「浄土真宗」の興隆者として崇拝した七高僧の中の、天親と曇鸞である。瑜伽唯識の大家として五世紀インドで活躍した天親は、その著『浄土論』で、五念門という菩薩行を説いている。天親は、「尽十方無碍光如来」という仏の他力により、菩薩が、五念門の菩薩行を達成し、仏国土、仏、菩薩を「荘厳功徳成就」（成立）させると説いている。ただし天親が五念門を説いた教義的根拠は『華厳経』にあるといわれ、天親に阿弥陀仏信仰があり得ても、『大無量寿経』の影響は希薄だったという指摘がなされている。(5)かかる天親と親鸞との間に介在するのが梁の曇鸞（四七六～五四二）である。曇鸞は、『大無量寿経』の影響を受けながら、『浄土論』を注釈して、『浄土論註』を著したように、前者二作の教義を統合した点に画期性を有している。『浄土論』の教義とは、菩薩が五念門の修行を経て、仏国土・仏・菩薩を成立させるという教義であり、『大無量寿経』の教義とは、阿弥陀仏の菩薩時の法蔵菩薩の願と、成仏した阿弥陀仏の力が互いにはたらくという教義である。曇鸞が法蔵菩薩を重視したことは、「菩薩」に二つの意味を付与することになる。一つは「願生行者」と呼ばれる衆生であり、もう一つは阿弥陀仏の因位である法蔵菩薩である。この点について、他力思想を徹底的に重視する親鸞は、『教行信証』で、菩薩行について「廻向《シタマヘリ》」と表記し、『入出二門偈頌』でも、「二者《ニハ》業力謂《イハク》法蔵《ノ》大願業力《ニ》所《ラレタリ》成就《セ》二者《ハ》正覚阿弥陀法王《ノ》善力《ノ》所《ニラレタリ》摂持《セ》」(6)と明記するように、五念門の菩薩行の主体を完全に法蔵菩薩と位置付けている。さらに親鸞は、『教行信証』「証巻」で、『浄土論註』を引用して「此三種《ノ》荘厳成就由《ハテ》本《ト》四十八願等《ノ》清浄《ノ》願心之所《ナルニ》荘厳《セル》」(7)と述べるように、仏国土・仏・菩薩の「三種」は、「四十八願」を立てた法蔵菩薩が阿弥陀仏になった結果において成立すると説くのである。

このように、先述の親鸞の「則《チ》酬《シユ》報《スルカ》大悲《ノ》誓願《ニ》故《ニ》」という発言は、法蔵菩薩の四十八願の成就を意味し、「報身」「報土」は、法蔵菩薩の願を成就した阿弥陀仏とその浄土を意味するのである。

2　最高神としての阿弥陀仏

曇鸞の教義を継承した親鸞の法蔵菩薩重視は、浄土真宗の権威性の説明につながる。そしてこのことを考える際には、中世宗教の客観的性格が、比較史やマルクス主義文化史論により規定が試みられてきたことを振り返る必要がある。例えば、比較史では、西洋におけるヘレニズムに対するヘブライズムのような、絶対否定の思想を中世宗教の特徴としてきたし、(8)マルクス主義文化史理論は、①古代アジア的共同体やこれに伴う専制の相対化や、②呪術を背景にした多神観と、これを否定するための最高神の形成を、中世宗教の性格として掲げてきた。(9)これらの規定は、親鸞にとっての阿弥陀仏が、世俗的、宗教的権威を相対化することを把握するためには、依然として有効性を保持している。

本章の冒頭で引用したように、親鸞は、法蔵菩薩が無量寿仏（阿弥陀仏）に成仏すると、阿弥陀仏の光明は最も尊く、諸仏の光明は阿弥陀仏に及ばないと述べている。かかる阿弥陀仏の最高権威は、法蔵菩薩の完璧な修行を根拠に説明され、この説明はまず、親鸞が阿弥陀仏と衆生の行を比較している箇所に見られる。すなわち親鸞は、「信巻」の三心《さんしん》（『大無量寿経』が説く信心の三つの性格）の説明で、衆生の心については、「一切群生海《ノ》自《ヨリ》従无始已来《タ》乃至今日至《マテ》今時《ニ》穢悪汚染《ニシテ》无《シ》清浄心《ノ》虚仮諂《テン》偽《ニシテ》无《シ》真実心《ノ》」と述べ、これに対し阿弥陀仏の修行に伴う心については「如来悲憫《ヒンシテ》一切苦悩《ノ》衆生海《ヲ》於《テ》不可思議兆《テウ》載永劫《ニ》行《タマフシ》菩薩《ノ》行《ヲ》時《ノ》三業所修一念一刹那《モ》无《シ》不《ルコト》清浄《ナラ》无《シ》不《ルコト》真心《ナラ》」(10)であると述べる。衆生の心は清浄ではないのに対し、阿弥陀仏が衆生への慈悲を保ちながら行った菩薩行やその心は常に清浄であるというのである。かかる菩薩行の重視と、衆生の限界の説明は、親鸞が止観成就を目指す常行三昧堂の堂僧として、止観の問題点を認識するに至ったという親鸞自身の経歴と合致する。また周知のごとく、親鸞は、善導の「不得外現賢善精進之相内懐虚仮」という記述を、『愚禿鈔』において「不《レ》レ得《エ》ト外《ニ》現中《ズルヿヲ》賢善精進之相《ヲ》上内《ニ》懐《レバナリ》虚仮《ヲ》」(11)（訓点・返点、原文ノママ）という独自な読み方をして、衆生は虚仮の心を懐かざるを得ないことを吐露し、『一念多念文意』では、凡夫の煩悩について、「欲もおほく、いかり・はらたち・そねみ・ねたむこゝろおほくひまなくして臨終の一念にいたるまでとゞまらず」(12)と内省している。かつて家永三郎氏は、親鸞は無限者としての阿弥陀仏の絶対視により人間自身による救いを否定したと述べたが、(13)親鸞の衆生否定は、かかる阿弥陀仏の修行との対比的説明に典型的にあらわれる。ただしかかる衆生の一元的否定は、専修念仏の弾圧者である後鳥羽上皇や、領家・地頭・名主など、(14)あらゆる世俗的権威を否定し、一切衆生の平等視に直結するという画期的性格を持ち得ることになる。

阿弥陀仏の絶対的な菩薩行は、他の宗教権威の相対化にもつながる。日本の中世は、「封建領主または国王のヒエラルキーのピラミッドが投影」して、多神観を前提にした最高神の形成がなされており⑮、これは「重層的な仏神の体系」とも呼ばれる。⑯かかる秩序下において親鸞は、「真仏土巻」で、『大無量寿経』の異訳の一つ、『仏説諸仏阿弥陀三耶三仏薩楼仏檀過度人道経』（『大阿弥陀経』）の「所《ユ》下以《ヘ》諸仏《ノ》光明《ノ》所《ニ》照《ス》有《ル》中近遠上者《ハ》何《ントナレハ》 本《ト》其《レ》前世《ノ》宿命《シウニ》求《テ》二道《ヲ》一為《タリシニ》二菩薩一照二所《スル》願《ヲ》功徳各自《オノツカラ》有《リ》二大小一至《テ》四其《レ》然《シカウシテ》 後《チ》作《ル》仏《ニ》時《ニ》各自得《ミツカラ》之《タリ》是《ヲ》故《ノ》令《ニ》光明《ム》転《ウタ、サラ》不二同等《ナラ》諸仏《ノ》威神同等《ナルナラクノミト》耳 自在意《ノ》所《ノ》欲作為不《シテス》二予計《アラカシメハカラ》阿弥陀仏《ノ》光明《ノ》所《ス》照最大《ナリ》諸仏《ノ》光明皆所四不《ル》能及《コト》也」⑰という文を引用し、阿弥陀仏と諸仏との菩薩行を比較して、阿弥陀仏が最高性を有することを論証している。法然は、称名念仏は阿弥陀仏が選んだ行であるから絶対性を有すると説明する選択本願念仏説を説いたが、⑱これを保障する阿弥陀仏の高次性は、親鸞により徹底的に論証されることになったのである。

日本中世において、宗教的権威を比較することは重要な問題に直結し得る。例えば解脱房貞慶が、『興福寺奏状』で、専修念仏批判に際し、「軽二釈尊一失」⑲を掲げたのは、阿弥陀仏を最高権威と位置付けたことを批判するためであった。顕密仏教内部においても、二条上皇の葬送に際して、興福寺と延暦寺がその順位を争った額打論の例もあるように、宗教的権威の問題は武力闘争に至ることもあった。⑳また阿弥陀仏の最高権威は、『沙石集』「巻一―一〇　浄土門ノ人神明ヲ軽《かろんじ》テ蒙レ罰事」㉑の例もあるように、寺社領主に対抗して、所領獲得や年貢対捍を期する人々に受容されやすいものであった。親鸞が論証した阿弥陀仏の権威性は、このように社会的問題に発展し得るものだったのである。

3　絶対神としての阿弥陀仏

阿弥陀仏の最高性を論証する親鸞は、阿弥陀仏が絶対的に清浄な修行を行っていることを根拠に、阿弥陀仏を遍在性を有する汎神論的な仏として説明する。親鸞が阿弥陀仏の遍在性を比較的明瞭に説明しているのが、『唯信鈔文意』の「極楽无為涅槃界」の説明である。

「極楽无為涅槃界」といふは、極楽とまふすはかの安楽浄土なり、よろづのたのしみつねにして、くるしみまじわらざるなり。かのくにおば安養といへり。曇鸞和尚はほめたてまつりて安養とまふすとこそのたまへり。また『論』には、「蓮華蔵世界」ともいへり、「无為」ともいへり。涅槃界といふは无明のまどひをひるがへして、无上涅槃のさとりをひらくなり。界はさかいといふ、さとりをひらくさかいなり。大涅槃とまふすにその名无量なり、くわしくまふすにあたはず、おろ〳〵その名をあらはすべし。涅槃おば滅度といふ、无為といふ、安楽といふ、常楽といふ、実相といふ、法身といふ、法性といふ、真如といふ、一如といふ、仏性といふ、仏性すなわち如来なり。この如来微塵世界にみち〳〵たまへり、すなわち一切群生海の心なり、この心に誓願を信楽するがゆへに、この信心すなわち仏性なり。仏性すなわち法性なり、法性すなわち法身なり。法身はいろもなし、かたちもましまさず。しかればこゝろもおよばれずことばもたへたり。この一如よりかたちをあらわして、方便法身とまふす御すがたをしめして、法蔵比丘となのりたまひて、不可思議の大誓願をおこしてあらわれたまふ御かたちおば、世親菩薩は尽十方无碍光如来となづけたてまつりたまへり。この如来を報身とまふす、誓願の業因にむくひたまへるゆへに報身如来とまふすなり。報とまふすはたねにむくひたるなり、この報身より応・化等の无量无数の身をあらはして、微塵世界に无碍の智慧光をはなたしめたまふゆへに尽十方无碍光仏とまふすひかりにて、かたちもましまさず、いろもましまさず、无明のやみをはらひ悪業にさえられず、このゆへに无碍光とまふすなり。无碍はさはりなしとまふす、しかれば阿弥陀仏は光明なり、光明は智慧のかたちとしるべし。[22]

このように親鸞は、まず涅槃について説明する。涅槃は、「こゝろもおよばれずことばもたへたり」という、意識や言葉では表現できない境地であるが、逆にそのために、法性、法身、真如、如来など、「无量」の名前で呼ばれ、またこの如来は「微塵世界」に遍在している。そして如来は、「一如」から、「方便法身」というすがたとかたちをあらわすという。親鸞は、それは法蔵菩薩であるといい、また世親（天親）に依拠して、「尽十方无碍光如来」と名づけられる「報身」であると説明する。かかる天親の重視は、親鸞の汎神論の一特徴を示している。すなわち天親および『浄土論』については、源信が観想念仏の説明で依拠していたのに対し、[23]法然の場合は、『選択本願念仏集』で、浄土宗にとって重要な経論である「三経一論」の一書として『浄土論』を掲げながらも、その記述以外では、『浄土論』について全く言及していない。これに対し親鸞は再び『浄土論』を重視し直しているのであり、ここには涅槃や阿弥陀仏の遍在性を重視する源信と親鸞の共通性と、これを否定する法然との相違があらわれている。そして「尽十方无碍光如来」という空間的な遍在性は、「真仏土巻」に引用された、先述の、『大無量寿経』が説く法蔵菩薩の第十二願の「光明无量之願」に対応しているのである。

また、「真仏土巻」には、「寿命无量之願」が掲げられているが、かかる時間における阿弥陀仏の遍在性も、阿弥陀仏の権威性の説明に直結する。中世では、常に覚りの状態にある本覚神、ある時に覚りを開いた始覚神、いまだに覚っていない不覚神が仏神の価値性を示していた。[24]かかる状況にあって親鸞も、阿弥陀仏を、本覚神であり根源神として説明する。例えば親鸞は、一方で「弥陀成仏のこのかたは　いまに十劫をへたまへり[25]」と述べて、阿弥陀仏を称讃しており、この記述は十劫以前には阿弥陀仏は存在しないという、阿弥陀仏の「始覚神」的限界を付与し得るが、他方で、「弥陀成仏のこのかたは　いまに十劫とときたれど　塵点久遠劫よりも　ひさしき仏とみえたまふ」と説き、あるいは「久遠実成阿弥陀仏[26]」と説いて、阿弥陀仏の時間的限界を除こうとしている。かかる親鸞の阿弥陀仏観は、師の法然とも異なる特徴を示している。すなわち法然の場合は、阿弥陀仏以前に五十三の諸仏が出興したことについて明記しているが[27]、親鸞が、阿弥陀仏以前の仏として言及するのは、法蔵菩薩の師である「世自在王仏」だけであり、さらに、「世自在王仏」（世饒王仏）についても、「化身証ノ成　世饒王仏ナリ[28]」というように、阿弥陀仏とは別の仏ではなく、阿弥陀仏の本願の正当性を認可した弥陀の化身として位置付けている。また、親鸞は未来における阿弥陀仏の無限性も説いている。すなわち親鸞は「真仏土巻」で、善導の『観経疏』を引用し、『観音授記経』という経典が説く、「阿弥陀仏亦有二入涅槃ノ時一」（「阿弥陀仏も死去する場合がある」）という教義について、「報身常住ニシテ　永ク无シ二生滅一[29]」ということを詳説しながら批判する。ここにも法然が、阿弥陀仏が「涅槃」した後の念仏利益として、独自に「終益」を説いたこととの相違点があらわれている。

遍在性を有する阿弥陀仏は諸仏を包摂する。親鸞の諸仏肯定の教義的説明は、『教行信証』「行巻」に見られ、親鸞は、法蔵菩薩の第十七願である諸仏称名之願と、『阿弥陀経』を根拠にして、阿弥陀仏が選択した念仏を、諸仏も称讃したことを論証している。むろん、諸仏と阿弥陀仏とを区別しながら、諸仏も阿弥陀仏の念仏を称讃したという教義は、すでに法然が『阿弥陀経』を根拠に論じたところである。[30] しかし親鸞は、「諸仏」について触れた和讃の左訓で、「みたをしよふちとまうす　くわとにんたうのこゝろなり[31]」と述べる。「くわとにんたう」とは、先述の『仏説諸仏阿弥陀三耶三仏薩楼仏檀過度人道経』（傍線江上）のことであり、親鸞はこれを根拠に、阿弥陀仏は諸仏であると説き、さらにこれによって、阿弥陀仏を唯一神であり絶対神であると説明するのである。田村芳朗氏は、法然が「相対的二元論」として浄土念仏を独立させて、本覚思想を批判したのに対し、親鸞は「絶対的一元論」である本覚思想に回帰していると述べたが、[32] 親鸞による、阿弥陀仏の一元性や無限性の説明は、ここで典型的に述べられている。

　真仏土の諸仏の包摂は、衆生が浄土真宗に遇うまでの輪廻過程の包摂を意味する。親鸞は、『唯信鈔文意』において、弥陀の教えに出遇うまでを、「おほよそ過去久遠に三恒河沙の諸仏のよにいでたまひしみもとにして、自力の菩提心をおこしき、恒沙の善根を修せしによりて、いま願力にまうあふことをえたり[33]」と述べて、他力念仏の者は、諸仏のもとで輪廻してきたのだと同朋に説き、和讃でも「三恒河沙の諸仏の　出世のみもとにありしとき　大菩提心おこせども　自力かなはで流転せり[34]」と述べている。このように親鸞は、輪廻観を前提に、自力の行は諸仏に守護されて修するものであること、諸仏の守護による諸行実践過程は輪廻過程であること、そして親鸞自身もかつて自力の諸行を修していたと自覚していることを述べている。また、自力の修行が、浄土真宗に出遇う過程になることは、「定散自力の称名は　果遂のちかひに帰してこそ　をしえざれども自然に　真如の門に転入する[35]」の和讃にもうかがえる。親鸞が、阿弥陀仏は諸仏を包摂すると説いていることは、一見、顕密仏教への妥協に見える。しかし親鸞が、諸仏の慈悲や過去世における輪廻を直視していることは、自身の過去を直視し、内省している態度として把握すべきである。顕密寺院が此岸の平等を阻む批判すべき権力機構であるとはいえ、親鸞はその中で育ち、「平等覚」を追究するに至ったからである。

また親鸞にとって、未来の時間は、他力の念仏に出遇っていない者が、これに出遇っていく過程と認識される。そしてこの期間も「真仏土」に含まれることになる。既述のとおり親鸞は、阿弥陀仏の未来における無限性を説いている。そして、親鸞は、『唯信鈔文意』で、善導の「若少一心即不得生」の文について解説する際に、『大無量寿経』の第十八願が説く三信心が欠ければ即座に報土に往生できないで化土に往生すると述べ、さらにこの直後に「のちにむまるべきゆへにすなわちむまれず」[36]と説いている。つまり親鸞は細心の注意を払って、人々は「のちにむま」れて、必然的に他力念仏に帰すると説いているのである。このように「化土」が人々を弘願念仏に遇わせるという機能を有することを踏まえると、相対的には「化土」は「真仏土」と対立するものであるが、絶対的には「化土」も「真仏土」に含まれることになる。親鸞が、化土を「仮之仏土」と言い換えて、報土と区別しながらも、「真仮皆是酬レ報セリ大悲願海ノ二」[37]と化土を報土に含めた理由は、ここにあると考える。

4　真仏土の利益

(1)　念仏衆生の心への内在

親鸞は、阿弥陀仏を「尽十方无碍光如来」と呼んで、その汎神論的性格を説明したが、この汎神論的性格の一義的意義は、念仏衆生の救済にある。すなわち親鸞は「証巻」で、仏国土・仏・菩薩と、「清浄」であり遍在性を有する法性法身・方便法身とは、「広略相入」(重複)すると述べている[38]。そしてこれらは、歴史事実として、仏国土は教団と浄土、仏は阿弥陀仏、菩薩は信心獲得した念仏衆生と理解することができる。また親鸞は、阿弥陀仏の遍在性の本質的意義が、十方の念仏衆生の救済であることを力説する。すなわち親鸞は和讃で、「十方微塵世界の　念仏の衆生をみそなはし　摂取してすてざれば　阿弥陀となづけたてまつる」[39]と述べ、「摂取」の句に、「ひとたびとりてながくすてぬなり　せふはもの丶にくるをおわえとるなり　せふはおさめとる　しゆはむかへとる」という左訓を付して、阿弥陀仏の強い救済力を力説するのである。

親鸞はまた、法性法身・方便法身・仏国土・仏・菩薩が重複する根拠を、法性法身と方便法身が、「清浄」であり「无相」であるからだと述べ、さらに「清浄」たる所以を「色」でも「非色」でもない点に求める[40]。かかる清浄性は、『唯信鈔文意』の「法身はいろもなし、かたちもましまさず。しかれば、こ丶ろもおよばれずことばもたへたり」という説明に相当する。このように親鸞は、心や言葉にできない境地に清浄性を込めている。さらに親鸞は『唯信鈔文意』で、「この如来微塵世界にみち〳〵たまへり、すなわち一切群生海の心なり」というように、清浄な性格を有する如来は、信心として念仏衆生の心に内在すると説いている。清浄性の内在の説明は、浄穢観念と身分制との関連がきわめて濃厚な中世において[41]、念仏衆生の清浄性を説明するという画期性を持ったと考えられる。平雅行氏は、親鸞が『一念多念文意』で「虚仮疑惑のものおば、非人といふ」と述べていることを根拠にして、真実の信仰者は、自身が悪人であることを自覚せずに他人を賤視する者こそが非人であると指弾できたことを論じているが[42]、親鸞が阿弥陀仏の清浄性を説いていることも、信心獲得者に対する賤視を克服し、念仏者の主体性を確立させることになる。

以上のように親鸞は、言葉や意識で説明できないような心を静めた境地である涅槃を重視している。法然が自力による涅槃追究を難行として否定しようと試みたのに対し、親鸞の場合は、顕密仏教での修行は放棄したが、直観による涅槃の追究は放棄せず、むしろ阿弥陀仏の他力による涅槃の実現を追究し続けていた。それは親鸞が「いかり・はらたち・そねみ・ねたむ」煩悩を、随時内省しようと努めていたからである。そして親鸞が重視していた「尽十方无碍光如来」の救済性は、蓮如期でも再び重視し直され、やがて本願寺教団が「無碍光宗」と呼ばれることに展開することになる[43]。

(2)　苦悩の克服

阿弥陀仏の汎神論的性格は、人々の苦悩の解消に直結する。その救済性の説明が特に顕著なのが、『教行信証』「行巻」における「一乗海」の説明である。

言一乗海者《トハ》一乗者《ハ》……即是涅槃界《ナリ》　涅槃界者《ハ》即是究竟法身《ナリ》　得究竟法身《ヲ》者《ハ》則究竟《スルナリ》　一乗《ヲ》无《マシマサス》　異《コト》如来无《マシマサス》　異《コト》法身　如来《ハ》即法身《ナリ》　究竟《スル》一乗《ヲ》者《ハ》即是无辺不断《ナリ》　大乗《ハ》无《シ》有《コト》二乗三乗　二乗三乗者《ハ》入《ラシメムトナリ》　於一乗《ニ》一乗者《ハ》即第一義乗《ナリ》　唯是誓願一仏乗也……言海《ト》者《ハ》従《ヨリ》久遠《コノカタ》已来転《シ》凡聖所修《ノ》雑修雑善《ノ》川水《ヲ》転《シテ》逆謗闡提恒沙无明《ノ》海水《ヲ》成《ル》本願大悲智慧真実恒沙万徳《ノ》大宝海水《ト》喩《ル》之《ヲ》如《キニ》海《ノ》也良《トニ》知《ヌ》如《シ》経《ニ》説《テ》言《ヘルカ》　煩悩《ノ》氷《リ》解《トケテ》　成《ルト》功徳《ノ》水《ト》已願海者《ハ》不《ス》宿《ヤトサ》二乗《ノ》雑善《ノ》中下屍骸《ヲ》何況《ニヤム》宿人《ノ》天虚仮《ノ》邪偽善業雑毒雑心《ノ》屍骸《ヲ》乎《ヤ》[44]（訓点・返点、原文ノママ）

すなわち親鸞は「一乗海」の「一乗」とは「涅槃界」であり、「究竟」「无辺不断」という無限性を有し、また「二乗三乗」という諸現象を包摂し一元化すると述べる。また親鸞は、「一乗海」の

「海」について、海が川の雑多なものを包摂することに譬えて、阿弥陀仏の本願は、「逆謗闡提」と呼ばれる念仏誹謗者や、衆生の煩悩などを解消すると説いている。かかる阿弥陀仏の汎神論的性格は、六道の苦悩の克服にもつながる。親鸞は、龍樹の「空」の思想などを継承しながら、『浄土和讃』で「解脱の光輪きはもなし　光触かふるものはみな　有无をはなるとのべたまふ　平等覚に帰命せよ」と述べて、阿弥陀仏の遍在性を根拠に、事象の有無を問題にすることを否定し、あるいは「仏光」が「三途の黒闇をひらく」と述べて、阿弥陀仏の光明は、三途（地獄、餓鬼、畜生）の脅威を克服すると説明する。(45)特に『歎異抄』の「念仏は、まことに浄土にうまるゝたねにてやはんべるらん。また、地獄にをつべき業にてやはんべるらん。惣じてもて存知せざるなり(46)」という発言は、親鸞が他界実在の有無を問題化することを否定した、典型的発言であろう。ただし中世に生きる親鸞が完全に他界観念を払拭できたかどうかは検討の余地がある。次節ではこのことについて検討してみたい。

二　親鸞思想における浄土と六道の実在視

1　実在としての「真仏土」

前節では、親鸞が、汎神論的な阿弥陀仏の無限性や遍在性を根拠に、諸現象の実在視を否定していたことを見てきた。ところで岩波書店の『岩波仏教辞典』の第二刷は、親鸞の往生観について、親鸞の難思議往生＝成仏には①死と同時に成仏、②臨終一念の夕に成仏、③この世で心が成仏、④この世で成仏の四つの時期が見られるとした上で、④を重視する近年の学説がある。(47)

と解説している。そして前節で述べたように、親鸞が、如来は衆生の心に内在すると説いていることは、③の説の一面の妥当性を示している。ただし現世における心の成仏は、一瞬一瞬である。親鸞は『教行信証』「行巻」の「正信念仏偈」で、「不《スシテ》断《セ》煩悩《ヲ》得《ウルナリ》涅槃《ヲ》」「邪見憍慢悪衆生　信楽受持《スルコト》甚《タ》以《テ》難《シ》」(48)と述べるように、本覚思想の系譜を引いた直観による涅槃の実現を説いているからである。

問題は①、②、④である。これらについては、親鸞自身の発言の複雑さを見直さなくてはならない。まず死と往生との関連でいえば、①と②には微妙な差異が存在する。②は、『教行信証』「信巻」の、「真《ニ》知《リヌ》　弥勒大士窮《キワムルカ》等覚金剛心《ヲ》故《ニ》竜華三会之暁当《ニ》極《ム》无上覚位《ヲ》念仏衆生《ハ》窮《ルカ》横超《ノ》金剛心《ヲ》故《ニ》臨終一念之夕超証《ス》大般涅槃《ヲ》」(49)の記述に注目した説であると考えられ、この記述自体が、②の説の妥当性を示している。ただし先述のように親鸞は、『一念多念文意』で、「凡夫」の「煩悩」は、「臨終の一念」まで「とゞまらず」と述べており、この発言は、臨終の一念における往生の否定につながる。また親鸞の往生観の画期性は、臨終正念の否定にあることに注意せねばならない。中世では臨終正念が重視され、法然ですら、阿弥陀仏のはたらきによるとはいえ、臨終正念の利益を説いていたのである。(50)これに対して親鸞は、『末灯鈔』第六通の文応元年（一二六〇）の乗信宛ての消息で、

なによりも、こぞ・ことし、老少男女おほくのひと〴〵のしにあひて候らんことこそ、あはれにさふらへ。たゞし、……善信が身には、臨終の善悪をばまふさず、信心決定のひとは、うたがひなければ正定聚に住することにて候なり。さればこそ愚痴无智のひとも、おはりもめでたく候へ。如来の御はからひにて往生するよし、ひと〴〵まふされ候ける、すこしもたがはず候なり。(51)

と述べ、親鸞は多くの人が死去した現実を前にして、信心決定の人々は往生が確定しているため、臨

終の善悪を問題にせずともよいと説いている。この点において、②の臨終の一念で往生するという説は、親鸞の往生観の画期性を見失い得るという問題がある。

次に問題となるのが、①と④であり、これらの説には、親鸞にとっての往生が現世に実現するか、来世に実現するか、という最も根本的な対立点が含まれている。そしてこれらの対立は、現在の激しい見解対立を引き起こしているのみならず、すでに親鸞の在世時代に関東の同朋を混乱させていたのである。この見解の相違は「諸仏等同」「弥勒等同」「現生正定聚」をどのように解釈するかにかかっている。まず「諸仏等同」「弥勒等同」とは、例えば、親鸞が無年号十一月二十六日の随信房宛ての消息で、

　信心をえたるひとは諸仏とひとしととかれてさふらふめり。また弥勒をば、すでに仏にならせたまはんことあるべきにならせたまひてさふらへばとて、弥勒仏とまふすなり。しかればすでに他力の信をえたるひとをも、仏とひとしとまふすべしとみえたり。……いまだ信心さだまらざらんひとは、臨終をも期し来迎をもまたせたまふべし(52)。

と説いているように、信心を得た人を弥勒仏や諸仏に等しいと位置付ける教義である。そしてこのように位置付けられた人々は臨終や来迎を期する人と対立する立場に立つ。また「現生正定聚」については、『教行信証』「信巻」の「獲得《スレ》金剛真心《ノ》者《ヲハ》……必獲《スウ》現生《ニ》十種《ノ》益《ヲ》……十者《ニハ》入《ル》正定聚《ニ》益也(53)」という説明が根本をなしており、一義的には「現世で往生がさだまる」という意味とされる。ただし実際には少し複雑である。例えば、『一念多念文意』は、「即得往生」の説明で、「正定聚のくらゐにつきさだまるを、往生をうとはのたまへるなり(54)」と説いており、これは確かに「現生正定聚＝往生」

という意味に解釈できる。しかし他方親鸞は、この文の「正定聚」の語に左訓を付して「わうじやうすべきみとさだまるなり」と、「往生」を未来のことと規定している。

この問題を歴史過程のなかで明らかにした研究者に赤松俊秀氏がいる。赤松氏は、関東の同朋が地頭・領家・名主から弾圧を受けた際に、親鸞が弾圧者と同朋のいずれを批判したか、という服部之総氏との論争に際し、「諸仏等同」や、教団に属しながら教団に被害をもたらす「獅子身中の虫」に焦点を当て、親鸞が同朋のほうを批判したことを論証している。[55]これに際し、赤松氏は、親鸞の同朋の偏向を記す越後浄興寺所蔵『親鸞廿一箇条禁制』をあげ、その第十三条の「念仏行者、以造悪之身、与諸仏如来同者、不可称」という禁制を根拠に、諸仏等同が批判されていることを明らかにしている。赤松氏はまた、親鸞は諸仏等同について説いた消息を建長七年（一二五五）から正嘉二年（一二五八）まで発給していたが、これらが関東の同朋を混乱させたため、その収拾を図るべく、「諸仏等同」の語を意識的に避けた正嘉二年十二月十四日の自然法爾消息に至るまで、数通の消息の作成に迫られたという。慶信宛の『末灯鈔』第十四通、すなわち『真蹟書簡』第四通もその一つとされる。『真蹟書簡』第四通は、十月十日の慶信の上書に親鸞が加筆したものであり、無年号であるが、正嘉二年の執筆だと考えられている。そして、親鸞は次のように訂正している。

〔『華厳経』を引て『浄土〕和讃』にも、信心よろこぶ其人を、如来とひとしと説きたまふ、大信心は仏性なり、仏性即如来なり、と仰せられて候に、専修の人の中に、ある人心得ちがえて候やらん、信心よろこぶ人を、如来とひとしと同行達ののたまふは、自力なり、真言にかたよりたりと申候なる、人のうえを可《き》レ知に候はねども申候。また真実信心うる人は、即定聚のかずの

〔に〕入る、不退の位に入りぬれば、必滅度をさとらしむ、と候。滅度をさとらしむと候は、此度此身の終候はん時、真実信心の行者の心、報土にいたり候ひなば、寿命无量を躰として、光明无量の徳用はなれたまわざれば、如来の心光に一味なり。(56)（〔　〕内は親鸞の加筆である。傍点の文字は、本来、上書に記されていた文字であり、親鸞から直後の〔　〕内のように訂正された文字であることを示す。）

このように親鸞は、「信心よろこぶ人を、如来とひとし」と述べる者は、「自力」であり、「真言にかたよ」っていると批判し、「即定聚のかずに入る」こととは、「此度此身の終候はん時、真実信心の行者の心」が、「報土にいた」ることだと規定する。同様の教誡は、『歎異抄』第十五章が即身成仏や六根清浄を批判し、親鸞が「浄土真宗には、今生に本願を信じて、かの土にして覚をばひらく、とならひさふらふ」と述べたという記録にも見られる。(57)

ただし、前近代では、命終後の救済が意味を持ち得たことに注意せねばならない。例えば先述の『末灯鈔』第六通のように、親鸞は、現実に多くの人々が死去してしまった状況のなかで、臨終を期すことを批判しつつも、命終後の往生を説くことが、人々への救済になると考えていた。また親鸞は、正元元年（一二五九）閏十月二十九日の「たかだの入道」（下野国真壁城主大内国時カ）宛ての消息において、「入道殿の御こゝろも、すこしもかわらせ給はず候へば、さきだちまいらせても、まちまいらせ候べし」(58)と、「たかだの入道」の信仰内容が親鸞と同じであるから、同じ浄土で対面できると言い送っている。親鸞は、同じ浄土に往生できると言い送ることが、人々に安心感をもたらすと考えていたのである。

また、『恵信尼消息』第五通は、建保二年（一二一四）、親鸞が四十二歳の時に、上野国佐貫で、衆生利益のために浄土三部経千部を読誦しようとしたことを伝えている(59)。この史料は、親鸞思想の未成熟を示すものと見なされることも多いが、親鸞のこの行動は、浄土の慈悲(60)が実践の模索のうえに成立したことを示しており、この点において、積極的に評価せねばならない。

ところで、この衆生利益とは何を意味するのであろうか。第一には、飢饉や疫病の克服である。特に親鸞が浄土三部経千部読誦を回顧した寛喜三年（一二三一）には、鎌倉期における未曾有の大飢饉が起きており、『恵信尼消息』第五通における親鸞の発言が、飢饉と関連していることは、すでに指摘されている(61)。第二には、命終後の救済である。先述の『末灯鈔』第六通は、正元元年から文応元年（一二五九〜一二六〇）の飢饉や疫病に直面した際の発言であった。また関東の同朋には、板碑の造立に見られるように(62)、命終後を憂慮する者が多かった。また今井雅晴氏は、『親鸞聖人正統伝』や『恵信尼消息』を根拠に、親鸞自身が法然入門以前から往生に深刻な不安を懐いていたことや、親鸞に長年連れ添った恵信尼ですら、後生善処のために五重の石塔の造立を切望していたことなどを明らかにしており(63)、かかる時代にあって、親鸞が命終後の救済を口にすることは、関東の同朋に大きな安心感をもたらしたと考えられる。また親鸞は「真仏土」以外にも、時代に規定された世界観を有している。次項以降ではこの点について触れていきたい。

2　親鸞思想における須弥山説

親鸞は、一方では、汎神論的真仏土観により他界の実在視を否定し、六道の苦悩に対する救済を説いているが、他方では、報土に命終後の世界という性格を残存させている。そして、かかる二面性には、中世の天文観や地理認識が影響している。親鸞は、「弥陀如来名号徳」において、

无碍光といふは、この日月のひかりは、ものをへだてつれば、そのひかりかよはず、この弥陀の御ひかりはものにさえられずして、よろづの有情をてらしたまふゆへに、无碍光仏とまふすなり。有情の煩悩悪業のこゝろにさえられずましますによりて、无碍光仏とまふすなり。……かの極楽世界とこの娑婆世界とのあひだに、十万億の三千大千世界をへだてたりと、とけり。その一一の三千大千世界におの〳〵四重の鉄囲山あり、たかさ須弥山とひとし。……もし无碍光仏にてましまさずば、一世界をすらとほるべからず、いかにいはむや十万億の世界おや。かの无碍光仏の光明、かゝる不可思議のやまを徹照して、この念仏衆生を摂取したまふに、さわることましまさぬゆへに无碍光とまふすなり(64)。

と述べている。このように親鸞は、須弥山説の水平軸を前提にして極楽の場所を明記し、阿弥陀仏の光明の汎神論的性格を説明している。また覚如撰の『執持鈔』や『口伝鈔』も、親鸞が、須弥山をめぐる日輪を例に阿弥陀仏の無碍光の性格を説明したと伝えている(65)。これらの発言は、中・近世移行期ヨーロッパでは、有神論と一体性を有する天動説が汎神論と対立したのに対し、中世日本では、二者が両立し得たことを示している。そしてかかる親鸞思想における須弥山説については、浄土真宗本願寺派真宗学の立場から、すでに源重浩氏が六道観との関連で優れた考察を行っているが(66)、親鸞思想における須弥山説は、六道以外の記述にも見える。

親鸞は「化身土巻」で、神祇不拝や呪術信仰の打破を力説する際に、須弥山説を根拠に、過去七仏

が諸天に仏法の擁護を命じたと説く『大集経』を、長きにわたり引用している(67)。この引用について、例えば星野元豊氏は、親鸞は、民衆の呪術的信仰の打破のみを目的にしたのであり、須弥山説を信じていたわけではないと説明する(68)。しかしこれに検討の余地を与えるのが、「数万歳の有情も　果報やうやくおとろえて　二万歳にいたりては　五濁悪世のなをえたり(69)」という和讃である。親鸞が引用した『大集経』には、須弥山説の一特徴であり、寿命が濁世には短命化するという減劫観が語られているが、親鸞はこの性格に注目し、『大集経』を神祇信仰や呪術信仰の批判とは別の問題で読み直しているのである。第二章で論じたように、『大集経』四劫観や増減劫観は、末法観の影響が強い『水鏡』や『愚管抄』に色濃く見られ、特に『水鏡』は、四劫観との関連で天や地獄などの六道の成立を説明している。そして、かかる須弥山説の事実性は、他界の実在視に直結していたのである。

3　親鸞の前世観

次に、親鸞が前世、現世、後世の三世をどのように考えていたかについて見ていきたい。

まず親鸞の前世観は、人々と浄土真宗との出遇いに関連して言及される。浄土真宗との出遇いを「大慶喜」とする親鸞にとって、浄土真宗を受容しない衆生が数多く存在することは、現世における最大の課題であったはずであるが、親鸞は、そのような衆生と念仏との出遇いについて、『教行信証』「信巻」の抑止文釈で問題にしている。親鸞はここで、「五逆」や「誹謗正法」など浄土真宗を拒否する人々を、「難治機」「難化機」と呼び、仏教を拒否していた者が受容するようになる理由について、『涅槃経』の阿闍世の話を引用して考察する。そしてこの経文は、釈迦に反駁し父を死に追い込んだ阿闍世が結局は釈尊に帰依したことの一理由として、阿闍世が、過去七仏の最初の仏である毘婆尸仏のもとで菩提心を起こしていたことをあげており、類似的な話は、「行巻」にも見られる(70)。つまり親鸞は、過去七仏との値遇の有無を現世の浄土真宗との値遇の理由の一つにあげており、かかる過去七仏に対する行為で現世の報いを説明する思想は、中世においてしばしば見られる(71)。

親鸞の前世観は、衆生が浄土真宗に遇うまでの思想展開を説いている「化身土巻」の三願転入の記述にも見られる。三願転入とは、仏教を知らない時から、『大無量寿経』の第十九願的状況である諸行往生、第二十願的状況である自力念仏を経て、第十八願の他力念仏に至る過程のことであり、この三願転入については、従来から激しい議論がなされてきた。親鸞は、その思想遍歴や浄土真宗に出遇った感動について、「化身土巻」では、「悲《シキカナ》哉垢鄣凡愚《ノ》自従无際已来《コノカタ》助正間雑《シ》定散心雑《スルカ》故《ニ》出離无《シ》其《ノ》期自度《ミツカラハカルニ》流転輪回《ヲ》超過《スレトモ》微塵劫《ヲ》叵《カタク》帰《シ》仏願力《ニ》叵《カタシ》入《リ》大信海《ニ》」と述べ、『教行信証』「総序」では、「弘誓《ノ》強縁多生《ニモ》叵《ク》値《マウアヒ》真実浄信《ノ》億劫《ニモ》叵《シ》獲《エ》遇獲《タマ〳〵エハ》行信《ヲ》遠慶《トヲクヨロコヘ》宿縁《ヲ》若也此廻《シマタコノタヒ》覆蔽《セラレハ》疑網《ニ》更復逕歴《カヘテマタキヤウリヤクセム》曠劫《ヲ》」と告白している(72)。

ところで親鸞のかかる輪廻観を前提にした記述は、値遇の比喩的表現と把握することにより評価される傾向にある。しかし親鸞の妻・恵信尼によると、親鸞は、吉水入門時に法然からの聞法に励んでいた自分自身について、「世々生々にも迷いければこそありけめ、とまで思まいらする身」(世々生々にも迷ってきたからであろうとまでに思いつめている自分)と表現していたという(73)。かかる親鸞の切迫性は、単なる現世の比喩表現であろうか。そもそも親鸞が生まれた時から、あるいは出家した九歳から、法然に出遇う二十九歳までの二十年ないし二十九年間を指して、「多生」「曠劫」と表現したとするならば、一切衆生の苦悩を察することを目指した親鸞の発言にしては、いささか奇異である。そのため、むしろ、すでに古田武彦氏が、親鸞の第十九願期の始点について、親鸞は「仏教的・古代末期的世界観の上に立」っており、「久遠劫の昔より……流転して来た……と告白している」のは、「けっして比喩的修辞表現ではない」[74]と力説していることに注目したい。近年では、日本中世における輪廻観の社会的影響力が次第に明らかにされつつあり、古田氏の発言は正当に評価されるべきであろう。

親鸞はまた、三願転入が単に親鸞個人の経歴の回顧に留まるものではなく、社会に共有され得る思想だと考えている。すなわち親鸞は、建長四年（一二五二）八月十九日付の『末灯鈔』第二十通[75]で、受容者「をの〳〵」が、弥陀の願力に廻向されて、浄土真宗に帰依していく思想展開を示しながら、関東の受容者たちの造悪を教誡している。まず第一期は、阿弥陀仏の誓願すら知らず、無明、三毒に迷い苦しむ時期であるが、同時に釈迦、弥陀の方便がはたらいている期間である。またこの期間について、先述のごとく『唯信鈔文意』は、「過去久遠」の「三恒河沙の諸仏」のもとで、自力の善根を修してきた時期と説明しており、この期間は、阿弥陀仏の第十九願に相当する時期であるといえる。

第二期は、初めて専修念仏や仏の誓願を知り、少しずつ三毒を反省しはじめる時期である。「無明のゑひもやう〳〵すこしづゝさめ、三毒をもすこしづゝ、このまずして、阿弥陀仏のくすりをつねにこのみめす身となりておはしましあふてさふらふぞかし」と記されるように、阿弥陀仏の誓願を知っても、すぐに自分の行動を反省できるわけではないが、少しずつ悪事を改善していく時期として、この時期が設定されており、阿弥陀仏の第二十願に相当する時期であるといえる。

最後に第三期は、第二期から、「ひさしくな」った時間の経過後、阿弥陀仏の誓願を信じ、念仏を称え「むかしの御こゝろのまま」でいることを内省しながら生活する時期である。阿弥陀仏の第十八願的時期に相当する。このように親鸞は、関東の同朋も、三願転入の過程を経て日常生活を改善させていくと考えており、同朋にこの輪廻観を示すことにより、同朋を規制している。そして別の消息で、「弥陀の御ちかひにまうあひがたくしてあひまひらせて、仏恩を報じまひらせんとこそおぼしめすべきに、念仏をとゞめらるゝことに沙汰しなされてさふらふらんこそ、かへすぐ〳〵、こゝろへずさふらふ。……念仏の人、ひがごとをまふしさふらはゞ、その身ひとりこそ地獄にもおち、天魔ともなりさふらはめ」と、他力念仏に出遇うような仏恩を蒙ったにもかかわらず悪事を犯して教団が弾圧されるように仕向けた者を、地獄や天魔の対象にまでしているのである。(76)

『末灯鈔』第二十通は、親鸞の三世観を考えるうえで、重要な問題を二点含有している。一つは、先述のような、三世観の社会的共有である。親鸞が自分の世界観を同朋に示した場合、その言葉は同朋に敏感に受け取られ、社会問題に展開したと考えられる。例えば、関東の同朋にとって、親鸞思想の受容が地獄と極楽のいずれに行くことにつながるのかが大きな問題であったようであり、そのことは『歎異抄』第二章に見ることができる。関東在住の同朋たちは、身命をかえりみず、切実な思いで十余箇国を越えて京の親鸞との面会に赴くが、それは親鸞に往生極楽のみちを聞くためであった。これに対し、親鸞は、念仏で浄土に行くか地獄に行くかはわからないと答えているが、この返答は、同朋たちが、具体的には、「専修念仏は、極楽と地獄のいずれに行くことにつながるのか？」と尋ねたことを示しており、また関東の同朋が、親鸞の浄土や地獄に関する発言に敏感に反応していたことをあらわしている。そしてこの点については、「浄土往生への希求は、広汎な人々に共通な中世社会の社会通念から生じるものである以上、これを求める門信徒の信仰はかなり雑多な教義・教説の影響をうけており、特定宗派を尺度とすれば、いわば「純粋でない」代物であることは当然予測される(77)」という指摘にも注意したい。親鸞が浄土や地獄について言及した場合、同朋たちは当時の一般的な浄土教を思い浮かべたと考えられるし、親鸞もそのことを熟知していたはずである。親鸞が、同朋の三世因果に対する不安を除くためには、本来、三世に関する言及を徹底的に廃すべきであった。しかし、親鸞がそれを果たさなかったことは、親鸞が三世観に一定の社会的認知を期待していたことを示している。二つには、三世因果観の規制力である。親鸞は、三願転入の論理とこれに伴う輪廻観が関東の同朋に共有されるよう期待し、これを教誡の強制力として利用している。かつて黒田俊雄氏は、蓮如期の「仏法領」には、修善を必要としない真宗教団ですら、掟により現世の生活を規制する精神が込められているとし、その原初形態を親鸞思想における「現生正定聚」に求めたが(78)、親鸞に教団内部の規制力を求めるならば、封建的強制力である仏恩と、輪廻観を前提にした他力念仏との「値遇」に求めることのほうが妥当である(79)。また、輪廻観を基軸にした「値遇」により人々を規制する思想は、中世法の中枢を担った北条重時などに見ることができる(80)。以上のように、親鸞は、輪廻の事実性を根拠に、これを規制力に変えていたのである。

また親鸞の前世観は、近年では、親鸞の応化身観との関連で問題にされている。すなわち、『西方指南抄』は、建暦二年（一二一二）、病臥にあった法然が、自身の前世が「天竺にありて、……頭陀行ぜしみ」であったことや、看病の僧侶から法然自身の往生の可否を尋ねられたところ、法然が「われはもと極楽にありしみなれば、さこそはあらむずらめ」と答えたことを伝えている(81)。親鸞は、かかる、法然が前世に天竺や極楽におり、教化のために日本に生まれてきたという伝記を継承して、「源空和讃」第十四首から第十七首で、「命終その期ちかづきて　本師源空のたまはく　往生みたびになりぬるに　このたびことにとげやすし」などと、法然は命終直前に「自分は過去に三度往生したから、今回の往生は特に容易である」と述べたこと（第十四首）、法然は「自分は霊山会で声聞僧に交わり頭陀行を修した」と述べたこと（第十五首）、法然は今回「粟散片州」（日本）に生まれたが、衆生教化のために何度もこの世界に来ていること（第十六首）、阿弥陀仏の化身としてあらわれた法然は、化縁がつきて浄土に帰ったこと（第十七首）などを述べている[82]。大桑斉氏は、かかる法然化身観を、現代的合理主義で把握することを批判し、化身観を実体として把握することの必要性や、化身の超越性を重視するよう提言している[83]。

4　親鸞の後世観——輪廻と化土往生

先述のように、親鸞は前世観を教誡の強制力として説いているのであるが、後世観に関連する輪廻観は、次の三例に限られる。第一には仏教に出遇えない場合である[84]。これは一例にすぎないが、実際には、きわめて多くの人が相当し得る。中世ではこのことに自覚的であり、例えば『往生要集』や、無住の『雑談集』は、釈迦の在世時に釈迦に出遇えた人はインドの人口の三分の一にすぎなかったなどと説く『大智度論』を根拠に、娑婆における仏教との値遇の難しさを述べている[85]。第二には、親鸞が「念仏誹謗の有情は　阿鼻地獄に堕在して　八万劫中大苦悩　ひまなくうくとぞときたまふ[86]」と説くような、念仏誹謗者である。第三には、教団内の異義者に対してであり、先述のように親鸞は、他力念仏に出遇いながら、教団が弾圧されるように仕向けた者を地獄や天魔の対象にしている。

親鸞は「報土の信者はおほからず　化土の行者はかずおほし　自力の菩提かなはねば　久遠劫より流転せり」(87)と述べるように、化土往生と流転（輪廻）に区別しがたい側面があることを示しながらも、真実の報土に往生できる者や、後世で輪廻する以外の者は、化土に往生すると説いており、またこれらの人々は多いと述べている。(88)周知のように、すでにこの化土を体系的に説明していたのが、源信の『往生要集』であり、源信は化土を実在的他界の典型として説いている。(89)

ところで小山聡子氏は、親鸞の同朋の化土観について「知識としては存在したものの、信仰としては必ずしも根付いていていない」と指摘する。(90)これに対し末木文美士氏の場合は、隆寛が、化土は「譬喩」であり、「別に其の地ありて実に彼に生ずるにはあらざる」と述べて、化土の実在を否定したのに対し、親鸞の場合は、化土往生者について「三宝を見たてまつらず」と、具体的にその懲罰性を力説していることを根拠に、親鸞にとっての化土の実在性を指摘しているが、(91)本項でも、親鸞が化土を具体的に説明している点に注目したい。『歎異抄』第十七章は、「辺地の往生をとぐるひと、ついには地獄におつべしといふこと。この条、いづれの証文にみえさふらふぞや」と、辺地（化土）と地獄とを明確に区別すべきことを強く主張し、さらに「辺地に生じて、うたがひのつみをつぐのひてのち、報土のさとりをひらくとこそうけたまはりさふらへ」と記している。(92)この文のモチーフは、親鸞自身の発言を踏まえると、さらに明快に理解できる。例えば、親鸞は「仏恩のふかきことは、懈慢・辺地に往生し、疑城・胎宮に往生するだにも、弥陀の御ちかひのなかに、第十九・第廿願の御あわれみにてこそ、不可思議のたのしみにあふことにて候へ。仏恩のふかきこと、そのきわもなし。いかにいはんや、真実の報土へ往生して大涅槃のさとりをひらかむこと、仏恩よく〳〵御安ども候べし」[93]と述べ、化土が、末木氏が指摘する懲罰性だけではなく、弥陀の慈悲がはたらく世界であることや、化土が他力念仏に至るための前提段階であることを力説するのである。

さらに重要なのは前節三項の末尾でも言及した『唯信鈔文意』の文言である。それには、『大無量寿経』の第十八願が説くような三信心が欠ければ、即座に報土に往生できないと説くのに続き、「多生曠劫をへて他力の一心をえてのちにむまるべきゆへにすなわちむまれずといふなり。もし胎生辺地にむまれても五百歳をへ、あるいは億千万衆の中に、ときにまれに一人、真の報土にはすゝむとみえたり」[94]と説いている。このように、親鸞は、化土の寿命が五百歳以上であることを明記しながらも、細心の注意を払って、化土往生者は、「のち」の将来、報土に「むまるべき」ことを説いているのである。親鸞がここまで細心の注意を払っているのは何故であろうか。

化土は、自力修善を課題とする顕密主義者のために設定されている。親鸞は顕密仏教を厳しく批判したが、これのみが親鸞の顕密仏教観ではない。親鸞は自分自身について「曠劫多生のあひだにも出離の強縁しらざりき　本師源空いまさずば　このたびむなしくすぎなまし」[95]という和讃を著している。ここに見出せるのは、法然に偶然に出遇えた喜びとともに、前世から自分が顕密主義者として輪廻してきた悲しみと、法然に出遇えなかった場合を想像した際の恐れ慄きである。そして親鸞が、自分の慄きを、顕密主義者が実際に繰り返し続けているのを見た時、親鸞にとっての顕密主義者は単に批判すべき対象ではなく、救済すべき対象になったのである。親鸞は顕密仏教から離脱することの難しさを熟知していた。かつて田村圓澄氏は、法然の専修念仏唱道後も、親鸞を含む後の高弟たちが、長年の間、法然に対して傍観者であったことを明らかにしており、このことは当時の専修念仏に帰することの困難さを示している。また名畑崇氏は、六角堂が比叡山配下の霊所であるため、親鸞がここを参籠の場所に選んだことや、密教の典型的教義書『覚禅鈔』が、親鸞の法然門下入門に直結したことを明らかにした(96)。このことは、親鸞が、吉水入門の直前まで顕密主義者であったことを示している。親鸞は、自身がそうであったように顕密主義者であり続けなければならない人々のために、いのらずにはいられなかった(97)。親鸞は、人々が必然的に他力念仏に帰依する世界である化土を実在視し、自分の独善性を糺しながら、自分が経験した値遇を、他の人々も経験するように願い続けていたのである。

むすび

親鸞は「真仏土」の遍在性を語りながらも、その反面、現代では想像しがたい須弥山説、輪廻観、方便化土観を具体的に語っている。特に親鸞が、三世因果観を有する同朋に輪廻観を示し、それを教団の倫理的規範の強制力にしていることは、これらが社会性を有していたことの典型的事例である。

過去の人物に現代的意義を見出そうとする場合、三世観や他界観は捨象される傾向にある。それは不可知性と非合理性を前提とする三世観や他界観が、宗教家の搾取手段や宗教家の特権化に直結しやすいからである。しかし中世には、仏事で他人を苦しめる者を悪趣の対象とする考えや、虚受布施堕地獄観念が存在した(98)。また日本中世の三世観に大きな影響力を与えた源信も、「極重悪人は仏を称すべきであり、自分自身もまた煩悩に障えられて、弥陀の大悲を見ることができないが、弥陀の大悲は自分を照らしている」などと述べて、自身の凡夫性を自覚しており、[99]このことは、『教行信証』「行巻」の「正信念仏偈」で、親鸞から称讃されることになる。[100]当該期の天文認識や地理認識の水準に規定され、前世や後世や他界の非実在証明が低調であった中世では、支配者層や宗教家も輪廻の対象と見なされた。つまり三世観は、諸階層の倫理性を保つ側面も有していたのである。

また親鸞は、現世の平等を目指していたが、それとともに、いかなる衆生も、完全なる法蔵菩薩と比較した場合、限界を持たざるを得ないと述べている。この思想は、念仏者に平等世界を志向させるのと同時に、自分を含めた衆生が常に不平等な世界を再生産していることを自覚させる。親鸞は、一方では浄土真宗の名のもとに「平等覚に帰命せよ」[101]と説きながらも、他方では「浄土真宗に帰すれども　真実の心はありがたし　虚仮不実のこのみにて　清浄の心もさらになし」、「是非しらず邪正もわかぬこのみなり　小慈小悲もなけれども　名利に人師をこのむなり」[102]と、常に他人に対する差別視と独善性を省みて慚愧している。親鸞はそのたびごとに念仏と信心で心を静め、自らを糺し、現世の平等を目指したのであるが、親鸞の心理状態は常にこのような緊張関係にあったため、一方では現世の平等を説きながらも、他方では、後世を媒介にした救済の場も約束せざるを得なかったのである。

ところで、平雅行氏は、かつて『日本中世の社会と仏教』で、法然が、念仏にめぐり会えなかった人々の往生の確保を放棄してまでも専修念仏によって往生行を一元化したことを、此岸の平等を徹底させた態度として評価していた。[103]ところがその後『親鸞とその時代』では、「（親鸞にとっての）阿弥陀仏はなぜその信心を……「疑心の善人」には付与しなかったのでしょうか。……「疑心の善人」たちは何ゆえに「七宝の獄」に閉じこめられなければならないのか。もしも阿弥陀仏の慈悲が絶対的なものであるならば、「疑心の善人」の存在自体が不可解ではないか」[104]と述べ、一方で阿弥陀仏の慈悲の絶対性を述べ、他方で「仏智疑惑」の者を「七宝の獄」（化土）の対象とする親鸞の矛盾から、自身の親鸞思想晩年瓦解論について詳説している。平氏は、法然や親鸞が念仏に出遇えない者の救済を説かないことを全面的に評価するわけではないことや、法然や親鸞に念仏に出遇えぬ者の救済を説く教説が必要であったことを述べているといえる。しかし、前章で述べたように、法然が、念仏不信者を三悪道の対象と考えていたのに対して、親鸞は地獄と化土とを厳しく区別しており、この化土観には「仏智疑惑」者の救済志向という積極的側面を見出すことができる[105]。

中世では、三世観を前提とした世界観が、現世の平等を説いた法然や親鸞にすら存在した。そして専修念仏の創始者である法然の世界観には、廃立観を基軸とした顕密仏教との対立性と衆生蔑視に対する懲罰性があらわれており、親鸞の世界観には、往生を喜べぬ際の慚愧と[106]、これを基軸とした同朋意識があらわれている。かつて黒田俊雄氏は、親鸞にとって専修念仏は到達点であったのに対し、存覚にとっては出発点であったと述べたことがあったが[107]、その関係は法然と親鸞との関係についてもいい得る。法然は、専修念仏を到達点とし、浄土宗独立を最終課題として、厳格に報土と三悪道のみを重視したのに対し、親鸞は、専修念仏を出発点とし、念仏に出遇えない者や往生を喜べない者の救済を課題として、化土を視野に入れるようになるのである。この化土観の相違には、顕密仏教との対立を最大の課題とした法然の峻厳な姿勢と、雑行から離れることの難しさを再認識した親鸞の融和的な姿勢が反映している。そして法然が説いた往生の救済性や三悪道の懲罰性にしても、親鸞が述べた化土の慈悲的性格にしても、三世が存在しなければ意味を持たない。現代における三世や他界に対する嫌悪観は、中世に実質的機能を有した規範性と救済性をも見失わせる。本書が三世や他界の実在性を重視してきたのも、このことを危惧する点にある。

註

（1）本書序章四～七頁。
（2）『教行信証』「真仏土巻」（日本思想大系11『親鸞』岩波書店、一九七一年、三五九頁）。
（3）『愚禿鈔』（親鸞聖人全集『漢文篇』親鸞聖人全集刊行会、一九五七年、九～一〇頁）。
（4）藤田宏達『原始浄土思想の研究』（岩波書店、一九七〇年）五〇七～五〇九頁。
（5）竹内紹晃他　浄土仏教の思想三『龍樹　世親　チベットの浄土教　慧遠』（講談社、一九九三年）一五〇、一五四頁。藤堂恭俊・牧田諦亮　浄土仏教の思想四『曇鸞　道綽』（講談社、一九九五年）一一一～一一三頁。
（6）『教行信証』「信巻」（日本思想大系11『親鸞』三一七頁）。『入出二門偈頌』（親鸞聖人全集『漢文篇』一一三頁）。
（7）『教行信証』「証巻」（日本思想大系11『親鸞』二五二頁）。
（8）家永三郎『日本思想史に於ける否定の論理の発達』（新泉社、一九六九年、初版は一九四〇年）一〇頁。
（9）黒田俊雄「中世における顕密体制の展開」、「思想史の方法についての覚書――中世の宗教思想を中心に――」（黒田俊雄著作集第二巻『顕密体制論』法藏館、一九九四年、四八～六〇、三六二～三六四頁）。
（10）『教行信証』「信巻」（日本思想大系11『親鸞』一二一～一二三頁）。
（11）存覚書写本『愚禿鈔』（親鸞聖人全集『漢文篇』七六頁）。
（12）『一念多念文意』（親鸞聖人全集『和文篇』親鸞聖人全集刊行会、一九五七年、一四九頁）。
（13）家永三郎註（8）前掲書九〇～九八頁。
（14）『親鸞聖人御消息集（略本）』第四通（親鸞聖人全集『書簡篇』親鸞聖人全集刊行会、一九五六年、一三六頁）。
（15）黒田俊雄註（9）前掲論文「思想史の方法についての覚書」三六三～三六四頁。

(16) 佐藤弘夫『日本中世の国家と仏教』（吉川弘文館、一九八七年）一九三頁。
(17)『教行信証』「真仏土巻」（日本思想大系11『親鸞』三六一頁）。
(18) 平雅行『日本中世の社会と仏教』（塙書房、一九九二年）一七三頁。
(19) 日本思想大系15『鎌倉旧仏教』（岩波書店、一九七一年）三一二頁。
(20) 新日本古典文学大系44『平家物語　上』（岩波書店、一九九一年）三四頁。
(21) 日本古典文学大系85『沙石集』（岩波書店、一九六六年）八三～八五頁。本書第三章一一八頁註(11)参照。
(22)『唯信鈔文意』（親鸞聖人全集『和文篇』一七〇～一七二頁）。
(23) 本書第一章四〇～四一頁。
(24) 本書第五章一五八頁。
(25)『浄土和讃』「讃阿弥陀仏偈和讃」第一首（親鸞聖人全集『和讃篇』親鸞聖人全集刊行会、一九五五年、八頁）。
(26)『浄土和讃』「大経意」第五首、「諸経意弥陀仏和讃」第二首（親鸞聖人全集『和讃篇』三六、五四頁）。
(27) 法然の阿弥陀仏観における時間的無限性の軽視については、本書第五章一五九～一六〇頁。
(28)『愚禿鈔』（親鸞聖人全集『漢文篇』九頁）。
(29)『教行信証』「真仏土巻」（日本思想大系11『親鸞』三七二頁）。
(30) 本書第五章一八〇頁註(3)参照。
(31)『浄土和讃』「大経意」第十首（親鸞聖人全集『和讃篇』三八頁）。
(32) 田村芳朗「天台本覚思想概説」（日本思想大系9『天台本覚論』岩波書店、一九七三年、五四六頁）。
(33)『唯信鈔文意』（親鸞聖人全集『和文篇』一七六頁）。
(34)『正像末法和讃』第十六首（親鸞聖人全集『和讃篇』一六六頁）。
(35)『浄土和讃』「大経意」第十六首（親鸞聖人全集『和讃篇』四一頁）。
(36)『唯信鈔文意』（親鸞聖人全集『和文篇』一七七～一七八頁）。
(37)『教行信証』「真仏土巻」（日本思想大系11『親鸞』三七五頁）。
(38)『教行信証』「証巻」（日本思想大系11『親鸞』三五二～三五三頁）。

(39)『浄土和讃』「弥陀経意」第一首(親鸞聖人全集『和讃篇』五一頁)。
(40)『教行信証』「証巻」(日本思想大系11『親鸞』三五二～三五三頁)。
(41)大山喬平「中世の身分制と国家」(同『日本中世農村史の研究』岩波書店、一九七八年、三九〇頁以下)。
(42)平雅行註(18)前掲書二三八頁。
(43)草野顕之「「無碍光宗」について」(同『戦国期本願寺教団史の研究』法藏館、二〇〇四年)。
(44)『教行信証』「行巻」(日本思想大系11『親鸞』一九五～一九六頁)。
(45)『浄土和讃』「讃阿弥陀仏偈和讃」第三首、第六首(親鸞聖人全集『和讃篇』九、一〇頁)。
(46)『歎異抄』第二章(日本古典文学大系82『親鸞集 日蓮集』岩波書店、一九六四年、一九三頁)。なお、汎神論の「無宇宙論」という性格が、他界の実在視の否定につながることについては、本書序章一〇～一一頁参照。
(47)『岩波仏教辞典』第二刷(岩波書店、一九九一年)四七四頁。問題点については、本書序章四～七頁参照。
(48)『教行信証』「行巻」(日本思想大系11『親鸞』一九九頁)。
(49)『教行信証』「信巻」(日本思想大系11『親鸞』三一七頁)。
(50)本書第一章四四～四五頁、第三章九三～九四、九八～一〇二頁、第五章一六五～一六七頁、一八一頁註(17)。
(51)『末灯鈔』第六通(親鸞聖人全集『書簡篇』七四～七五頁)。
(52)『末灯鈔』第十八通(親鸞聖人全集『書簡篇』一〇五頁)。
(53)『教行信証』「信巻」(日本思想大系11『親鸞』三三二頁)。
(54)『一念多念文意』(親鸞聖人全集『和文篇』一二七～一二八頁)。
(55)赤松俊秀「「獅子身中の蟲」と「諸佛等同」について」(同『鎌倉仏教の研究』平楽寺書店、一九五七年、一一六、一二〇～一二四頁)。
(56)『真蹟書簡』第四通(親鸞聖人全集『書簡篇』一三～一四頁)。
(57)『歎異抄』第十五章(日本古典文学大系82『親鸞集 日蓮集』二〇七～二〇九頁)。
(58)『真蹟書簡』第五通(親鸞聖人全集『書簡篇』二三～二四頁)。
(59)『恵信尼消息』第五通(日本古典文学大系82『親鸞集 日蓮集』二二三頁)。

(60) 浄土の慈悲については、『歎異抄』第四章（日本古典文学大系82『親鸞集　日蓮集』一九五頁）参照。
(61) 川崎庸之「いわゆる鎌倉時代の宗教改革について」（川崎庸之歴史著作選集第二巻『日本仏教の展開』東京大学出版会、一九八二年、三九二～三九五頁）。平雅行「若き日の親鸞」（『真宗教学研究』第二六号、二〇〇五年、一一九～一二五頁）。
(62) 峰岸純夫「鎌倉時代東国の真宗門徒」（北西弘先生還暦記念会編『中世仏教と真宗』吉川弘文館、一九八五年、四二～四四、六二～六七頁）。
(63) 今井雅晴『親鸞と浄土真宗』（吉川弘文館、二〇〇三年）一三～一六、八三～九二頁。
(64) 「弥陀如来名号徳」（親鸞聖人全集『和文篇』二二六～二二七頁）。
(65) 『執持鈔』、『口伝鈔』（親鸞聖人全集『言行篇1』親鸞聖人全集刊行会、一九五九年、五三、六八頁）。
(66) 源重浩「地動説・地球説と須弥山説――真宗学方法論の一考察――」（『真宗学』第六六号、一九八二年）。
(67) 『教行信証』「化身土巻」（日本思想大系11『親鸞』四〇八～四〇九頁）。
(68) 星野元豊『講解教行信証　化身土の巻（末）』（法藏館、一九九四年）二一三一頁（シリーズ通巻頁数）。
(69) 『正像末和讃』第五首（親鸞聖人全集『和讃篇』一六一頁）。
(70) 『教行信証』「信巻」、「行巻」（日本思想大系11『親鸞』三三八、二七〇頁）。
(71) 日本古典文学大系85『沙石集』「巻八―一」。本書第三章一二〇頁註(29)参照。
(72) 『教行信証』「化身土巻」、「総序」（日本思想大系11『親鸞』三九三、二六三頁）。
(73) 『恵信尼消息』第三通（日本古典文学大系82『親鸞集　日蓮集』二一九頁）。
(74) 古田武彦『親鸞思想――その史料批判――』（富山房、一九七五年）一一七頁。
(75) 『末灯鈔』第二十通（親鸞聖人全集『書簡篇』一一五～一二〇頁）。
(76) 『親鸞聖人御消息集（略本）』第四通（親鸞聖人全集『書簡篇』一三八～一三九頁）。
(77) 神田千里『一向一揆と真宗信仰』（吉川弘文館、一九九一年）五頁。
(78) 黒田俊雄「一向一揆の政治理念――「仏法領」について――」（黒田俊雄著作集第四巻『神国思想と専修念仏』法藏館、一九九五年、三〇七～三一二頁）。

(79) 中世の恩の強制力は、例えば「関東御恩」を根拠に、承久の乱での京方の者の土地没収を命じた『御成敗式目』第十六条や、承久の乱に際し、北条政子が鎌倉武士に京方への攻撃を説得した『承久記』に見られる（新日本古典文学大系43『保元物語　平治物語　承久記』岩波書店、一九九二年、三二五～三二六頁）。

(80) 本書第二章八二頁、第四章一四四～一四五頁。

(81) 『西方指南抄』（親鸞聖人全集『輯録篇1』親鸞聖人全集刊行会、一九五七年、一三三、一八四頁）。本書第五章一七一頁。

(82) 親鸞聖人全集『和讃篇』一三三～一三五頁。

(83) 大桑斉『蓮如上人遺徳記読解』（真宗大谷派宗務所出版部、二〇〇二年）二六四、二七五、二八六頁。

(84) 三願転入に関連した思想遍歴についての述懐。註(72)参照。

(85) 本書第一章三八～三九頁。山田昭全・三木紀人編校『雑談集』（三弥井書店、一九七三年）五五頁。

(86) 『正像末和讃』第四十一首（親鸞聖人全集『和讃篇』一七九頁）。

(87) 『正像末法和讃』第四十九首（親鸞聖人全集『和讃篇』一八三頁）。

(88) 『教行信証』「化身土巻」（日本思想大系11『親鸞』三七七頁）に「偽《ナル》者《ノハ》甚以《テ》多《ク》虚《ナル》者《ノハ》甚以《タ》滋《テシ》」とある。

(89) 本書第一章三四～三五頁参照。

(90) 小山聡子「親鸞の他力念仏と門弟の信仰」（『日本歴史』六六六号、二〇〇三年、一一頁）。

(91) 末木文美士「寛容と非寛容」（同『鎌倉仏教形成論』法藏館、一九九八年、一九八～二〇〇頁）。

(92) 『歎異抄』第十七章（日本古典文学大系82『親鸞集　日蓮集』二一〇～二一一頁）。

(93) 『真蹟書簡』第一通（親鸞聖人全集『書簡篇』七頁）。

(94) 『唯信鈔文意』（親鸞聖人全集『和文篇』一七八頁）。

(95) 『浄土高僧和讃』「源空和讃」第四首（親鸞聖人全集『和讃篇』一二八頁）。

(96) 田村圓澄「専修念仏の受容過程」（『日本仏教思想史研究　浄土教篇』平楽寺書店、一九五九年、二一八～二一九頁）。名畑崇「親鸞の六角夢想の偈について」（日本名僧論集第七巻『親鸞』吉川弘文館、一九八三年、二二三～二二五頁）。

(97) 親鸞の「いのり」については、『親鸞聖人御消息集(略本)』第二通（親鸞聖人全集『書簡篇』一二八頁）。

(98) 本書第一章四八〜四九頁、第三章一一四〜一一五頁、第四章一三五、一五〇頁。

(99) 『往生要集』（日本思想大系6『源信』岩波書店、一九七〇年、一三四、二七四頁）。本書第一章四八頁。

(100) 『教行信証』「行巻」（日本思想大系11『親鸞』三〇一頁）。また平雅行氏は、親鸞が、商業や殺生など罪業をなす主体とは「われら」であると述べて、親鸞自身がその罪業を自覚していることを、顕密仏教に対する異端的性格として評価している（平雅行註(18)前掲書二三四〜二三九頁）。そして親鸞のかかる内省的思想は、「我亦」なども述べた源信の影響によるところが大きいと考える。

(101) 『浄土和讃』「讃阿弥陀仏和讃偈」第三首（親鸞聖人全集『和讃篇』九頁）。

(102) 『正像末法和讃』（親鸞聖人全集『和讃篇』二〇八、二二四頁）。松野純孝『親鸞』（三省堂、一九五九年、四九一頁以下）も、晩年の親鸞が、自身が懐く「師」の意識を慚愧していたことを論じている。

(103) 平雅行註(18)前掲書二四三〜二四五頁。

(104) 平雅行『親鸞とその時代』（法藏館、二〇〇一年）一六六頁。

(105) 法然の化土の軽視については、本書第五章一七七〜一七八頁参照。また温厚な人柄に見える法然が実は排他性を有していることや、化土を重視する親鸞が寛容性を有していることについては、末木文美士註(91)前掲論文一八三、一九八〜二〇〇頁参照。

(106) 本書第五章一七一頁、一八二頁註(24)、本書補論二二一頁。

(107) 黒田俊雄「真宗教団史序考」（註(78)前掲書一一三頁）。

補論　親鸞の教化観
――その主体性の思想史的性格――

はじめに

前章では、浄土真宗の現世的救済として、阿弥陀仏が念仏衆生の心に信心として内在し、これが衆生の主体性につながる側面について触れたが、本論では、このことが、念仏衆生の社会的実践につながることを、親鸞の教化観を機軸にして検討していきたい。ここでいう教化とは、宗教家が、人々に信仰を弘め、社会にその思想が受容されるようにはたらきかける行為を意味し、以下に見るように、「教化」の語は、親鸞自身が多用している。ただし、親鸞の同朋思想を考慮した場合、その実態は「対話」と表現すべきものであろう。

親鸞にとり、教化や自信教人信が一大課題であったことは周知のとおりである。(1) また親鸞の歴史学的研究は、かつて、親鸞の社会的基盤を活発に論じてきたように、宗教と社会との関係を重視してきており、親鸞の教化観は、歴史学上の重要な論点となり得よう。親鸞の教化活動には多くの困難が伴ったが、本論では、親鸞が、早くから教化の困難さを予測し、それを克服できる主体性を、教義上において、自覚的に説明していなかったかどうかについて、検討していきたい。

親鸞の教化観については、例えば宗学においては、還相廻向の問題として検証されてきており、すでに言い尽くされた感もある。それにもかかわらず、今、あらためて、親鸞の教化につながる主体性を問い直すのは、親鸞は若い時には教化の達成を自明視していたが、晩年には挫折する、という見解が出され続けているからである。例えば、つとに、津田左右吉氏が、親鸞は他の人々に一念の信が起こるとはじめから決めつけており一念の信が起こる理由を説明していない、と否定的に論じたのは、その一見解である。もっとも、この津田氏の論に関しては、家永三郎氏が、阿弥陀仏は、念仏衆生が煩悩によって往生を喜べないことを見通したうえで、そのような衆生を救済すると説く『歎異抄』第九章を根拠に反論しており、この論は、早くに克服されたはずであった。ところが、井上光貞氏は、晩年の親鸞が如来等同や自然法爾を説いていることや、『古写書簡』第一通の「きゝわけしりわくるなんど、わづらはしくおほせ候やらん。これみなひがごとにて候也。たゞ不思議と信じつるうへは、とかく御はからひあるべからず候」という教養（稲田九郎頼重）への発言を神秘主義と位置付け、晩年の親鸞は、旺盛な教人信の活動を後退させ、正信のひろまりがたさに絶望感を有することになったと論じた。また近年は、平雅行氏が、親鸞晩年の造悪無碍批判や自然法爾の思想、あるいは顕密主義者・聖覚との親近性を根拠に、親鸞は自身の思想を瓦解させていったと論じている。平氏の真意はさほど明瞭にはうかがえないが、家永三郎氏が平氏の見解を評したように、平氏のいう挫折とは、井上氏がいう教化の挫折の意味を含んでいるとも考えられる。さらに、かつて津田氏の見解を批判した家永氏ですら、親鸞思想の本質を「念罪」と評価することにより、親鸞の念仏重視を十三世紀の限界と評し、また先述の井上氏の見解と共通するとされる平氏の先の見解に賛意を示した。

以上の先行研究は次の親鸞像を作り出している。すなわち、①親鸞は若い時には教化活動を楽観視し、その気力は旺盛であった。②しかし、晩年になって親鸞は初めて教化活動の難しさを知る。③そして、念仏や阿弥陀仏への信心は、その主体性の回復に何の用も果たさず、親鸞は失意のままこの世を去る、という教化者像である。教化の挫折とは、親鸞が「浄土真宗」の無意味さを社会に表明したことを意味する。そして周知のごとく、戦後の中世宗教史研究の視座が、家永三郎氏の鎌倉新仏教論や井上光貞氏の浄土教中心史観から平雅行氏らによる顕密体制論へと大きく展開したなかで、瑣末とはいえ、親鸞の教化挫折説は、継承され続ける見解の一つになっているのである。

しかし、親鸞は念仏によるつながりを根拠に、同朋から経済的援助を受けている。(10)また同朋には、性信のように、善鸞の異義の際に、「念仏のうたへのこと、しづま」るように、そして「念仏もひろま」るように奔走し、親鸞が「御身の料はいまさだまらせたまひたり」(11)と言い送った人物がいた。かかる篤信な同朋に支えられ、実質上、教団の中心にあった親鸞が教化に挫折したか否かは重要な問題である。

松野純孝氏は、親鸞が法然門下入門前後という早い時期から、教化活動を課題にしていたことを明らかにしている。(12)また、親鸞は、早くから弘願念仏者の発生はまれであると予測していた。例えば親鸞は、五十二歳の時にほぼ完成させていた主著『教行信証』に、律宗の用欽の「易往而無人」(13)の言葉を根拠に、「念仏は修しやすいから、誰もが疑って、修さない」と述べ、和讃では「一代諸教の信よりも　弘願の信楽なほかたし　難中之難とときたまひ　无過此難とのべたまふ」(14)と、信心獲得の困難さを述べている。また、教化についても「自《ミツカラ》信《シ》教《オシヘテ》人《ヲ》信《セシム》難《カ》中《ニ》転《ウタ、》更《マタ》難《シ》」(15)といい、あるいは教化し難い者を文字どおり「難化」「難治」(16)と呼んでこれを検討課題にしている。さらに親鸞は、『往生要集』の中で不信者の存在を問題にした「信毀の因縁」の節を特に重視して書写し(17)、教化活動に最も困難を引き起こす弾圧者についても、釈迦や善導の言葉を根拠に、歴史的存在である領家・地頭・名主の弾圧を予測している(18)。これらの親鸞の文言を見れば、親鸞は信が起こるとはじめから決めつけていたとする津田氏の批判はすでに成り立つまい。そして、このことは、親鸞が早くから教化の困難さを想定し、それに対する主体性を説明していることを予想させる。

本論では、親鸞が主体的に教化に臨める理念をその教義から見出し、その性格を思想史的に把握し直したい。近年の中世思想史研究の発展にもかかわらず、親鸞が教化に挫折するという見解が継承されている以上、親鸞の主体性を現在の中世思想史研究の水準に位置付けて理解する必要があると考えるからである。

一　阿弥陀仏の教化とその権威性

親鸞の主著『教行信証』に、「教化」あるいは「教化地」の用例は、管見では十九例見受けられる(19)。このうちの一例は、誹謗正法を教誡する文脈にあらわれ、親鸞は、「若无《シマシマサスハ》諸仏菩薩説《テ》世間出世間《ノ》善道《ヲ》教化《スル》衆生《ヲ》者《ヒト》豈知《ニラム》有《コトヲ》仁義礼智信邪《ヤ》如《キ》是《ノ》世間一切善法皆《シ》断《ノ》出世間一切賢聖皆滅《シナム》」(20)というように、「世間出世間」の善道を説くことが、浄土真宗の教化目的の一つであると説いている。この記述は、親鸞が、宗教的・世俗的現実を直視し、これらの改善を目指すことを教化課題の一つに掲げていることを示している。その他の用例は、天親の『浄土論』や曇鸞の『浄土論註』の引文に見られ、特に「菩薩」が主体となる行である「五念門」の説明において使用されている。五世紀インドの瑜伽唯識の大家・天親が定めた菩薩行である五念門は、礼拝門、讃歎門、作願門、観察門など、自身に課す行と、以上の行を達成し他の衆生にはたらきかける廻向門からなる。この中で「教化」の用語は、五念門の中の廻向門について論じた箇所にあらわれる。そして、前章で述べたように、五念門の根本的主体である「菩薩」は、天親、曇鸞、親鸞の解釈を経て、念仏衆生から法蔵菩薩へと転換しており(21)、このことは親鸞の教化観にも反映している。すなわち親鸞は、「証巻」末尾の「総結文」で、「宗師顕《ハ》示《シテ》大悲往還《ノ》回向《ヲ》慇懃《ネムコロニ》弘宣《シタマヘリ》他利利他《ノ》深義《ヲ》」と述べるように、宗師である曇鸞が、「他利」と「利他」を区別したことを評価している(22)。そしてこの区別は、親鸞が「行巻」の「他力」節(23)で、『浄土論註』を引用して、「然覈《ニマコトニ》求《レハ》其本《ノ》阿弥陀如来為《ヲスルナリ》増上縁《ト》他利之《ト》与《ヲ》利他《ト》談《スルニ》有左右《リ》若自《シオノツカラ》仏《ヲ》而言《シテハ、ヨロシク》宜《ヘシ》言《フ》利他《ト》自《オノツカラ》衆生而言《ヲシテハ、》宜《ヘシ》言《シクフ》他利《ト》今将《ニ》談《セムト》仏力《ヲ》是故以《ノニテ》利他言之《フヲ》」(24)（訓点・返点、原文ノママ）と述べるように、衆生が主体となる教化である「他利」と、阿弥陀仏が主体となる教化である「利他」との区別であり、曇鸞は仏力を問題にした場合、いかなる「教化」も、根本的には、阿弥陀仏の「利他教化」であると説くのである。

また五念門の「利他教化」に関連する「教化」の語の用例は、主に①「行巻」の「他力」節、②「信巻」の「欲生」節、③「証巻」の「還相廻向」章に集中している。これらの文脈について触れておこう。

①念仏の功徳を説く「行巻」において、「他力」節では、「言《フ》他力《ト》者《ハ》如来本願力《ノ》也」の文から起筆

されるように、念仏が、阿弥陀仏の他力たる「本願力」が作用した行であると論証される。(25)先述のように、親鸞はここで衆生が主体となる「他利」と、阿弥陀仏が主体となる「利他」とを区別して、念仏は弥陀の教化により衆生に与えられると説き、さらにこれを根拠にして、念仏の絶対性を説いている。また曇鸞が「利他教化」を明らかにしたことは、還相廻向を説く「証巻」で、あらためて称讃されることになる。

②信心について説く「信巻」において、「欲生」節では、信心が阿弥陀仏の他力により与えられることが論証される。(26)『大無量寿経』が阿弥陀仏の第十八願として説く「欲生」は、至心・信楽とならぶ信心の三つの性格、すなわち三心《さんしん》の一つである。この中で「欲生」節は、「言欲生《ト》者則是如来招《セウク》喚《ワンシタマフ》諸有群生《ヲ》之勅命《ナリ》」、「誠《トニ》是《レ》非《ス》大小凡聖定散自力之回向《ニ》」というように、信心は、衆生の自力の廻向によるのではなく、阿弥陀仏の「勅命」ともいうべき強い教化活動によって念仏衆生に与えられると説き、さらにこれを前提にして、信心が絶対的な清浄性を有することを論証している。

③「証巻」の「還相廻向」章では、「言《フ》還相《ノ》回向《ト》者《ハ》則《チ》是《レ》利他教化地《ノ》益也」の文からはじまるように、念仏衆生がなす教化が、根本的には弥陀の他力による利他教化であることが説明されている。(27)そして、このように親鸞が教化の根本主体を阿弥陀仏と考えていたことは、「化身土巻」で「自力利他教化地」を、聖道門の教化方法として否定的に位置付けているところにもうかがえる。(28)

以上のように、「教化」の用語があらわれる文脈では、衆生が念仏や信心を得ることや衆生が行う教化活動が、弥陀が主体となって起こると、徹底して説かれている。そしてこの親鸞の他力思想は的確に継承される。すなわち親鸞の語録である『歎異抄』の第六章は、親鸞が、念仏について「弥陀の御もよほしにあづかりて、念仏まうしさふらふ」と述べ、信心については「如来よりたまはりたる信心」と言い、また教化に関連する人間関係については「親鸞は弟子一人ももたず」[29]と語ったことを伝えている。これらの『歎異抄』の記述は、『教行信証』の「教化」の用法に見られる他力思想が、唯円をはじめとする同朋から的確な理解を得られたことを示している。

そして、前章で論じたように、親鸞にとっての阿弥陀仏は最高性を有している。したがって教化を行う根本主体が阿弥陀仏であるという教説は、教化活動を阻害するような世俗的権威や宗教的権威の相対化を可能にする[30]。まず世俗的権威とは、歴史事実としては、建永の法難の中心人物であった後鳥羽上皇、親鸞の晩年に関東同朋を弾圧した領家・地頭・名主、あるいは教団内部の異義者を意味し得る。また宗教的権威とは、諸仏諸神や、諸宗の教義、あるいは専修念仏弾圧の急先鋒であった延暦寺や興福寺を意味し得る。これらに対して親鸞は、法蔵菩薩・阿弥陀仏・仏国土・仏・菩薩の相関性を重視し、これらが同様の権威性を有すると述べている。客観的な歴史事実として、これら仏国土・仏・菩薩はそれぞれ、教団、阿弥陀仏、信心獲得した念仏衆生を意味し得る。そして親鸞が「仏国土」たる初期真宗教団を「報土」と呼ぶ時、そこには、弥陀の他力を前提とした、中世社会特有の権威性が込められている[31]。親鸞が教団を認識していたことは「親鸞は弟子一人ももたずさふらふ」[32]という発言を根拠に、しばしば否定される。しかし親鸞は、弥陀が主体となって発生する仏国土を重視していたし、また子息善鸞を義絶する際に「ひたち・しもづけの念仏者をまどわし」たことを、「破僧の罪」として批判しているように[33]、僧伽（教団）の存在も認識していた。そして親鸞はかかる教団に、中世的権威性を込めていたのである。

二　信心獲得と教化

1　念仏衆生による教化とその主体性

以上のように、親鸞は、阿弥陀仏の教化や真宗教団の発生に中世社会における絶対的価値性を込めている。ならば、このことは、親鸞がなすような事実上衆生が行う教化に、いかに影響するのであろうか。この節では阿弥陀仏の功徳を得た菩薩が行う教化、すなわち信心獲得の念仏者が行う教化の性格について見ていきたい。

親鸞は、「証巻」の「還相廻向」章で、「出第五門者ハ以テ大慈悲ヲ観察シテ一切苦悩ノ衆生ヲ示シテ応化身ヲ回入シテ生死ノ薗ノ煩悩ノ林ノ中ニ遊戯シ神通ニ至ル教化地ニ」(34)と述べるように、一切衆生の苦悩を直視し、具体的に教化を行うことが阿弥陀仏の応化身の立場を持ち得ることになると考えている。親鸞はまた、『唯信鈔文意』において、信心は、涅槃、無為、安楽、実相、法身、法性、真如、一如、仏性、如来などと言い換えることができ、またこれらは、「こゝろもおよばれずことばもたへたり」という境地であると述べている。さらに親鸞は「この如来微塵世界にみち〳〵たまへり、すなわち一切群生海の心なり」(35)と説いている。つまり、親鸞にとっての阿弥陀仏は汎神論的存在であり、これにより、阿弥陀仏は念仏衆生の心に信心として内在し、念仏者に、涅槃という心を静める境地を獲得させるのである。(36)

信心獲得の衆生は、阿弥陀仏の権威性を帯びることになる。そのことは、信心の性格の一つである廻向発願心の説明に見られる。親鸞は「信巻」で、善導の『観経疏』「散善義」を引用し、廻向発願心について、「不下為《ス》二一切《ノ》異見異学別解別行《ノ》人等《ラ》之《ノ》一所《レ》中動乱破壊《セ》上」[37]と説いている。つまり信心は、権門勢家や在地の弾圧者、教団内部の異義者など、教化に困難をもたらす者に対して、主体性を確保させる。親鸞はまた、「信巻」で、願成就の一念は信心であり、「度衆生心」であると述べて[38]、念仏や信心獲得は即教化につながると説明する。「自信教人信」というような、「自信」と「教人信」が一体性を有していることの意義の一つがここにある。はじめに述べたように、家永三郎氏は、親鸞の念仏には十三世紀の歴史的限界が存在することを強調したが、親鸞の念仏には、むしろ、同時代における主体性、権威性、実践性が込められていることに注意せねばならない。

また親鸞が信心について、一方では心を静める涅槃の境地だと説明し、他方で度衆生心という実践的性格を有すると説明したことは、信心の実践性に相乗効果を与え得る。マックス・ヴェーバーは、宗教が「行為への実践的起動力」にとって決定的な一要因になることを論じた際に、宗教における二つの救済の方向性について説明している[39]。一つは、井上氏が親鸞挫折の指標としたような「神秘論」である。これは、信者が、非人格的な神の「容器」となって、瞑想的な救済を「所有（傍点原著）」することであり、「現世逃避的瞑想」という性格を有する。二つには「禁欲」である。これは神の道具として聖意にかなうように「行為（傍点原著）」することであり、「現世内的禁欲」という性格を有する。これらの理論は、親鸞の信心観にも相当するものであり、信心の「涅槃」という性格は「現世逃避的瞑想」、度衆生心は「現世内的禁欲」にそれぞれ相当することになる。ヴェーバーは、本来これら二つが対立することを論じているが、親鸞の場合は、「不《スシテ》断《セ》煩悩《ヲ》得《ウルナリ》涅槃《ヲ》」[40]の記述のごとく、これら二つが両立すると解釈する。さらに先述のように、親鸞は浄土真宗の教化を世間出世間の二方面に対する善道教化と意味付けており、これらのことは、親鸞思想が常に実践性を有することをあらわしている。また親鸞は、瞑想的境地に、教化の困難さを認識することを誡める意味を込めている。次項ではさらに、この点について検討していきたい。

2　教化の多面的性格とその自覚

かつて宮地廓慧氏は、善鸞の異義の検討に際し、三品彰英氏による親鸞の「護国思想」研究に依拠して、親鸞の衆生観には、「領家・地頭・名主」などの弾圧者を不快に思う相対的な衆生観と、「四海皆兄弟」と考える絶対的な衆生観が併存していることを論じた(41)。このように親鸞の衆生観の多面性を指摘することは単なる折衷論に見える。しかし、親鸞自身が多面的な衆生観を自覚しているならば、この指摘は、親鸞の衆生観や教化観の実態を最も的確に把握するための重要な意義を有することになる。ところで宮地氏は、階級闘争との関連で、相対的衆生観と絶対的衆生観という概念を使用したが、この二つの衆生観は、階級闘争の緩和のみならず、別の衆生観も意味し得ると考えられる。この項ではこの多面性について検討していきたい。

親鸞の多面的衆生観の一つは「化身土巻」に見える。すなわちここには「勧信」、つまり教化の説明に際し、善知識のあり方が『涅槃経』の引用によって説明されている。そしてこの経文は、「第一真実《ノ》善知識者《ハ》所《ユル》謂《ハ》菩薩諸仏《ナリ》世尊何《ヲ》以《ノ》故《ニ》常《ニ》以二種《ノ》善調御《ヲ》故《ヘナリ》何等為《オカスル》三《ト》一者《ニハ》畢竟軟語《ナン》二者《ニハ》畢竟哥《カ》責《シャク》三者《ニハ》軟語哥責《ナリ》以《ノ》是義《ヲ》故《ニ》菩薩諸仏即《ハ》是真実《ノ》善知識也」(42)（訓点・返り点、原文ノママ）と、教化者たる善知識が、①非常にやさしい言葉、②非常に厳しい教誡、③やさしい言葉による教誡、の三種を使い分けることができるところに、真実の善知識たる所以があると説いている。つまり教化者にとって、多様な言動が必要不可欠であると自覚されているのである。またこの経文の引用は、非常に厳しい言葉が単に階級闘争のみを意味するのではなく、教化方法の一形態であると、親鸞が考えていたことを示している(43)。

第二の多面的衆生観は「真仏土巻」に引用された『涅槃経』にあらわれる(44)。この『涅槃経』では、まず「随他意説」という概念が説明される。「随他意説」とは、「自《ミツカラ》知《テ》当《ニ》《クトモ》得《ウ》阿耨多羅三藐三菩提《ヲ》不《ス》見《ミ》一切衆生定《テ》得《ムコトヲ》阿耨多羅三藐三菩提《ヲ》」というような、自分だけは阿耨多羅三藐三菩提（涅槃）を得ることができると確信するが、他人はそれを得ることができないと考える、声聞の独善的思考である。そしてこのように考える声聞は、仏よりも劣る「十住菩薩」とも呼ばれ、「少《シキ》見《ル》仏性《ヲ》」（少ししか仏性を見ることができない者）と表現される。次に『涅槃経』では、「随自意説」という概念が説明される。「随自意説」とは、「一切衆生悉有仏性」というように、すべての衆生に仏性があると考える、仏の思考である。「随他意説」と「随自意説」の二つの差異は、仏道を求める者が、他人が仏性を得る可能性を、どのように見るかという差異であることは明白であり、これらは、教化者の二つのあり方を説明しているといえる。

そして最後に『涅槃経』では、「随自他意説」という思考の説明が続けられる。これは「一切衆生《ハ》悉有《レトモ》仏性煩悩覆《オヽエルカ》故《ニスト》不能得《コト》見《コトヲ》」と説明される思考で、この経文は、二つの意味を持ち得よう。一つには、「一切衆生には仏性があるが、衆生は煩悩に覆われているため、自分の仏性を見ることができない（傍線江上）」という意味である。むろん、この意味も含み得ようが、しかし「随自他意説」が「随自意説」と「随他意説」との中間的な意味であることを踏まえると、「一切衆生には仏性があるが、教化者が煩悩に覆われているため、他人の仏性を見ることができない（傍線江上）」という意味も有していよう。つまり後者の意味を含む「随自他意説」は、「随自意説」と「随他意説」の心理的緊張を示している。そして親鸞は、自釈（親鸞自身の解説）が少ない「真仏土巻」において、これらの『涅槃経』の内容を、「真実報土の結証」を説いた、「惑染衆生《ノ》於二此一《シテ》不四《コ、ニス》能三見二性一《コトヲ》所三《ル、カ》覆二《ホハ》煩悩一《ニ》故《ニ》経《ニハ》言《ヘリ》四我《レ》説《ト》三十住菩薩《ノ》少分見《ト》二仏性一《ヲ》故《ニ》知到《ヌレハ》二安楽仏国一《ニ》即必顕《ス》二仏性一《ヲ》」(45)という自釈に反映させている。この自釈は、自らの煩悩により見失いがちな他人の仏性に気付き直そうとする親鸞の自覚をあらわしているといえる。親鸞はまた、「到安楽仏国」に相当する「往生」について、この自釈の直後で「言二往生一者《トハ》大経《ニハ》言《ヘリ》二皆受自然虚无之身无極之体一《ト》」(46)と述べている。この場合、往生とは「自然」の境地であり、「自然法爾消息」によると、「自然」の境地は「無上涅槃」(47)に直結する。そして煩悩を静めた涅槃の境地が他人の仏性に気付くことに直結するという説明は、涅槃の境地が、教化を困難と感じる煩悩を誡める効果を持つと説いていることを意味する。

また「随自他意説」のような、仏性に気付いたり気付かなかったりする心理的緊張は、三願転入の第十八願への転入時について、「永遠の今」という把握方法があるように、瞬間瞬間に起きる。日本中世においては、直観的に涅槃を得る本覚思想が広く見られ、近年平雅行氏も、親鸞の聖道と浄土の慈悲観に関連して、その「心の揺れ」を親鸞の魅力としてきわめて高く評価しているが(48)、これが親鸞の教化観に積極的意義をもたらしているのである。

親鸞はまた、『涅槃経』から得た衆生観を、消息によって関東の同朋にも示している。このことが端的にうかがえるのが、かつて「護国思想」論争に際し、服部之総氏と赤松俊秀氏が注目にした(49)『親鸞聖人御消息集（略本）』第二通である。

往生を不定におぼしめさん人は、まづわが身の往生をおぼしめして、御念仏さふらふべし。わが御身の往生を一定とおぼしめさん人は、仏の御恩をおぼしめさんに、御報恩のために御念仏こゝろにいれてまふして、世のなか安穏なれ、仏法ひろまれとおぼしめすべしとぞ、おぼへさふらふ。(50)

かつては、この消息から、親鸞思想における階級闘争性が重視されてきたが、この文を踏まえると、親鸞が、教化観や衆生観に三つの段階を設けていることがうかがえる。

①「往生を不定におぼしめさん人」
②「まづわが身の往生をおぼしめ」す人＝随他意説
③「往生を一定とおぼしめさん人」＝「世のなか安穏なれ、仏法ひろまれ」と思う人＝随自意説

である。最低次元に、①の価値観が存在することを踏まえると、②は低次の理想的衆生観、③は高次の理想的衆生観および教化観ということになる。そして「随自他意説」として説かれるように、念仏者は常に煩悩と涅槃によって、②と③の衆生観を行き交わざるを得ないのである。

親鸞が教化に挫折するという見解や、服部氏のように、親鸞思想に階級対立だけを見出す見解は、「随他意説」や「畢竟哥責」に相当する、親鸞の一面の言動のみを重視した見解である。しかしこれらの見解は、親鸞が多面的な教化観に自覚的であったことを考えると適切ではない。また親鸞は、「自然」の重視により、心を静める「神秘論」と、実践行動である「禁欲」とを両立させている。そして『教行信証』が五十二歳でほぼ完成していたとすれば、自然法爾は親鸞の晩年独自の思想とは考

えられない。平雅行氏は、自然法爾を親鸞の挫折のあらわれだと論じているが、自然法爾は挫折ではなく、教化や浄土真宗の意義を問い直すための、主体性回復の論理となる。

以上のことを踏まえ、親鸞の多面的な教化観や衆生観について、次の三点を指摘しておきたい。第一には、親鸞が自身の教化観や衆生観の多面性に自覚的なことである。親鸞は、その一つとして、厳しい言葉による教誡も自覚しているが、これも弾圧者や異義者への教の弘まりを目指していることのあらわれである。第二には、赤松、三品、宮地氏らがすでに注目したような、階級対立を緩和し、社会的立場や身分の上下を問わず、様々な人々への教化を目指す性格である。マックス・ヴェーバーはニルヴァーナ（涅槃）に入ることを確信している仏教の僧侶は、無差別主義的な愛の感情を有すると説明しているが(51)、信心獲得が、涅槃を得ることや、教化をなすことに派生すると考える親鸞思想も、かかる無差別主義的思想に相当する。第三には教化を困難と思う煩悩を克服する性格である。宮地氏は、「護国思想」論争やこれと関連する階級闘争についての議論に終始したため、相対的衆生観と絶対的衆生観を煩悩の有無との関連で説明することはなかったが、「随他意説」と「随自意説」の認識は、教化を困難と思う煩悩や、他人には仏性がないと決め付ける煩悩を内省することに直結している。

以上のように、親鸞は、教化の困難を克服する理念を自覚的に用意していたのである。

むすび

以上を総括しておきたい。親鸞は教化の主体を法蔵菩薩（阿弥陀仏）と考えている。この教義は、あらゆる権威を相対化し、中世社会において、浄土真宗の発生の権威性や正当性を説明できることに直結する。また、教化活動は念仏衆生が担う場合もある。この場合、時・空間に遍在する阿弥陀仏は、信心として念仏衆生の心に内在し、念仏衆生に主体性や権威性を確立させる。また、信心は涅槃という心を静める境地であり、教化を困難と思う煩悩を誡める論理となる。親鸞は早くから教化の困難を予測し、この教義に自覚的であった。だから、親鸞は晩年まで主体的に教化活動に臨めたのである。事実、親鸞は異義が頻繁にあらわれた際に、『一念多念文意』や『唯信鈔文意』の末尾で述べるように、人の嘲笑を覚悟のうえで、敢然と教化活動に臨んでいる。(52)また、善鸞の異義が終息した後の、正元元年（一二五九）にも、「たかだの入道」への返事に、「なにごとも〳〵、いのちの候らんほどは申べく候。又おほせをかふるべく候(53)」と言い送っているように、命終まで教化活動に臨んでいる。以上から、晩年に親鸞が教化に挫折するという見解は、再考されるべきだと考える。

顕密体制論において異端と位置付けられているように、親鸞の影響力は、中世社会全体においてはそれほど大きなものではなかった。しかし異端には異端の喜びがある。親鸞は、自分が異端であるにもかかわらず、性信のように護教のために奔走してくれた同朋の存在に、大いなる励ましを感じ取っていたはずである。後に蓮如は「一宗之繁昌と申は、人の多くあつまり、威の大なる事にてはなく候。一人なりとも人の信を取が一宗の繁昌に候(54)」と述べている。親鸞がそうであったように、浄土真宗では信仰の弘まりがたさを自明のこととして、信仰の弘まりとその課題を問い続けることが伝統にされてきた。そしてこの伝統は、宗教の無意味さ、あるいは良識の欠如が指摘される時、常に問い返されるべき伝統として、今に引き継がれている。(55)

註

（1）『恵信尼消息』第五通（日本古典文学大系82『親鸞集　日蓮集』岩波書店、一九六四年、二二三頁）。
（2）津田左右吉『文学に現はれたる国民思想の研究』第一巻（岩波書店、一九五一年）五八四頁。
（3）家永三郎『中世佛教思想史研究　増補版』（法藏館、一九五五年）二三六〜二四〇頁。
（4）『古写書簡』第一通（親鸞聖人全集『書簡篇』親鸞聖人全集刊行会、一九五六年、三七〜三八頁）。
（5）井上光貞『日本古代の国家と仏教』（岩波書店、一九七一年）三一八頁。
（6）平雅行『日本中世の社会と仏教』（塙書房、一九九二年）二五五、三一八、三七六〜三七七頁。
（7）後に、平雅行『親鸞とその時代』（法藏館、二〇〇一年）において、平氏は、親鸞が疑心者の存在理由を説明できていないことを根拠に、あらためて親鸞思想晩年瓦解論について詳説している。本書第六章二一二〜二一三頁参照。
（8）家永三郎「書評　平雅行著『日本中世の社会と仏教』」（『日本史研究』三七八号、一九九四年、六五頁）。
（9）家永三郎註（3）前掲書二四一〜二四三頁。
（10）『真蹟書簡』第二通、『親鸞聖人御消息集（略本）』第三通、第六通（親鸞聖人全集『書簡篇』八、一三〇、一四四頁）。
（11）『親鸞聖人御消息集（略本）』第八通（親鸞聖人全集『書簡篇』一五二頁）。
（12）松野純孝『親鸞――その生涯と思想の展開過程――』（三省堂、一九五九年）第一章第三節「教人信」。
（13）『教行信証』「信巻」（日本思想大系11『親鸞』岩波書店、一九七一年、三〇四、三二〇頁）。
（14）『浄土和讃』第二十首（親鸞聖人全集『和讃篇』親鸞聖人全集刊行会、一九五五年、四三頁）。
（15）『教行信証』「信巻」（日本思想大系11『親鸞』三二六頁）。
（16）『教行信証』「信巻」（日本思想大系11『親鸞』三四一頁）。
（17）『往生要集云』（親鸞聖人全集『加点篇1』親鸞聖人全集刊行会、一九五八年、一九三〜一九五頁）。なお「信毀の因縁」については、本書第一章四九頁でも触れている。
（18）『親鸞聖人御消息集（略本）』第四通（親鸞聖人全集『書簡篇』一三六頁）。

(19) 龍谷大学真宗学会『親鸞聖人著作用語索引　教行信証の部』(永田文昌堂、一九六六年)九一頁。
(20) 『教行信証』「信巻」(日本思想大系11『親鸞』三四二頁)。
(21) 本書第六章一八五～一八六頁。
(22) 『教行信証』「証巻」(日本思想大系11『親鸞』三五八頁)。
(23) 科文については、山辺習学・赤沼智善編『教行信証講義』(法藏館、一九五一年)によった。
(24) 『教行信証』「行巻」(日本思想大系11『親鸞』一九三～一九四頁)。
(25) 『教行信証』「行巻」の「他力」節は、日本思想大系11『親鸞』一九三～一九四頁。
(26) 『教行信証』「信巻」の「欲生」節は、日本思想大系11『親鸞』三一七～三一九頁。
(27) 『教行信証』「証巻」の「還相廻向」章は、日本思想大系11『親鸞』三四九～三五八頁。
(28) 『教行信証』「化身土巻」(日本思想大系11『親鸞』三八五～三八六頁)。
(29) 『歎異抄』第六章(日本古典文学大系82『親鸞集　日蓮集』一九六頁)。
(30) 本書第六章一八六～一八八頁。
(31) これと共通する世界観として、日蓮の「釈尊御領」や、後代の真宗における「仏法領」がすでに研究されている。藤井学「中世における国家観の一形態――日蓮の道理と釈尊御領を中心に――」、黒田俊雄「仏法領について」(ともに京都大学文学部読史会編『国史論集　一』一九五九年所収)。
(32) 『歎異抄』第六章(日本古典文学大系82『親鸞集　日蓮集』一九六頁)。
(33) 『古写書簡』第三通(親鸞聖人全集『書簡篇』四二～四三頁)。
(34) 『教行信証』「証巻」(日本思想大系11『親鸞』三五八頁)。
(35) 『唯信鈔文意』(親鸞聖人全集『和文篇』親鸞聖人全集刊行会、一九五七年、一七〇～一七一頁)。
(36) 本書第六章一八八～一九五頁参照。
(37) 『教行信証』「信巻」(日本思想大系11『親鸞』三〇八頁)。
(38) 『教行信証』「信巻」(日本思想大系11『親鸞』三三二頁)。
(39) マックス・ヴェーバー／大塚久雄・生松敬三訳『宗教社会学論選』(みすず書房、一九七二年)三四～三五、一〇二～一〇六頁。

(40)『教行信証』「行巻」(日本思想大系11『親鸞』二九九頁)。

(41) 三品彰英「親鸞のいわゆる護国思想の問題――親鸞消息の研究　其一」(『仏教史学』二―四、一九五二年)、宮地廓慧「善鸞の異義について」(同『親鸞伝の研究』百華苑、一九六八年、二三八～二二九頁)。

(42)『教行信証』「化身土巻」(日本思想大系11『親鸞』三九二頁)。

(43)「畢竟哥責」の最も具体的な親鸞の発言は、「諸寺釈門」「洛都儒林」「主上臣下」を批判した、『教行信証』「化身土巻」後序に見られる(日本思想大系11『親鸞』四二三頁)。

(44)『教行信証』「真仏土巻」(日本思想大系11『親鸞』三六七～三六八頁)。

(45)『教行信証』「真仏土巻」(日本思想大系11『親鸞』三七四～三七五頁)。

(46)『教行信証』「真仏土巻」(日本思想大系11『親鸞』三七五頁)。

(47)『末灯鈔』「第五通・自然法爾消息」(親鸞聖人全集『書簡篇』七三頁)。

(48) 平雅行「若き日の親鸞」(『真宗教学研究』第二六号、二〇〇五年、一一五頁)。

(49) 服部之総『親鸞ノート』(国土社、一九四八年)一一二～一一四、二一二～二一四頁。赤松俊秀『鎌倉仏教の研究』(平楽寺書店、一九五七年)二九～五三頁。

(50)『親鸞聖人御消息集(略本)』第二通(親鸞聖人全集『書簡篇』一二九頁)。

(51) マックス・ヴェーバー／大塚久雄・生松敬三訳註(39)前掲書五三頁。

(52) 親鸞聖人全集『和文篇』(一五二、一八三頁)に、「ひとのそしりをかへりみず、ひとすぢにおろかなるひと〳〵を、こゝろへやすからむとてしるせるなり。」とある。

(53)『真蹟書簡』第五通(親鸞聖人全集『書簡篇』一三頁)。

(54)『蓮如上人御一代聞書　末』一二一条(真宗聖教全書三『列祖部』大八木興文堂、一九四一年、五六二頁)。

(55) かつて上原専禄氏が、「至福の無為」と「不祥の有為」の両面を重視しながら、歴史研究や社会活動に携わっていたことにも、教示を得るところが多い。上原氏の親鸞観については、「親鸞認識の方法」(『本願寺教団』学芸書林、一九七一年)参照。

結章　宗教的世界観の展開

最後に、日本中世の宗教的世界観の展開を、日本中世の三世因果観の基軸をなしていた、須弥山説の展開に焦点を当てながら見ておくことにしたい(1)。

須弥山説は、密教的秩序を重視する『愚管抄』や、公家による支配を重視する『神皇正統記』に見られるように、中世においても、浄土教的世界観と直結しない場合が存在したが、浄土教を重視する立場においては、戦国時代でも、三世因果観が須弥山説を前提に理解され続ける。例えば親鸞を宗祖と仰ぎ、戦国期に爆発的に教線を拡大した本願寺教団において、その中興・蓮如は、『御文』において、浄土や六道について頻繁に言及している。文明五年（一四七三）九月中旬に、弥陀への信心により後生の救済を願うべきだと力説する際に、門徒から「坊主」への物品贈与で後生が救済されると考える風儀が蔓延していることを、「師弟子トモニ極楽ニハ往生セスシテ、ムナシク地獄ニヲチン」と批判しているのはその一例である(2)。そしてかかる後世観の説明には、須弥山説を基軸とした『往生要集』の教説が背景をなしていた。すなわち蓮如は、文明六年六月に「人間ノ五十年」が「四天王トイヘル天ノ一日一夜ニアヒアタ」ることや、「四天王ノ五十年」が「等活地獄ノ一日一夜」に相当することを説いているように、『往生要集』の等活地獄についての記述を根拠にして、浄土往生を願わぬ心を誡めているのである(3)。

しかし日本人がヨーロッパ科学思想と接触すると、須弥山説やこれに裏付けられた世界観は、動揺しはじめることになる。日本人とヨーロッパ科学思想との出会いは、天文十八年（一五四九）のフランシスコ・ザビエルの鹿児島上陸にはじまる。(4)ザビエルは、その書簡で、知識欲に富む日本人には、地球球体説や太陽の軌道など、宇宙についての知識が布教に役立つため、来日するパアデレ（神父）に、宇宙についての豊かな学識を持つよう要請している。そしてこのことは仏教的世界観の否定につながる。ルイス・フロイスの『日本史』は、フロイスと友好な関係にあった鹿児島・南林寺の僧侶が、「釈迦の教法」に懐疑を有するようになった状況を伝えている。すなわち南林寺の僧侶は、七千巻以上に及ぶ仏典は、「天竺、シナ、朝鮮」の「重きをなす人びとによって校閲吟味され……尊重されて」いたから「信ぜずにはおられ」ないものであるが、「道理にかなっ」た「デウスの教えにこそあらゆる真理の根本と真髄とが存する」と考えるようになったと述べたという。また鹿児島の僧侶たちは、日蝕や月蝕などについての議論で、日本人が、北方に須弥山が存在すること、太陽が須弥山の周囲をめぐっていること、太陽の移動による須弥山と太陽との距離の変化により須弥山世界の温度が変化することなどを信じていると述べたが、フロイスが、太陽は天から遊離した物体ではないことなどを説明すると、僧侶たちは容易に納得したという。またフロイスは、イルマン・ロレンソが、永禄十二年（一五六九）の織田信長の面前での日乗との宗論で、被造物の多様性や天体の美しさなどを根拠にしてデウスの存在証明を行ったように、キリスト教と仏僧との宗論において、自然科学の知識が説得力を有していたことを記録している。(5)

さらに自然科学の知識は、仏教のみならず、キリスト教の来世観や他界観への懐疑も増幅することになる。『耶蘇会士日本通信』は、天正八年（一五八〇）、信長が、地球儀を根拠に数々の質問に答えるオルガンティーノを称讃したことを伝えながらも、この直後の信長の態度について次のように伝える。

彼はデウス並に霊魂の存在に付きては大なる疑惑を抱き、パードレの言ふ所と胸中に蔵するものと異ること、坊主等が通常其宗旨に付きてなせるが如く、他の世界ありて救はるゝことを説けども、深く教の道に進みたる者に対しては、彼等の言ふ所は只庶民を善導せんが為めにして、他の世界なく又来世なきを説き聞かすると同一ならんと思へり。(6)

つまり信長は、キリスト教の神父が、デウスや霊魂の存在を説いていることは、仏教の僧侶たちが、庶民には他界や来世があると説きながら、教義について造詣が深い人々にはそれらはないと説くような、他界についての二面的説明と共通すると考え、デウスや霊魂の実在を疑ったというのである。

とはいえ十六世紀から十七世紀の段階では、世界構造が宗教的思惟や信条の優先視により把握される場合があり、日本人のすべてが、信長のごとく地球球体説を理解できたわけではなかった。それは例えば慶長十一年（一六〇六）に、林羅山が、上下関係を重視する朱子学の立場から、「円模の地図」（地球儀）の有効性を力説するキリスト教徒・不干斎ハビアンを批判している事実に見られる。(7)キリスト教の流入は、仏教の転生観の慈悲性を浮き彫りにする状況すら生み出した。すなわちキリスト教は、地獄の罰について、それは永遠に続くと説くが、かかる教義は、悪人も救うと説く浄土教の教説に触れたり、祖先の地獄からの救済を切望したりする日本人には受け入れ難く、ザビエルもこの説明に苦労している。(8)また西洋の知識の流入は、むしろ須弥山説についての客観的な把握を可能にした。十七世紀初頭に、『日本大文典』の編者として有名なロドリゲスが著した『日本教会史』は、天体観や宇宙観など、日本人の多様な自然科学の知識を初めて体系化した書物であり、須弥山説も、その中の一世界観として位置付けられることになった。ロドリゲスは、それまでの多様な「天」観念として、日本人が、世界は一つか多数かなどを議論していたことを説明し、後者の世界観として須弥山説をあげる。そしてロドリゲスは、釈迦が、須弥山説によって、三千大千世界、須弥山上の三十三天などのような多数の世界を説き、これとの関連で、天の居住者やその長寿、あるいは人間と四大洲の居住者たちとの相違性を説いたことを説明する。ただしかかる把握は、須弥山説が相対化され、否定され得たことも示していた。ロドリゲスは、釈迦が、多数の世界の存在を真剣に考えていたわけではなく、実際には一つと考えていたのであり、「すべてのものは、人間の〔心の〕なかに起こるものに関わりを持つ比喩的な作り話」(9)だったと述べて、須弥山世界の事実性を否定するのである。

ただし享保期までは、キリスト教の「邪教」観により、キリスト教の流入による須弥山説の動揺は少なかった。享保期までのキリスト教による須弥山説批判への対応は、治国のために儒仏合一を説いていた水戸学派の森尚謙（一六五三～一七二一）が、『護法資治論』で、「外道詰二難釈氏一有レ三、一者三世輪廻無有、二者天堂地獄皆寓言無実、三者説二天地一不レ合二度数一、其一其二古説已弁レ之、其三古徳之弁未レ及レ此、我恐二後世仏家大難一、自二天文地理一而始」(10)と、須弥山説の、天地の距離についての説明の脆弱性が、三世輪廻、天堂、地獄の否定に直結することを危惧しながら、須弥山説がキリスト教から論難されることを予測し、須弥山説を擁護していたのに留まったのである。

十七世紀段階において、来世観や他界観を否定する先鋒をなしていたのは、儒家の排仏論であった。

そしてその手法が、信長の態度にも見られた、僧侶の来世や他界の有無に関する二面的発言への懐疑であったことは注目すべきである。すなわち藤原惺窩（一五六一～一六一九）は『仮名性理』で、十七世紀の僧侶たちが、極楽地獄について、浄土宗はあると説き、禅宗はないと説き、天台が「有にもあらず、無にもあらず、中道実相」と説いているような、他界の有無に対する二面的ないし三面的発言について言及する。そして惺窩は、釈迦の直弟子である阿難や迦葉が、心を汚さぬよう、私財を有せず乞食に出ていたのに対し、当時の出家者たちが、「財宝をつみたくはへ、……あやにしきを身にまとひて、いのり祈禱をなして後世をたすけんと云て、人のこゝろをまよは」していると述べて、後世の救済を語ることによって蓄財する僧侶を批判し、釈迦や僧侶が極楽地獄の有無を多面的に説いていることを根拠にして、「後生はなきものに落着」と説明するのである。(11) 中世においては、本覚思想を基軸にした他界についての多面的言説がなされながらも、他界の実在は否定しきれなかったのであるが、近世では、他界についての多面的言説が、他界の否定に直結したのである。

十八世紀には、享保の改革によって漢訳洋書の輸入が緩和されて、数多くの西洋の学問が流入し、須弥山説が批判の対象となる。すなわち享保十五年（一七三〇）に、天動地球説を説く、清の游子録の『天経或問』が刊行されると、これを根拠にして大坂尼崎懐徳堂の五井蘭洲（一六九七～一七六二）が『承聖篇』で須弥山説を批判し、また蘭学者本木良永（一七三五～一七九四）が十八世紀末に地動説を紹介すると、これを根拠に、懐徳堂一派の山片蟠桃（一七四八～一八二一）が、『夢之代』で須弥山説を批判するようになる。また復古国学では、平田篤胤の場合は、『霊の心柱』で死後の世界である「幽世」を重視していたように、浄土教と共通するような来世観を有していたため、輪廻観や来世観については批判しなかったものの、本居宣長の場合は、『沙門文雄が九山八海解嘲論の弁』で、来日する西洋人が七金山を見ていないことなどを根拠に、須弥山説擁護者である浄土宗の護法僧・文雄の『九山八海解嘲論』を批判するのである。

以上の排仏論による須弥山説批判に対し、享保十五年に『天経或問』が刊行されると、浄土宗文雄が、宝暦四年（一七五四）に『九山八海解嘲論』などを刊行して反論し、山片蟠桃が地動説を根拠にして『夢之代』を著すと、天台宗の普門円通（一七五四～一八三四）が、『実験須弥界説』などで、西洋の天文学や暦法を須弥山説に当てはめ、須弥山説の科学的解釈を試みた。そしてこの円通の活動は、臨済宗の環中、真宗仏光寺派の信暁、真宗東本願寺派の霊遊などを輩出し、須弥山説についての研究を活性化させた。排仏論や地動説に対し、特に、須弥山説の擁護に尽力したのが浄土宗や真宗などの浄土教教団であり、天保年間の、東西本願寺の学寮や学林が、梵暦（仏教的天文学）講義や須弥山説の再検討を研鑽課題としていたことは、そのような動向を顕著にあらわしている。また須弥山説擁護の代表的学僧である真宗西本願寺派の佐田介石は、『須弥須知論』で、「須弥妄説トナルトキハ、三千大千世界トイヘルモ固ヨリ妄説ナルコト何ソ論を俟ン、……界外ノ浄土アリト云モ固ヨリ妄説ナルヘシ。何ソ過十方億仏土ノミダノ浄土実説ナルベキ理ナランヤ」と、須弥山説の動揺が、三千世界、十方界、弥陀浄土の「虚妄」に直結することを憂え、真宗東本願寺派の晃曜も『護法総論』で、須弥山説が動揺すれば、天堂・地獄・三世因果・六道輪廻・八万の法蔵・八家九宗が虚妄に帰すると述べて、危機感をもらしていた。特に最後の須弥山説擁護者とされる佐田介石は、明治十年（一八七七）の第一回内国勧業博覧会に須弥山の象儀を出陳するなど、生涯にわたりその構造の正当性の説明に尽力し続けたのである。

しかし介石の活動を最後に、明治期以降の浄土教の来世観は、科学的精神との接触により再構成の必要が求められるようになり、須弥山説は捨象されるようになる。例えば、井上円了は明治十九年の『真理金針　続編』で、「須弥説」によって仏教を興隆させようと考えることを「狂と呼ばずしてなんぞや」(12)と批判し、清沢満之も明治三十四年に、「宗教は主観的事実」であると説いて、「私共は地獄極楽があるが故に、地獄極楽を信ずるのではない。私共が地獄極楽を信ずる時、地獄極楽は私共に対して存在するのである」と説き、あるいは「須弥天文」などの「世界の構成の説」は、「宗教に関しては何れの説にても差支はない」(13)と述べ、須弥山説や地獄極楽を、宗教的信仰と区別している。そして近代仏教は、須弥山説のかつての影響力を重視することよりも、須弥山説を捨象した次元において、その有効性を説く必要に迫られたのである。(14)

近代以降における宗教は、唯物論を基軸にした共産主義圏に対する自由主義圏の特質を示すものとして存在したが、それは科学と両立し得るスピノザ的汎神論として現存するようになる。(15)そして「上品な無神論」といわれる汎神論によって、現代人は、地獄などの悪趣への脅威をほとんど失い、それらを迷信として退けることにこそ健全性を有するようになった。また天国や浄土は、汎神論者の現世的信仰生活の場を意味する場合にこそ多大なる意義を有し、人間の世界の外部に存在してはならないものとなった。たとえ天国や浄土が彼岸的意味を有するにしても、それらの語は、故人に対する敬慕や謝恩の修辞的表現において使用されることにこそ、意義が認められるようになっているのである。

註

（1）近世の須弥山説については、板澤武雄「近世に於ける地動説の展開とその反動」（『史学雑誌』五二―一、一九四一年）、吉田忠「近世における仏教と西洋自然観との出会い」（大系仏教と日本人11『近代化と伝統　近世仏教の変質と転換』春秋社、一九八六年）、海野一隆「日本において須弥山説はいかに消滅したか」（岩田慶治・杉浦康平編『アジアの宇宙観』講談社、一九八九年）、柏原祐泉『真宗史仏教史の研究Ⅱ　近世篇』（平楽寺書店、一九九六年）三四二～三五〇、三六一～三六六頁などを参照した。

（2）『御文』第一帖第十一通（真宗史料集成第二巻『蓮如とその教団』同朋舎、一九七七年、一六二頁）。

（3）『御文』第二帖第十二通（真宗史料集成第二巻『蓮如とその教団』一九三～一九四頁）。

（4）尾原悟「ヨーロッパ科学思想の伝来と受容」（日本思想大系63『近世科学思想　下』岩波書店、一九七一年）。

（5）ルイス・フロイス『日本史』第一部第三十三章・第八十七章（柳谷武夫訳『日本史2』平凡社、一九六五年、九九～一〇二頁、同訳『日本史4』平凡社、一九七〇年、一〇九～一一一頁）。

（6）村上直次郎訳　異国叢書『耶蘇会士日本通信　下』（駿南社、一九二八年）五〇三～五〇四頁。

（7）『排耶蘇』（日本思想大系25『キリシタン書　排耶書』岩波書店、一九七〇年、四一四頁）。

（8）末木文美士『日本仏教史』（新潮社、一九九六年）二四七～二四八頁。

（9）大航海時代叢書第十巻『日本教会史　下』（岩波書店、一九七〇年）二二五～二三八頁。

（10）森尚謙『護法資治論』凡例（『日本思想闘諍史料』第二巻、東方書院、一九三〇年、五頁）。

（11）『仮名性理』（日本思想大系28『藤原惺窩　林羅山』岩波書店、一九七五年、二四九～二五〇頁）。

（12）井上円了『真理金針　続編』（『井上円了選集第三巻』東洋大学、一九八七年、一五三頁）。

（13）清沢満之全集第六巻『精神主義』（岩波書店、二〇〇三年）一八三～一八四、二九六頁。

（14）近代の須弥山説については、柏原祐泉「近代仏教の歴史的形成――須弥山説・大乗非仏説を中心に――」（同『日本近世近代仏教史の研究』平楽寺書店、一九六九年、三六五～三七六頁）を参照した。

（15）例えば、金子務『アインシュタイン劇場』（青土社、一九九六年）二七〇頁は、アインシュタインが、スピノザ的汎神論により「科学的真理」と「宗教的真理」とを同居させていたことを紹介している。

あとがき

立つはずがなかった卵をコロンブスが立ててしまうと、立てようとしなかったそれまでの冒険心の欠如を批判するのはたやすい。「それでも地球は動く」というガリレイの抵抗が科学的事実であった以上、天動説への執着を嘲笑するのもたやすい。しかし「神の御座を動かした」というコペルニクス革命の革命たる所以を思いおこしながら、日本中世の浄土教の把握を試みれば、もう少し浄土教の積極的な評価が可能なのではないか。本書は、かかる問題意識から歴史学としての成果を目指して、二〇〇〇年に大谷大学に提出した学位請求論文「日本中世の宗教的世界観」を改稿したものである。

現代人としての理性を表明したければ、「死後の世界など存在しない」、あるいは「天国や浄土はこの世にある」と明言した方が無難であることは、私自身、人一倍理解している。しかし真宗寺院に生まれ、先天的に「地獄の沙汰も金次第」というルター的論題に鬱屈してきた者として、また葬式仏教によって、親切心あふれるご門徒のご逝去に接しながら育てられた者として、一度は、浄土教から呪縛機能以上の意味を見出しておかねばならなかった。現代では、三世観が不可知論による搾取手段にすぎないと思われても無理はないが、天動説の非合理性が証明されていない時代では、三世観は世俗者を脅すだけの論理となるのではなく、むしろ僧侶に自誡を促す世界観としても機能したのではないか。そして前世や後世はあってはならないという現代的視点をいったん保留し、無いとは言い切れないという視点から日本の浄土教の中世的特質を見直せば、歴史学としての成果にもなるのではないか。本書ではかかる意識から、中世日本の天動説である須弥山説や、僧侶と世俗者との相互対話による信頼関係の構築に注目し、さらに法然と親鸞の思想における有神論と汎神論との相克の意味を論じてみたのである。

ところで、本書が成立した背景には、あまりにも恵まれた研究環境がある。真宗史研究の第一人者であり、大学第三学年のゼミ決定以来ご指導くださっている名畑崇先生は温厚な方であられる。先生は、「わが身を度す（自分自身が救われていく）ということの難しさを自覚しつつ、お互いに大変ですね、と人々と励まし合っていくことが、親鸞聖人のご精神です」と、繰り返しご指導くださった。大山喬平先生は、「僕には宗教のことはわからないけど、僕にわかるようになれば、君の仕事はまともなものになるだろうから……」と、学位論文提出年次には、懇切にも論文指導に毎週数時間を割いてくださった。大桑斉先生は、折にふれて、宗門大学の歴史学科として独自の真宗思想史の構築を目指すよう励ましてくださり、本書の脱稿に際しては、ご自宅で改めて数多くのご助言をくださった。大谷大学にご出講くださった機縁から、平雅行先生からも、お励ましをいただき続けている。斯界の第一人者が一介の初学徒にご配慮くださることへの感謝の気持ちはいつも変わらない。本書では僧侶の立場を有する者として、身につまされながら、先生の体制仏教論を検討させていただいた。しかしそれは、年貢対捍堕地獄観念論にしろ、親鸞思想晩年瓦解論にしろ、まさに私自身が少年期から鬱屈しながら懐き続けた思いを、先生が歴史学の論点にしてくださっていたからである。先生のご研究を検討させていただいたのも、学恩を謝する者として自らを糺し直すためにほかならない。

寺に生まれた自覚を厳しく促してくれる弟・賢成、思いやりにあふれいつもにこやかに励ましてくれる妻・ひとみにもこの場を借りてお礼を言いたい。父・淨信、若くして浄土に還った母・久美子には弁明をせねばならない。稲葉秀賢、藤原幸章、幡谷明など真宗大谷派宗学の碩学に師事した父は、ただ謙虚な念仏生活と万物への謝徳のみを学ぶべく、私を大谷大学に送り出してくれた。本来は、尊敬する両親の顔に泥を塗るまいという思いで親鸞研究をはじめたはずなのに、本書はあたかも、なぜ自分が常に不信心から出発し直さねばならないのかを問い直してしまったようなものである。親不孝、慚愧に堪えない。しかし「身を粉にして育ててくださったご門徒のお顔が見えているのか」という父のもう一つの教訓と、母が厳しく説いておいてくれた真宗人の人権意識の重要性、そして両親から浄土真宗を伝えられた誇りだけは頭にこびりつけたまま研究に向かい続けたつもりである。健康不安を口にすることが多くなった父だが、かつてのように厳しく浄土真宗を説き直してもらいたいと思う。

本書には、私のかつての急務と歴史の一段面がある。とはいえ、浄土教を人間の良識と直結させ過ぎたことなど反省点も多い。最高善の標榜が聖戦や魔女狩りの論理に転化しかねないことは、今世紀でも自誡し直さなければならない。読者の皆様の厳しいご叱正をいただければ幸いである。

最後に、若輩の私に著書刊行の機会をお与えくださった法藏館西村七兵衛社長、懇切なご配慮をくださった上別府茂編集長、ご担当くださった大山靖子氏、辻本幸子氏に篤くお礼申し上げる。

平成十八年十二月三十一日

江上　琢成

成稿一覧

序　章　新稿。

第一章　新稿。大谷大学大学院博士後期課程第二学年年度末レポートとして、一九九九年に提出した原稿を改稿。

第二章　新稿。同題・佛教史学会二〇〇二年六月例会発表を論文化。

第三章　旧稿「『沙石集』における他界観の性格」（『大谷大学史学論究』第六号、二〇〇〇年）を改題、改稿。

第四章　「『北条重時家訓』における宗教思想の性格」（『大谷大学大学院研究紀要』第十六号、一九九九年）を改稿。

第五章　新稿。「法然の宇宙観」（平成十二年度大谷大学特別研修員発表。その後、同題発表要旨〈『大谷学報』第八十一巻第四号、二〇〇二年〉）を改題のうえ、論文化。

第六章　旧稿「親鸞の教化観――その主体性の思想史的考察――」（『真宗研究』第四十四輯、二〇〇〇年）の前半部分と、旧稿「親鸞の宗教的世界観――その思想史的性格――」（『歴史の広場――大谷大学日本史の会会誌――』第二号、一九九九年）を結合のうえ、改稿。

補　論　旧稿「親鸞の教化観――その主体性の思想史的考察――」（『真宗研究』第四十四輯、二〇〇〇年）を改題、改稿。一九九六年に大谷大学に提出した修士論文の骨子。

結　章　新稿。

日本仏教史研究叢書刊行にあたって

仏教は、普遍的真理を掲げてアジア大陸を横断し、東端の日本という列島にたどり着き、個別・特殊と遭遇して日本仏教として展開した。人びとはこの教えを受容し、変容を加え、新たに形成し展開して、ついには土着せしめた。この教えによって生死した列島の人びとの歴史がある。それは文化・思想、さらに国家・政治・経済・社会に至るまで、歴史の全過程に深く関与した。その解明が日本仏教史研究であり、日本史研究の根幹をなす。

二十世紀末の世界史的変動は、一つの時代の終わりと、新たな時代の始まりを告げるものである。歴史学もまた新たな歴史像を構築しなければならない。終わろうとしている時代は、宗教からの人間の自立に拠点をおいていた。次の時代は、再び宗教が問題化される。そこから新しい日本仏教史研究が要請される。

新進気鋭の研究者が次々に生まれている。その斬新な視座からの新しい研究を世に問い、学界の新たな推進力となることを念願する。

二〇〇三年八月

日本仏教史研究叢書編集委員

赤松徹真　大桑　斉
児玉　識　平　雅行
竹貫元勝　中井真孝

江上　琢成（えがみ　たくじょう）

1972年福岡県久留米市生まれ。1995年大谷大学文学部史学科卒業。2000年大谷大学大学院博士後期課程満期退学。2001年博士（文学・大谷大学）取得。その後、大谷大学特別研修員、大谷大学任期制助手、大谷大学非常勤講師、種智院大学非常勤講師を経て、現在、大谷大学真宗総合研究所東本願寺造営史研究班嘱託研究員。主要論文に「無住『雑談集』が描く支配と解放」（大桑斉編『論集　仏教土着』法藏館、2003年）、「戦場としての京都―保元の乱を中心に―」（『歴史の広場』第8号、2005年）等がある。

日本仏教史研究叢書
日本中世の宗教的世界観

二〇〇七年五月三〇日　初版第一刷発行

著　者　江上琢成
発行者　西村七兵衛
発行所　株式会社　法藏館
京都市下京区正面通烏丸東入
郵便番号　六〇〇-八一五三
電話　〇七五-三四三-〇〇三〇（編集）
〇七五-三四三-五六五六（営業）

印刷・製本　亜細亜印刷株式会社

ISBN 978-4-8318-6035-4 C 1321

日本仏教史研究叢書

【既刊】

京都の寺社と豊臣政権　伊藤真昭著　二八〇〇円
思想史としての「精神主義」　福島栄寿著　二八〇〇円
糞掃衣の研究　その歴史と聖性　松村薫子著　二八〇〇円
『遊心安楽道』と日本仏教　愛宕邦康著　二八〇〇円
日本の古代社会と僧尼　堅田　理著　二八〇〇円

【以下続刊】…書名・定価は変更されることがあります。

近世宗教世界における普遍と特殊　真宗信仰を事例として　引野亨輔著　予二八〇〇円
日本中世の地域社会と一揆　公と宗教の中世共同体　川端泰幸著　予二八〇〇円
中世びとの生活感覚と信仰世界　大喜直彦著　予二八〇〇円
近世民衆仏教論　平野寿則著　予二八〇〇円
中世園城寺とその門跡　酒井彰子著　予二八〇〇円

価格税別

法　藏　館